CLAIMS ADJUSTER

2026 박손사의
신체손해사정사

2차 의학 이론 + 기출예상문제

+ 100% 무료강의 제공

- ✓ 최단기 합격을 위한 초압축 교재
- ✓ 100% 저자직강 무료강의
- ✓ 박손사의 커뮤니티 Q&A 제공

박손사 유튜브

박손사 카페

박관양 저자

머리말

안녕하십니까?

저는 10년 넘게 여러분의 합격을 위해 강의해 온 박관양 교수입니다.

초시생분들은 처음부터 시험에서 나오는 단어와 내용을 단순암기하려 하면 너무 낯설고 어렵습니다. 우리 생활에서 사용하는 익숙한 용어를 연상하며 공부하면 이해가 빠르고 스트레스 없이 공부할 수 있습니다.

시험에서 합격하는 방법은

선택과 집중입니다. 지금 여러분에게 맞는 공부 방법을 찾아 공부하는 것, 즉 제가 강의하고 있는 기초, 기본, 심화, 문제풀이 순으로 저와 같이 공부하는 것입니다.

100점 만점 중 60점을 취득하면 합격하는 시험입니다. 다시 말해 40점을 틀려도 합격한다는 것이지요. 어떤 것을 공부하고 어떤 것을 스킵하느냐에 따라 여러분의 공부 스트레스를 얼마나 줄일 수 있는지를 결정할 수 있습니다.

교재의 특징은

1. 기본서는 가볍게 문제는 충실하게
2. 시중의 그 어떤 교재보다 상세한 해설 → 기본서 발췌독을 최소화하고, 시중 교재보다 자세하게 해설하여 이론 확인을 위해 기본서를 뒤적이는 불편을 최소화하였습니다.

저자 프로필

1. 국민대학교 법무대학원 석사
2. 신체손해사정사
3. 현)유한대학교 외래교수
4. 전)서울사이버 대학 외래교수(FP보험설계)
5. 현)합격의 법학원 교수(제3보험이론과 실무, 보험계약법)
6. 전)한국금융보험교육원 교수(보험업법)
7. 전)일타클래스 교수 (손해사정사 시험 전과목 강의)
8. 손해사정사 합격자 실무교육
9. 직업상점 손해사정사 전담 교수

이 책의 목차

PART1. 의학 이론

PART 1-1. 상해

PART 1-2. 질병

PART2. 예상문제 풀이

PART3. 기출문제 풀이

PART 1

의학 이론

PART 1 - 1

상해

인체의 구조

제1절 해부학적 위치

1 골의 구성

인체는 체간과 체지로 나뉘고 성인의 뼈는 206개로 구성되어 있다.

체간	두개골(15종 23개)	뇌두개골 (6종 8개)
		후두골(1개), 전두골(1개), 두정골(2개), 측두골(2개), 접형골(1개), 사골(1개)
		안면골 (9종 15개)
		하비갑개(2개), 누골(2개), 비골(2개), 관골(2개), 구개골(2개), 상악골(2개), 서골(1개), 설골(1개), 하악골(1개)
	척주 (성인26개, 소아 32~35개)	경추(7개), 흉추(12개), 요추(5개), 천추(1개), 미추(1개)
	흉골(1개), 늑골(12쌍 24개)	
체지	상지(64개)	쇄골(2개), 견갑골(2개), 상완골(2개), 척골(2개), 요골(2개), 수근골(16개), 중수골(10개), 수지골(28개)
	하지(62개)	관골(2개), 대퇴골(2개), 슬개골(2개), 경골(2개), 비골(2개), 족근골(14개), 중족골(10개), 족지골(28개)
기타	이소골 또는 고실소골 (6개)	

2 용어

1. 해부학적 자세

1) 인체의 부위별 위치와 인체 운동의 동작에서 기준이 되는 자세

2) 자연스럽게 발을 모으고 똑바로 서서 눈은 수평 위치에서 정면을 본다.

3) 팔은 몸통 양옆으로 자연스럽게 늘어뜨린 상태에서 손바닥을 펴 앞을 향하도록 한 자세

<h2>3 인체면에 관한 용어</h2>

1. **정중면(시상면)** : 인체를 앞에서 뒤까지 좌우대칭으로 나누는 면
2. **관상면(전두면)** : 인체를 앞뒤로 둘로 나누는 면
3. **수평면(가로면)** : 인체를 상하로 나누는 횡단면

Frontal(coronal) plane Sagittal plane Transverse(horizontal) plane

<h2>4 신체부위의 방향에 따른 용어</h2>

용어	내용
내측(Medial)	정중면 중심으로 가까운 쪽
외측(lateral)	정중면에 중심으로 먼 쪽
근위(proximal)	심장에 가까운 쪽
원위(distal)	심장에 먼 쪽
장측(palmar)	손바닥 쪽
저측(plantar)	발바닥 쪽
배측(dorsal)	손등 또는 발등 쪽

용어	내용
굴곡 (flexion)	각을 이루며 굽히는 것
신전 (extension)	굴곡의 반대운동으로 펴는 것
내전 (adduction)	정중면(시상면)쪽으로 오는 것
외전 (abduction)	정중면(시상면)에서 멀어지는 것
회내(pronation)	해부학적 위치에서 손바닥이 몸쪽으로 돌리는 것
회외 (supination)	회내의 반대방향으로 돌리는 것
배측굴곡 (dorsi-flexion)	손등이나 발등 쪽으로 굴곡 되는 상태
저측굴곡 (plantar flexion)	손바닥이나 발바닥 쪽으로 굴곡 되는 상태
내번 (inversion)	발목을 움직여 발바닥이 몸 쪽을 향하도록 하는 운동
외번 (eversion)	발목을 움직여 발바닥이 바깥쪽을 향하도록 하는 운동

굴곡
Flexion

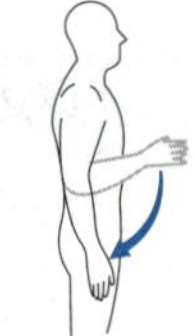

신전
Extension

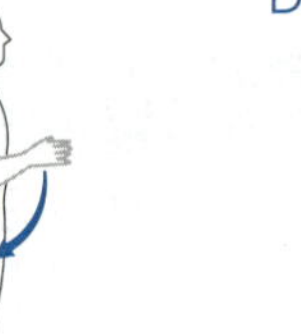

저측굴곡
Plantar-flexion

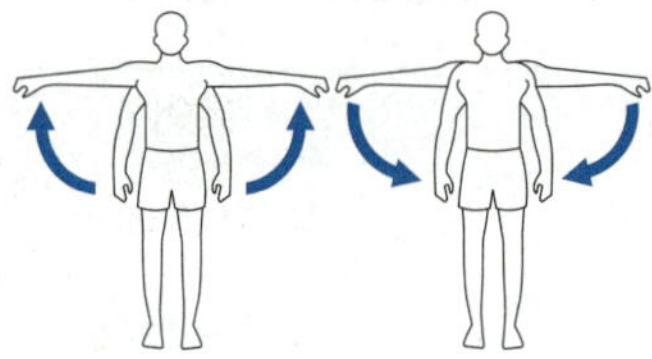

외전　　　내전
Abduction　Adduction

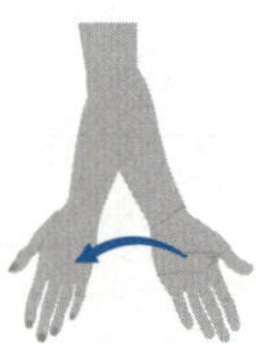

회내

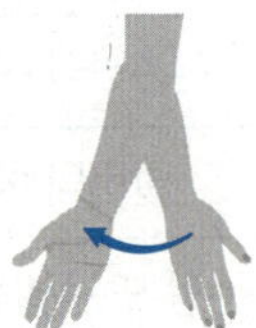

회외

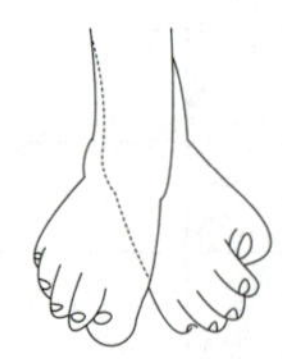

외번　　　내번
eversion　inversion

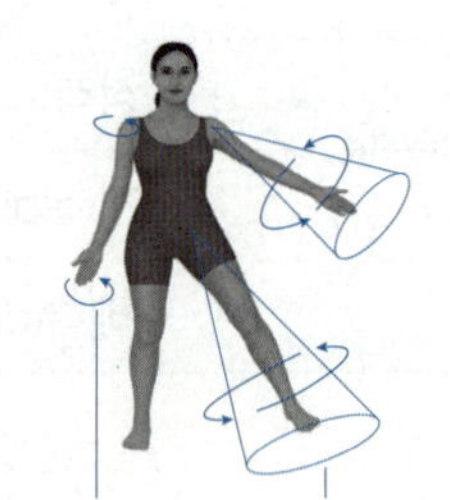

회전　　　회선
Rotation　circumduction

1　골의 구조

골은 몸의 형태를 유지하고 근육이 수축할 때 수동적 운동기관으로 신체운동을 가능하게 한다. 성인은 총 206개로 이루어져 있고 뇌 및 장기 등을 보호하고 뼛속의 골수가 있어 조혈작용 및 칼슘과 인산염 같은 무기물을 저장하는 기능을 한다.

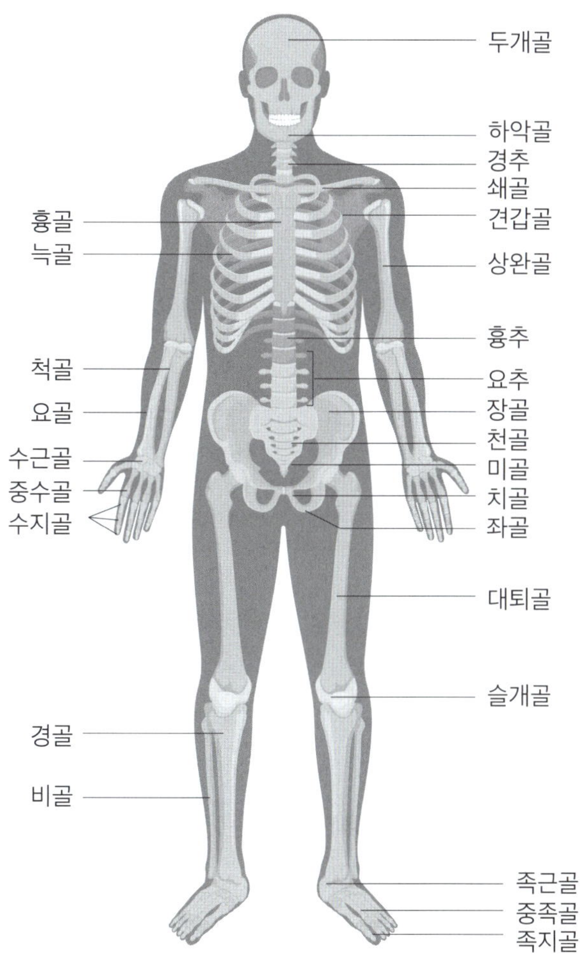

1. 골수강(medullary cavity or marrow cavity)

뼈의 골간 내의 빈 공간으로 황골수(yellow bone marrow)를 함유하고 있다.

1) 황골수 : 조혈기능은 없다.

2) 적색골수 : 조혈기능이 있고 척추, 늑골, 흉골은 평생 동안 적색골수로 남아있다.

2. 골질 - 뼈의 본 체부 표층부의 두껍고 단단한 피질골과 벌집모양의 해면골로 이루어졌다.

3. 관절연골(articular cartilage)

1) 골단을 싸고 있는 연골의 얇은 층으로 관절을 형성하는 곳에 뼈의 말단을 감싸고 있는 작은 고무 쿠션과 같은 기능을 수행한다.

2) 골단연골 : 골의 길이 성장

4. 골막

혈관이나 지각신경이 분포되어 있어 뼈의 영양이나 감각을 관리하며, 뼈의 굵기 성장과 골의 재생과 증식 기능을 한다.

5. 치밀골 (compact bone, 피질골)

해면골질에 대해 골질만으로 구성되어 골수강을 갖지 않는 뼈조직. 연골내골화를 거쳐 직접 형성하는 경우와 해면골 재구축에 의한 경우가 있다. 기본적 구조는 하버스(Haversian)계에 의해 구성되고 있다.

6. 해면골

해면상의 많은 불규칙한 형태의 골수강(骨髓腔)을 갖는 골조직. 치밀골도 처음에는 해면골로 형성되어 조골세포와 파골세포에 의해 재구성되는 것이 많다.

3 골의 성장

1. 골의 성장 과정

골조상세포 → 골모세포 → 골세포 → 파골세포

1) 골조상세포 (osteoprogenitor cell)

골막, 골내막 및 골수에 분포, 유사분열에 의해 증식, 골모세포로 분화

2) 골모세포 (osteoblast)

가. 골조상세포로부터 분화

나. 유기질은 석회화가 되기 전 단계

다. 유골형성(얇은 기질층을 형성)

라. 골조직 생성에 필수적인 역할

마. 파골세포 자극인자를 분비

바. 골조직을 흡수하는 것을 조절

3) 골세포 (osteocyte)

(1) 완전히 발육된 골의 주된 세포

(2) 골모세포가 골화되면서 골기질 속에 파묻혀 있는 것

4) 파골세포 (osteoclast)

가. 골 흡수를 담당(다핵거대세포)

나. 골기질의 유기질과 무기질 성분을 분해, 제거

2. 성인골의 성장

1) 연골내골화 : 길이의 성장

장골의 길이 성장이 끝나면 골단판이 소실된다.

2) 막내골화 : 폭의 성장

가. 골막에서 골피질표면에 골질이 증식되어 뼈가 두꺼워진다.

나. 두개골, 골반골 → 편평골의 골화현상이나 골외막이나 골내막의 부피 성장을 한다.

3. 골의 재형성

1) 골아세포(골모세포) : 새로운 골이 형성, 흡수과정 반복해서 진행

2) 파골세포 : 오래된 뼈 흡수, 평생 동안 골형성(골아세포)과 골흡수과정(파골세포)의 반복으로 평형이 유지 된다.

4 골의 분류

1. 장골 (long bone)

1) 두개의 골단과 한 개의 골간으로 구성

2) 골간부는 중앙부분이 가늘어지는 형태로 주로 두껍고 단단한 치밀골 형성

3) 골수강을 형성

4) 중력을 지탱하거나 근육에 대해 지렛대 역할

5) 해부학적 위치 : 상완골, 대퇴골, 요골, 척골, 경골, 비골

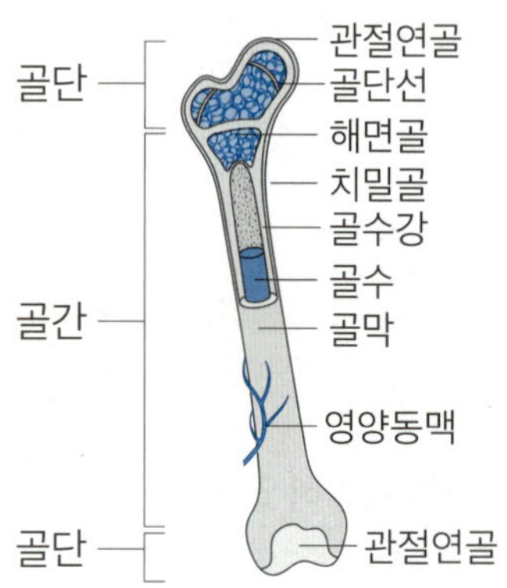

2. 단골 (short bone)

1) 장골보다 짧고 운동범위 제한적

2) 해부학적 위치 : 수근골, 족근골 등

3. 편평골(flat bone)

1) 납작하고 편평한 모양

2) 근육의 부착을 위해 넓은 면이 있다.

3) 해부학적 위치 : 두정골, 견갑골

4. 불규칙골(irregular bone)

1) 모양이 복잡하고 특이함

2) 여러 가지 돌기를 가지고 있다.

3) 해부학적 위치 : 척추골, 두개골, 골반뼈

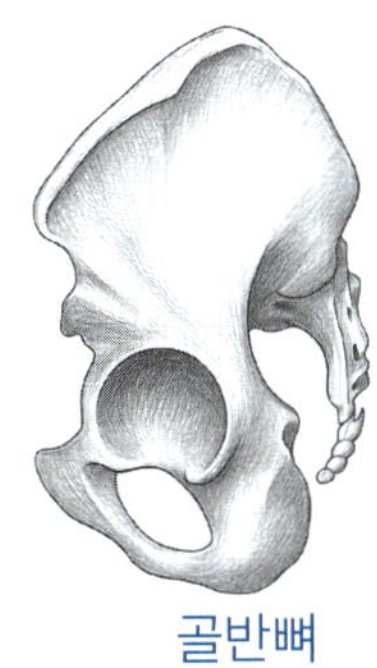

골반뼈

5 골의 해부학적 위치 (총206개 구성)

1. 머리의 뼈

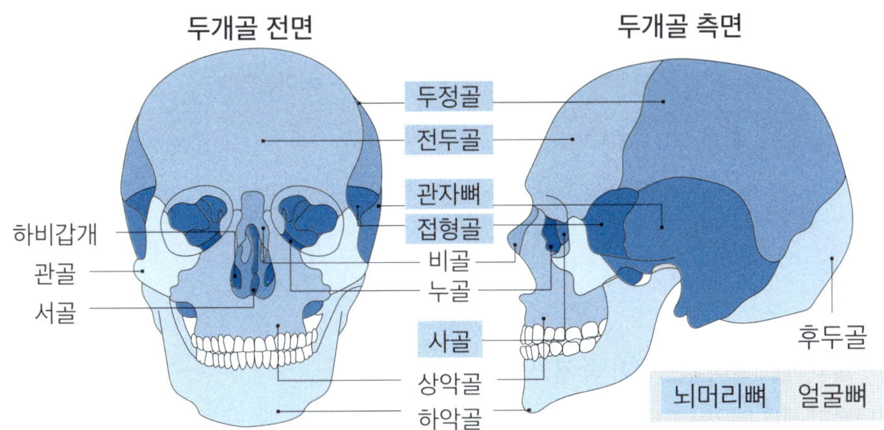

1) 뇌두개골 (6종 8개)

- 후두골(1개), 전두골(1개), 두정골(2개)
- 측두골(2개), 접형골(1개), 사골(1개)

2) 안면두개골 (9종 15개)

- 하비갑개(2), 누골(2개), 비골(2개)
- 관골(2개), 구개골(2개), 상악골(2개)
- 서골(1개), 설골(1개), 하악골(1개)

2. 척주

총 33개의 뼈로 구성되어 있다. 뼈 사이는 섬유연골판이 있다. 뼈와 뼈는 강한 인대로 연결되어 있다. (경추 7개, 흉추 12개, 요추 5개, 천추 5개, 미추 4개)

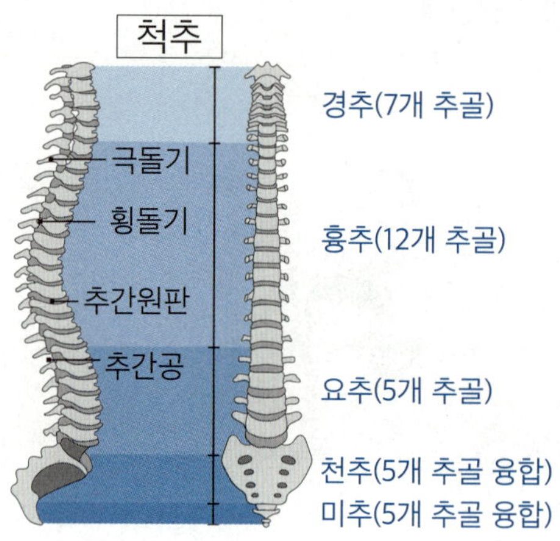

1) 경추 1번(환추)

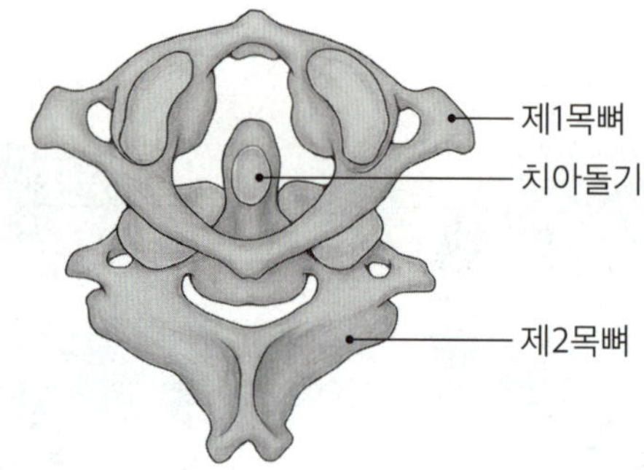

가. 지구를 어깨에 올려놓은 신화 속 거인의 이름을 딴 뼈이다.

나. 대부분의 척추 뼈와는 다른 링 모양의 뼈이다.

다. 두개골(후두골)과 연결된 윗부분의 움직임은 고개를 끄덕거리는 운동을 가진다.

라. 경추 2번(축추)와의 연결은 경추2번의 치돌기가 링(경추 1번)을 걸고 있는 모양으로 고개를 좌우로 돌리는 운동을 가진다.

2) 경추 2번(축추)

가. 경추3번과의 연결은 대부분의 척추와 동일한 연결 구조를 가진다.

나. 경추1번과의 연결은 좌우로 돌리는 운동(spin)의 축을 담당하는 치돌기(dens)와 연결된다.

3) 경추 3 ~ 7번

  가. 기본적인 척추의 형태와 운동범위를 가진다.

  나. 횡돌기공이 특징적인 형태이다(척추 동맥 / 정맥 / 신경이 지나가는 구멍)

4) 흉추

갈비뼈와 연결되어있으며 숨쉴 때 갈비뼈의 움직임과 연관이 있다.

5) 요추

  가. 척추뼈 중에 가장 크고 강한 뼈이다.

  나. 골반과 흉곽의 움직임 나타나는 부위이다.

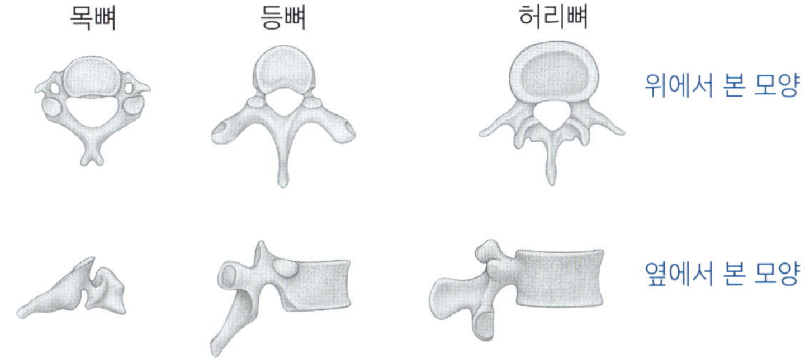

6) 골반뼈

  가. 요추와 이어지는 천골, 천골 밑의 미골이 중심을 잡고 있다.

  나. 천장관절로 이어지는 좌우대칭의 골반뼈가 대퇴골과 연결되어 하지와 연결되어 있다.

  다. 골반뼈는 좌골, 장골, 치골 3부위로 구분한다.

  라. 세 부위의 중심에 비구가 있어 대퇴골두를 감싸는 관절을 이룬다.

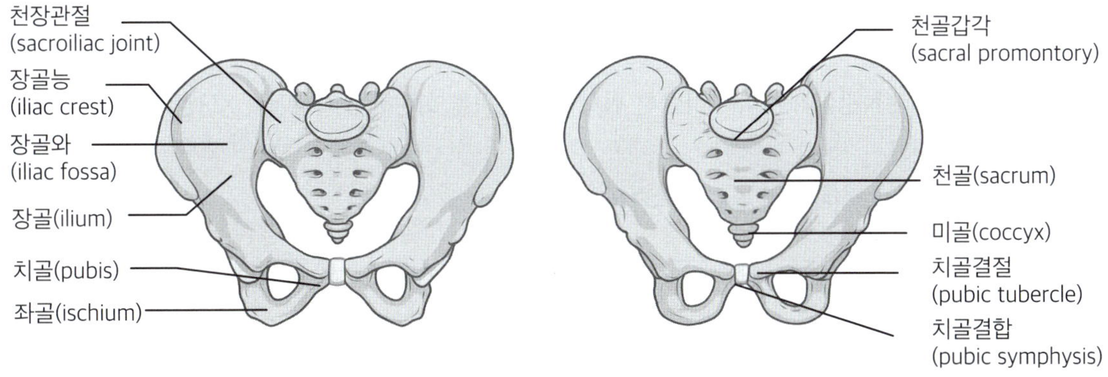

3. 몸통의 뼈

1) 늑골(갈비뼈)

가. 흉추와 연결되어 흉곽을 이루는 12쌍의 뼈이다.

나. 1~7번째 갈비뼈는 가슴앞부분의 흉골과 연결되어 진늑골이라 부른다.

다. 8~10번째 갈비뼈는 흉골과 직접 연결은 되어있지 않지만 연골로 연결되어 가늑골이라 부른다.

라. 11~12번째 갈비뼈는 흉골과 연결되지 않고 복근 속에 위치하며 부늑골이라 한다.

2) 흉골

갈비뼈와 연결되어 가슴 앞쪽에 단단하게 위치하며 쇄골과도 연결된다.

3) 쇄골(빗장뼈)

가. 흉골과 견갑골사이의 뼈이다.

나. 유일하게 몸과 팔을 연결해주는 뼈이다.

4) 견갑골(어깨뼈)

가. 삼각형 모양의 뼈이며, 뼈로는 쇄골과 근육으로는 척추와 연결된다.

나. 견갑골의 관절와에 상완골이 관절을 이루어서 팔의 조화로운 움직임에 직접적인 영향을 준다.

다. 많은 근육과 많은 연조직(인대, 관절낭)이 붙어있으며, 견갑골 주위로 많은 신경과 혈관이 둘러싸고 있다.

4. 사지의 뼈

1) 상완골

가. 견관절과 주관절의 사이의 뼈이다.

나. 많은 움직임을 가지는 관절의 사이에서 많은 동작에 관여한다.

2) 요골, 척골

가. 주관절과 손목관절의 사이에 나란히 위치하며, 손목을 회전하는 과정에서 X모양으로 겹치는 모양이 되기도 한다.

나. 두 개의 뼈가 위아래로 크게 6개의 관절을 가진다.

3) 수근골

가. 손목관절 아래로 뭉쳐져 있는 8개의 뼈이다.

나. 주상골, 월상골, 삼각골, 두상골 이 한 줄을 이룬다.

다. 대능형골, 소능형골, 유두골, 유구골 이 다음 한 줄을 이룬다.

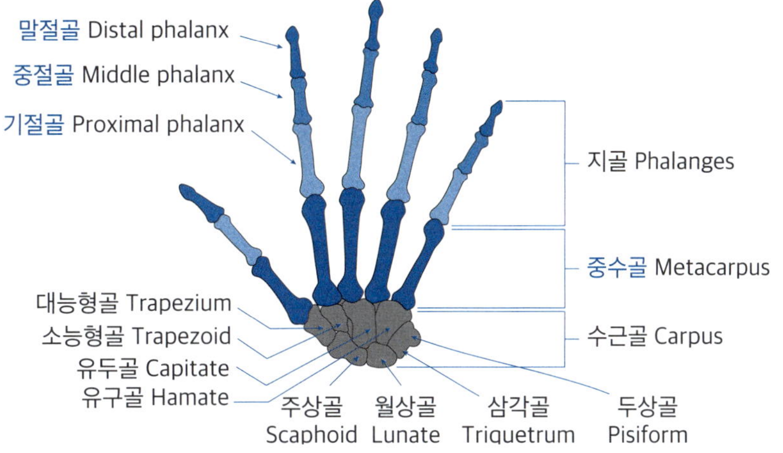

4) 손의뼈

가. 중수골, 근위수지, 중수지, 원위수지로 구성되어 있다.

나. 엄지손가락만 중수지가 없다.

5) 대퇴골

몸에서 가장 길며(키의 1/4길이), 엉덩관절(고관절)부터 무릎관절의 사이에 위치한다. 대퇴골과 경골 사이에는 십자인대가 존재한다.

6) 경골(정강이뼈), 비골(종아리뼈)

무릎에서 발목까지 이어주는 뼈이다.

7) 족근골

거골, 종골, 주상골, 입방골, 설상골 3개[외측, 중간, 내측]로 구성 되어 있으며, 몸의 무게를 감당하는 단단한 구조이다.

8) 발의뼈

중족골, 족지로 부르며, 손의 뼈와 동일한 개수이다.

1. 지지 역할

2. 중요장기(뇌, 심장등)를 보호

3. 광물 저장(칼슘, 인산, 나트륨, 마그네슘 등)

4. 적색골수에서 조혈작용

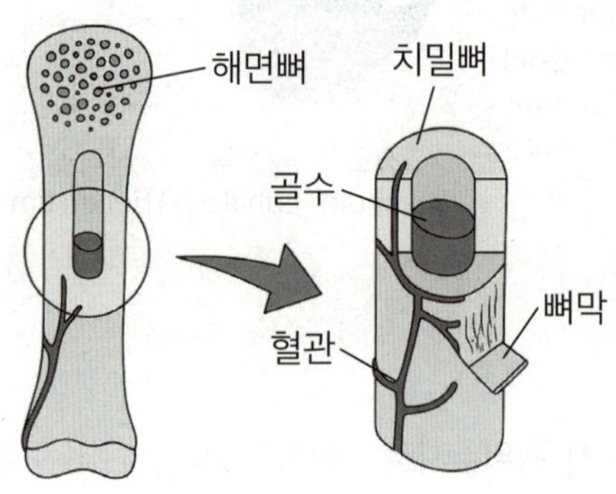

7 **관절의 종류**

1. 운동성에 의한 분류

  1) 부동관절 : 운동이 전혀 일어나지 않거나 거의 일어나지 않는 관절

    가. 연결부위가 결합조직으로 이루어진 섬유결합

    나. 연골로 연결된 연골 결합

    다. 골로 연결된 연골 결합

  2) 가동관절 : 자유로운 운동이 가능한 관절

    가. 관절강

    나. 양쪽의 골은 연골로 덮여 있음

    다. 둘레는 관절 낭으로 덮여 있음

2. 조직학적 분류

1) 섬유성관절 (fibrous)

　가. 섬유성 결합조직에 의해 연결되어 있음

　나. 뼈와 뼈를 연결해 주는 형태의 관절

　　가) 봉합(소아) : 두개골

　　나) 못박이관절 : 치아

　　다) 인대결합관절 : 요골과 척골 , 비골과 경골

2) 연골성관절 (cartilaginous)

　약간의 움직임과 뼈와 뼈 사이에 연골로 연결되어 있음

　가. 유리연골결합 (synchondrosis)

　　골단과 골간 사이나 갈비뼈에 있는 관절을 말함

　나. 섬유연골결합 (symphysis)

　　가) 약간의 움직임이 가능하며 관절내에 충격을 흡수하는 표면으로 작용

　　나) 두덩결합과 척추원반을 말함

3) 활액성(윤활)관절 (synovial joint)

　가. 관절 중심부에 활액(윤활액)으로 찬 관절강

　나. 양쪽의 골은 초자 연골로 덮여 있음

　다. 나머지는 관절낭으로 덮여 있는 관절

　라. 비교적 자유롭게 운동

　마. 가동관절 : 마찰이 거의 없어 미끄러질 수 있다

　바. 해부학적 위치 : 어깨관절, 무릎관절, 팔꿈관절, 손목뼈관절, 손가락뼈사이관절, 턱관절 등이며, 대표적인
　　관절은 슬관절(무릎관절)이다.

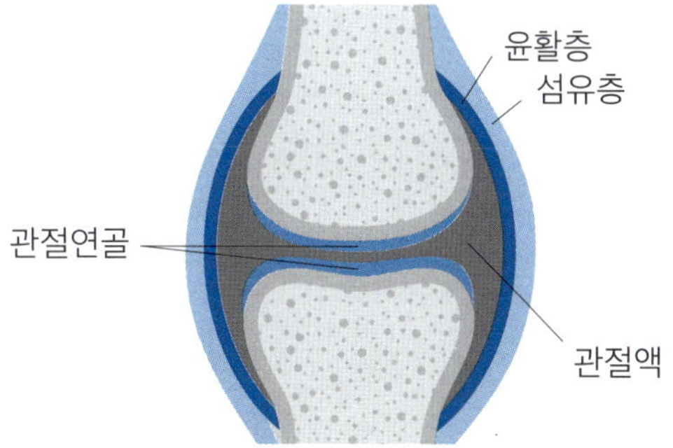

3. 기계적 분류

1) 평면관절(plane joint)

    가. 미끄러짐 운동만 존재

    나. 해부학적 위치 : 손목뼈사이관절

2) 차축관절 (trochoid joint)

    가. 원판상의 관절두와 관절와가 바퀴처럼 감싸면서 도는 관절

    나. 해부학적 위치 : 경추관절, 요척관절

3) 경첩관절 (hinge joint)

    가. 볼록(convex)과 오목(concave)의 구조

    나. 굴곡신전과 회전(없거나 약간)의 움직임

    다. 해부학적 위치 : 슬관절, 주관절

4) 안장관절 (saddle joint)

    가. 말안장 모양의 두 뼈가 직각으로 만나는 모양의 관절이다.

    나. 해부학적 위치 : 엄지중수골과 수근골관절

5) 구상관절 (ball and socket joint)

    가. 볼록한 면과 오목한 면으로 만나며,

    나. 굴곡신전, 회전, 외전, 내전 모두 가능

    다. 탈구를 막아주는 구조물이 추가적으로 존재

    라. 해부학적 위치 : 고관절과 견관절

8   연골 (Cartilage)

1. 정의

근골격계 전체에 널리 분포되어 있고, 뼈에 비해서 단단하지 않은 섬유성 결합 조직이다. 관절에서는 두개의 뼈를 이어주는 역할을 하며, 발생 초기에는 임시적으로 뼈대를 대신하는 역할을 한다.

2. 종류

1) 초자연골 (hyaline cartilage)

    가. 관절연골 (신체에 가장 널리 분포)

    나. 호흡기 계통의 형성에 참여하는 연골(늑골의 늑연골, 비연골, 후두연골 및 기관지연골)

2) 탄성연골 (elastic cartilage)

    가. 세포간질 내에 많은 탄성섬유를 포함

    나. 초자연골보다 황색을 띠며 불투명

    다. 초자연골보다 탄력성이 더욱 큼

    라. 해부학적 위치 : 외이, 이관, 후두개

3) 섬유연골 (fibro cartilage)

    가. 인대 혹은 건이 관절 인접부에 부착하는 장소

    나. 세포간질이 밀집한 교원섬유로 구성

    다. 섬유연골은 섬유조직과 초자연골의 중간단계

    라. 해부학적 위치 : 추간반, 치골결합부, 원형인대

골절과 탈구

제1절 골절(Fracture)

1 골절의 정의

뼈나 골단판의 관절면의 연속성이 완전 혹은 불완전하게 끊어져 있는 상태로 선상의 변형을 일으킨 상태

2 골절의 분류

1. 골절의 상태에 따른 분류

1) 완전골절 : 피질골의 연속성이 완전히 끊어진 경우

2) 불완전골절 : 피질골의 일부분만 연속성이 끊어진 경우이며 소아에게 잘 발생한다. crack 또는 hair line 골절, greenstick 골절 등이 있다.

    Greenstick 골절(생목골절) - 나뭇가지가 부러진 듯한 형상의 골절

2. 골절의 방향에 따른 분류

1) 횡상골절 (transverse) : 골절면이 장축에 대하여 직각으로 골절됨

2) 사상골절 (oblique) : 나선상골절에 비하여 골절 선이 짧고 둥글다

3) 나선상골절(spiral) : 골절선이 나사모양으로 골절편의 끝부분이 예각을 이룬다.

4) 종상골절 (longitudinal) : 골절편이 골의 장축과 수직으로 골절됨

3. 골절의 골편수에 따른 분류

1) 단순골절 : 골절편이 2개인 경우

2) 분쇄골절 : 2개 이상의 골절편이 만나 골절편이 3개 이상인 경우

3) 분절골절 : 별도로 2개의 완전한 골절이 한 뼈 안에 동시에 존재하는 경우

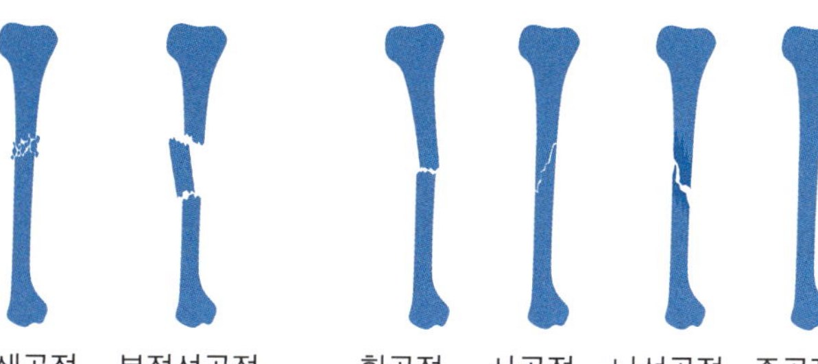

4. 골절의 개방창 유무에 따른 분류

1) 개방성(open)골절 : 골절부위가 연부 조직 손상으로 인하여 피부 밖으로 노출 되거나 외부와 통하는 경우

2) 폐쇄성 골절 : 골절부위가 피부 밖으로 노출되지 않은 경우

5. 골절의 안정성에 따른 분류

1) 안정성 골절 : 일단 정복되면 전위가 잘 안 일어나는 골절

2) 불안정성 골절 : 일단 정복이 되었다가도 쉽게 다시 전위를 일으키는 골절

6. 골절의 전위여부에 따른 분류

1) 전위성 골절 : 완전골절로 전위가 이루어진 골절

2) 비전위성 골절 : 골절이 완전히 이루어지지 않았거나 완전한 골절이라도 전위가 일어나지 않은 것을 말함

3 특수원인에 의한 골절

1. 병적골절(pathologic fracture) (2009년, 2016년 기출)

1) 정의

정상인 골보다 골의 강도가 약해져 작은 외력에도 쉽게 발생하는 골절을 말한다.

2) 발병하는 주요 원인

가. 양성 및 악성 골종양

나. 골 감염

다. 골다공증

라. 변형성 골염

마. 매독

3) 진단

　　가. 문진 : 과거의 병력, 가족력

　　나. 이학적 검사 및 단순방사선검사

　　다. 혈액검사, CT, MRI, 골주사, 생검

4) 호발부위

　　가. 척추(골다공증)

　　나. 대퇴경부, 고관절부위

　　다. 요골 원위부

5) 치료

　　가. 원인질환의 종류와 상태를 규명

　　나. 석고붕대 고정

　　다. 재활 운동 치료 시 약한 외력에도 골절을 일으키므로 주의를 기울여야 한다.

2. 피로골절 (fatigue fracture, 스트레스 골절, 행군 골절)

1) 정의

뼈의 한 곳에 주기적으로 힘이 가해졌을 때 발생하는 골절로 장거리 보행을 많이 하는 군인(행군골절)이나, 지속적으로 점프를 하거나 발차기 등을 많이 하는 운동선수들(스트레스골절)에게 많이 발생한다.

2) 호발부위

체중 등이 많이 부하되는 부위에 많이 발생하며,

　　가. 경골

　　나. 중족골

　　다. 종골

　　라. 대퇴골

3. 개방성 골절(Open Fracture)

1) 정의

개방성골절이란 골절 부위가 개방창을 통해서 외기와 연결되어 있는 골절을 말한다.

2) 분류

개방성 골절은 창상의 크기, 연부조직의 손상 정도, 이물질에 의한 오염의 정도에 따라 3가지 유형으로 분류한다.(거스틸로 분류)

가. 제1형 : 창상 크기가 1cm 이하의 저에너지 손상으로 연부조직 손상 정도와 오염이 경미하다.

나. 제2형 : 1cm 이상의 창상이며, 연부 조직 손상과 오염은 중등도이다.

다. 제3형 : 보통 10cm 이상의 심히 오염된 창상이며, 근육의 손상이 심하고, 골편의 전위가 많다.

3) 치료

창상의 치료와 감염의 예방이 제일 중요하므로 골절부위의 출혈상태, 연부조직 손상의 정도 및 신경이나 혈관의 손상 여부를 진찰하고, 살균성 항생제 투여를 빨리 시작해야 한다. 환자 상태에 따라 파상풍 예방 접종을 한다.

> 변연절제술의 목적은 무균성 기구를 사용하여 괴사 조직 및 이물질을 제거하는 것이다

4 소아골절의 특징(2008년, 2010년, 2012년, 2019년 기출)

1. 소성 변형

- 소아에 나타난 소성 변형에 의한 각변형은 쉽게 재형성력에 의해 회복되나 4세 소아에서도 전완부에서 골절이 20도 이상으로 외견상 변형이 뚜렷하고 전완부에서 회내, 회외 운동에 제한이 예상되면 교정이 필요하다.
- 척골의 소성 변형으로도 요골두 탈구가 발생한다.

2. 융기 골절

장관골의 간단부에는 해면골로 되어 있고 간부는 치밀골로 되어 있어 골절 시 소성변형이 한쪽에서 일어나며 반대쪽 피질골에서 완전한 골절이 되면서 피질골에 융기 골절이 일어난다.

3. 녹색줄기 골절

외력을 받은 피질골은 완전히 골절이 발생하나 반대편은 피질골과 골막으로 구성되어 있어 골절이 일어나지 않으며 소성변형을 동반한다.

4. 재형성력

대퇴간부 골절에 가장 흔한 소아골절은 빠른 치유력을 보인다. 소아골절에서는 손상사지에 과성장이 일어나는 잠재력을 가지고 있다.

5. 골의 치유단계

1) 염증기

가. 골절이 되면 주위의 미세혈관이 파괴되어 출혈된다.

나. 혈액이 굳어 혈종이 형성

다. 골절된 끝부분은 영양공급을 제대로 받지 못함

라. 많은 골세포들이 죽는다.

마. 괴사 된 주위 조직에 부종이 나타남

바. 괴사 조직주변에 강한 염증성 반응이 일어나는 시기이다.

2) 복원기(연성 가골 형성기)

가. 섬유아세포, 육아조직 나타남

나. 교원질(collagen)과 혈종으로 굳어지기 시작

다. 새로운 혈관이 자라나는 시기지만 산성이며 산소농도는 낮다.

라. 연성 가골이 형성됨으로 뼈가 단단히 굳어지는 치료단계(치유기)

마. 가골 형성시기 약 4~40일정도 소요

3) 재형성기

가. 파골세포의 흡수 과정

나. 성숙골이 만들어 지는 시기

다. 통증을 느끼지 않는다.

라. 산소의 농도가 정상으로 돌아오며 6주 정도에서 서서히 일어난다.

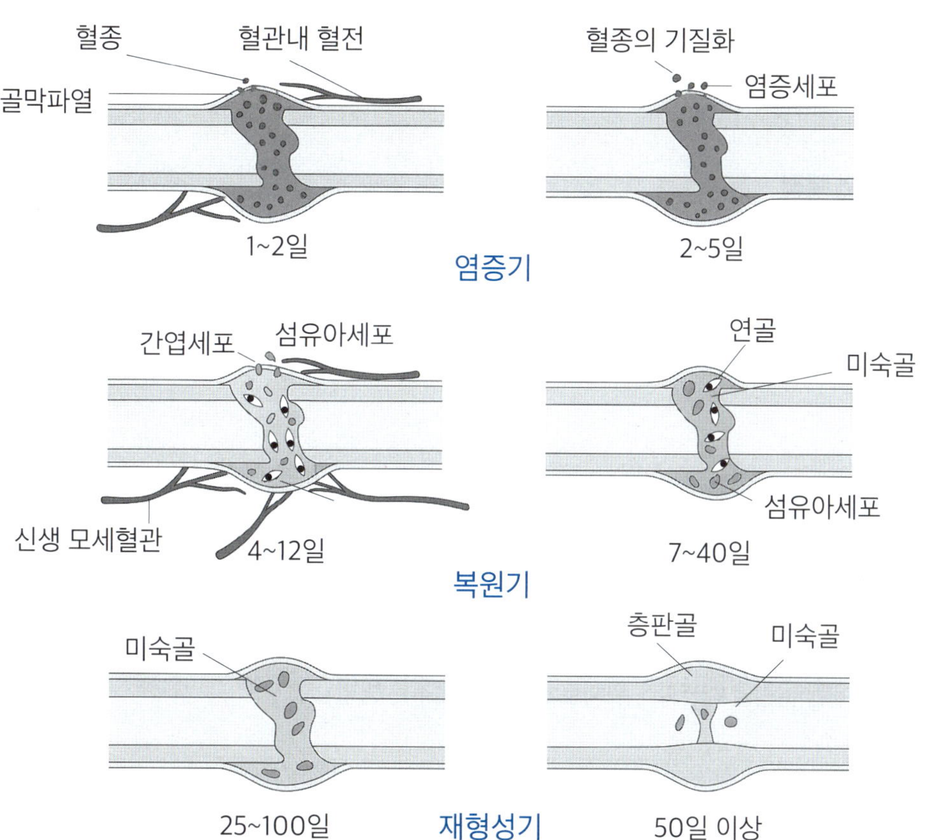
혈종
혈관내 혈전
골막파열
1~2일
염증기
혈종의 기질화
염증세포
2~5일
간엽세포
섬유아세포
신생 모세혈관
4~12일
복원기
연골
미숙골
섬유아세포
7~40일
미숙골
25~100일
재형성기
층판골
미숙골
50일 이상

1 골절 치료의 목적

1. 통증 완화

2. 정상적 골유합 유도

3. 골의 기능을 회복

2 골절의 치료 방법

1. 비관혈적 방법(비수술적 방법)

  1) 도수정복

    손으로 전위된 골편을 해부학적 위치로 정렬하여 맞추는 방법

  2) 고정하는 방법

    가. 석고붕대(Cast bandage) : 외부고정 방법으로 도수정복이 가능하고 폐쇄성 골절에 적합하다.

    나. 부목 (splint)(2011년, 2014년, 2018년 기출)

      골절된 골편의 전위를 방지하기 위해서 부목을 사용하지만 석고붕대 시행 전 부종과 고정을 위해 임시적으로 사용되기도 한다.

      ① 추가적인 연부조직 손상을 예방하고 폐쇄성 골절이 개방성 골절로 전환되는 것을 방지

      ② 동통을 경감

      ③ 지방색전증 및 쇼크 발생을 감소

      ④ 골절 확인을 위해 X-ray촬영을 용이하게 한다.

      ⑤ 환자 이동을 용이하게 한다.

    다. 견인(traction)

      ① 골절된 사지를 장축으로 잡아당겨 골절부의 연부조직에 긴장력이 가해져 골편들을 해부학적 위치로 이동 시키는 방법

      ② 견인치료가 필요한 골절

        가) 소아의 대퇴골 골절

        나) 경추골절 및 탈구

        다) 비구분쇄골절을 동반한 중심성 고관절 골절

        라) 부종 및 연부 조직손상으로 환부고정을 할 수 없는 경우

마) 수술을 하지 못하는 성인의 대퇴골 분쇄골절

바) 혈관손상이 동반된 골절

3) 기능보조기 (functional brace)

기능적 보조기는 도수 정복 후 붕대 고정을 한 후 통증과 종창이 소실되고 연부 조직이 치유되기 시작 할 때, 석고붕대, 섬유유리 붕대 또는 합성수지로 보조기를 만들어 고정 시키는 방법이다.

비관혈적정복술　　　　석고붕대　　　　부목　　　　견인

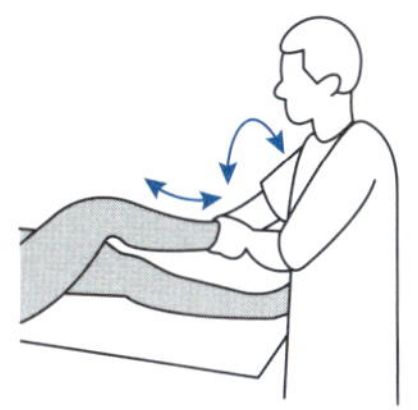
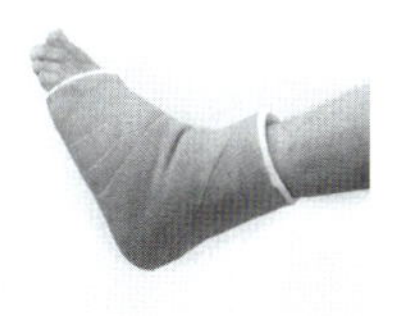
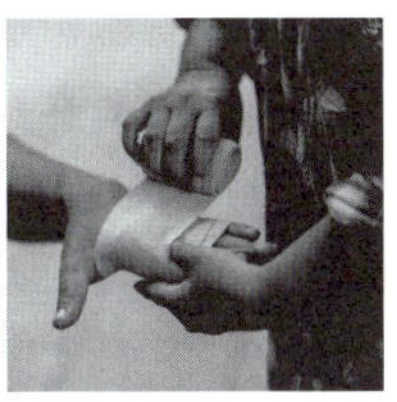
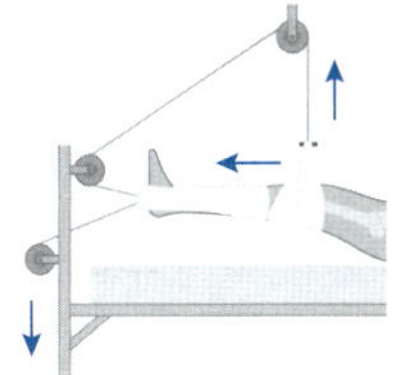

2. 관혈적 정복 (open reduction)

1) 골절부위를 수술로 직접 눈으로 보면서 골절 편을 정확하게 정복한 후 내 고정을 시행하는 방법

골절부의 해부학적 정복과 관절의 조기 운동 및 빠른 기능 회복을 도모할 수 있는 장점이 있다.

2) 수술의 종류 (2012년 기출)

가. 응급 수술 (24시간 이내)

① 혈관손상, 신경손상을 동반한 골절

② 구획증후군을 동반한 골절

③ 고관절, 슬관절에 혈관손상을 동반한 골절

④ 도수정복이 불가능한 신경손상을 동반한 분쇄골절

나. 위급 수술(24 ~ 72시간)

① 고관절 골절

② 심한 개방성 골절

③ 전위된 병적골절

다. 선택 수술

3일이상 치료가 지연될 수 있는 수술

3) 수술방법의 종류

가. 내고정술 : 핀고정, 나사고정, 금속판고정, 골수강내 금속정

나. 외고정술

다. 인공관절 치환술(2015년 기출)

고령환자, 골다공증 환자에게 대퇴골 경부골절, 견관절부 골절 시 시행한다.

3. 응급수술의 종류

1) 도수정복으로 치료가 불가능한 골절

2) 전위된 대퇴 경부 골절

3) 전위된 관절 내 골절

4) 전위된 병적 골절

5) 혈관손상 및 사지가 절단된 경우

6) 불유합된 경우

7) 갈레아찌, 몬테지아 골절

8) 근육이나 인대의 파열을 동반한 견열골절

9) 구획증후군으로 근막절개술이 필요한 골절

응급수술(24시간이내)	위급수술(24~72시간)	선택수술
① 혈관손상, 신경손상을 동반한골절 ② 구획증후군을 동반한 골절 ③ 고관절, 슬관절에 혈관손상을 동반한 골절 ④ 도수정복이 불가능한 신경 손상을 동반한 분쇄골절	① 고관절부 골절 ② 심한 개방성골절의 변연절 제술 ③ 전위된 병적골절 ④ 불안정 골절 및 탈구	① 3일이상 치료가 지연될 수 있는 수술

3 골절치유에의 영향을 주는 요인

1. 전신적 요인

1) 전신 감염증

2) 중추신경 또는 말초신경 마비

3) 혈액질환

4) 나이 : 나이가 어릴수록 골절치유가 빠르다.

5) 골다공증 : 골절 치유기간이 길어 진다.

6) 내분비계 인자 : 당뇨, 인슐린 과다분비, 부신피질호르몬이나 부갑상선호르몬의 과다분비, 성장호르몬, 갑상선호르몬 부족증, 거세 등은 골절의 치유를 지연시킨다.

2. 국소성 요인

1) 골절의 범위

골절된 위치 또는 골 결손의 정도에 따라 골절 치유기간이 달라 진다.

2) 골절부의 병적골절

골절부위에 감염이 발생하거나 종양이 있는 부위에 병적골절이 발생한 경우도 골절치유가 지연될 수 있다.

3. 골절 원인

1) 손상정도

심한 골절의 경우는 연부조직결손, 골결손, 골편의 전위와 분쇄, 골절부의 혈액공급 감소 등으로 골치유를 지연시킨다.

2) 혈액공급의 장애

혈액공급의 부족은 골절 치유를 지연시키거나 골절 치유기간을 지연시킨다.

3) 관절내골절

관절운동에 영향을 주어 골에 힘을 부하되면 전위의 원인이 될 수 있다.

4) 분절골절

중간분절 골절부의 혈액공급을 감소시켜 불유합이나 지연유합을 일으킬 수 있다.

5) 골절편에 연부조직 삽입

근육, 근막, 인대등 연부조직이 골절 편간에 삽입되면 골절치유에 방해하며 골 치유 기간을 지연시킨다.

6) 개방성골절

개방성 골절로 골이 외부에 노출되어 감염을 일으키고 혈류공급에 차질을 준다. 괴사된 골과 연부조직이 골절의 조직복원에 지연시킨다.

1 전신에 미치는 합병증

1. 쇼크 (shock)

쇼크는 혈류량 부족이나 심박출혈량의 감소로 주요 장기나 조직에 산소 대사에 장애를 일으키는 임상적인 상태를 말한다.

2. 지방색전증(2012년 기출)

1) 다발성 골절 환자에서 사망률이 가장 큰 원인 중 하나로 급성호흡곤란증후군의 중요 원인
2) 골수에서 떨어져나간 지방 미립자가 파열된 정맥을 통해 혈류에 진입한 후 폐, 뇌, 심장 및 신장과 같은 장기에 색전증을 일으켜 급격한 호흡장애를 비롯한 심각한 증상을 유발하며 심할 경우 사망하기도 한다.
3) 주요증상 : 호흡곤란, 뇌증상, 점상출혈반(흉부, 액와부, 경부, 결막부위)
4) 예방 : 부상 발생 초기에 견고한 고정이 제일 중요하다.
   골절부위를 단단히 고정 해 주어야 하며 과도한 움직임은 지방색전증을 악화 시킬 수 있다.

3. 출혈

많은 출혈로 장기나 조직에 산소 전달 장애를 일으킨다.

4. 압궤증후군(크러쉬 증후군)

부상부위가 광범위한 외상성 근육 손상 또는 지혈대를 장시간 부상부위에 사용하면 근육에 괴사가 일어나며 결국 급격한 쇼크 상태가 발생한다.

1) 원인

원인을 알 수 없지만 괴사된 근육에서 떨어져 나온 마이오글로빈이 신세뇨관을 폐쇄 하거나 신동맥 수축에 의한 세뇨관 세포의 괴사로 급성 신부전을 일으킨다는 학설도 있다.

2) 치료

부상부위에 지혈대의 장기간 사용으로 인한 근육괴사가 발생하는 경우에는 지혈대 절단을 시행한다. 소변량 유지 하면서 폐부종 발생하지 않도록 수액조절을 한다.

3) 예후

사망률이 매우 높으며 신기능이 1주 이내 회복되면 생존가능성이 있지만 대부분 2주 이내 증상이 악화되어 사망할 수 있다.

5. 심부정맥혈전증(2005년 기출)

1) 정의

환자가 장기간 수술대, 침구, 지혈대, 붕대 등의 압박으로 인한 정맥혈류의 지연과 혈관 내벽의 손상, 활동력 감소로 인한 혈류속도 지연, 수술 및 수상으로 인한 혈액응고로 인해 발생한다.

2) 원인

가. 부상부위의 압박요인에 의한 정맥혈류의 지연과 혈관내벽의 손상 등으로 혈액응고가 일어나 발생한다.

나. 발생 증가 원인

① 환자연령이 고령일수록

② 수술시간이 길수록

③ 고정기간 및 정도가 클수록

3) 예방

혈전정맥염의 기왕력, 폐색전증의 기왕력, 정맥류, 비만, 고령, 다발성 손상환자, 악성종양이 있는 환자는 고위험군 환자로 적절한 예방을 해야 한다.

4) 증상

가. 동통, 부종, 온감, Homan's 징후(발을 족배굴곡을 심하게 시키면 슬관절 뒤쪽에서 통증 혹은 불쾌감을 느끼는 것)

나. 선별검사 : 도플러 초음파

다. 확진방법 : 정맥조영술, MR 정맥조영술

> **도플러 초음파검사(Doppler ultrasonography) : 혈류를 측정하는 초음파검사**
> 도플러 초음파검사는 복강, 팔, 다리, 목의 중요 동맥과 정맥의 혈류량을 측정할 수 있고, 협착 정도를 평가할 수 있다.

5) 치료방법

가. 가장 좋은 예방방법은 조기에 정맥혈류의 지연을 예방하는 것으로 반복된 굴신운동, 조기보행 등을 있다.

나. 치료제로 항혈전제를 사용한다.

6. 가스괴저(Gas Gangrene)(2014년 기출)

1) 정의

세균(클로스트리디움 Clostridium)이 개방성 창상의 부상을 입은 환자의 근육층에 침범하여 조직을 괴사시켜 썩게 만들면서 가스를 생성하는 감염 질환을 말한다.

2) 증상

가. 외상부위에 심한 동통, 부종, 피부변색, 배출액증가, 근괴사, 조직 내 가스 발생과 전신적으로는 패혈증 또는 쇼크 상태 초래하는 감염성 질환으로 사망률이 매우 높은 합병증이다.

나. 조기에 진단하여 치료를 하지 않으면 병이 발생한 팔이나 다리를 절단해야 하며, 결국 사망에 이를 수 있다.

3) 특징

가. 상처부위에 갑자기 발생하는 통증 (감염된 상처에 국한되어 나타남)

나. 피부변색, 괴사, 피부수포, 심한 악취가 난다.

4) 예방

가장 중요한 것은 수상 당시의 창상처치이다. 모든 창상은 철저한 세척과 변연절제술이 절대적으로 필요하다.

5) 치료

가. 수액 및 전해질 보충

나. 항생제 투여

다. 수술적 요법 : 괴사 조직의 제거 및 조직감압과 창상을 봉합하지 않고 창상을 개방한다.

라. 고압산소요법

7. 파상풍

1) 정의

가. 원인균은 테타니균(파상풍균)이 혈류를 통하여 말초신경으로부터 중추신경으로 전달되며 나타나는
신경질환으로 기도 폐쇄, 저산소증, 심폐기능부전 및 배설기능의 저하 등 사망률이 높은 질병이다.

나. 상처 부위에서 증식한 파상풍균(Clostridium tetani)이 생산해 내는 신경독소가 신경세포에 작용하여
근육의 경련성 마비와 동통을 동반한 근육수축을 일으키는 감염성 질환이다. 창상감염이 있을 땐 즉시
예방주사를 접종한다.

2) 주요 증상

잠복기(3일 ~ 21일)를 거쳐 증상이 나타나기 시작하며 초기에는 상처 주위에 국한 된 근육수축이 나타난다.
증상이 진행되면서 목과 턱 근육의 수축이 먼저 나타나고 차츰 심해져서 입을 열지 못하거나 삼키지 못하는
등의 마비증상이 나타난다. 전신에 걸친 경련은 파상풍 발병 후 1 ~ 4일 뒤에 나타나며 발열, 오한 등의 증상
이 동반될 수 있다.

3) 예방

가. 상처가 났을 때에는 상처 부위를 소독

나. 괴사 조직을 제거

다. 파상풍의 예방용 백신 접종이 필요

8. 석고증후군

석고 고정을 장기간하면 혈관이 압박되어 구토, 정신증상이 나타나지만 생명에 치명적이지는 않다.

9. 폐색전증 (Pulmonary Embolism)

1) 심부정맥의 혈전이 이동하여 폐에 색전증을 유발

2) 중증의 경우 : 갑작스런 배변욕구, 호흡곤란, 혈압하강, 확진이 되기 이전에 사망하기 쉽다.

3) 경증의 경우 : 흉통, 호흡곤란을 호소하고 혈담을 발생한다.

4) 진단법 : 폐혈관조영술, 폐주사법(scan), 혈액가스검사

1. 연부조직 손상, 장기손상

2. 구획증후군 (Compartment Syndrome)(2010년, 2014년, 2017년 기출)

1) 정의

구획증후군이란 외부의 압력으로 막힌 근막 내 공간에 압력이 증가 되어 모세혈관의 혈액순환이 저하된 상태를 말한다.

2) 호발부위 및 증상

가. 탄력이 별로 없는 골과 근막으로 단단히 싸여있는 골격근에서 발생

나. 정상 구획내의 조직압은 0mmHg인데, 30mmHg이상으로 올라감

다. 조직혈류량이 부족해져 상대적 국소빈혈상태가 됨

라. 조직의 괴사가 발생하면 변형 및 기능소실이 심각(신경손상, 근육괴사, 허혈성구축, 염증과 감염)

마. 발생 12시간이 지나면 비가역적인 손상이 발생

바. 빠른 진단과 치료가 매우 중요하다.

3) 분류

가. 급성 구획증후군

가) 외상 후 부상부위에 발생하고 감압술이 필요하다.

나) 볼크만(Volkmann)허혈성 구축증 (근육과 신경의 괴사 후 발생된 구축 변형 상태)이 발생한다.

나. 만성 구획증후군

운동에 의해 구획내의 압력이 증가되어 혈액의 순환장애 통증, 신경마비를 가져오는 질환이다.

4) 발병원인

가. 급성 구획증후군의 경우는 꽉 끼는 붕대나 석고의 착용 등으로 구획의 크기가 감소

나. 부종, 출혈 등으로 구획 내용물이 증가

다. 부종, 장시간 지체 압박, 화상이나 동상, 과도한 운동, 정맥질환

5) 5p 증후

동통 → 무맥 → 창백 → 이상감각 → 마비

6) 진단

가. 국소구획의 조직내압을 측정

나. 혈액검사, 소변검사 등 임상검사를 통하여 진단

7) 치료

가. 부상부위를 심장보다 약간 높게 하여 정맥과 림프의 순환을 촉진시킨다.

나. 신경기능의 저하가 발견되면 석고와 붕대를 제거

다. 조직 내압이 30~60mmHg 이상이면 근막절개술 등의 수술적조치를 한다.

3. 변형 (deformity)

1) 정의

각형성이나 회전변형 등의 변형 상태로 골절이 유합되는 것을 말한다.

2) 부정유합 (malunion)

가. 정의

골편들이 원래의 해부학적 위치가 아닌 상태로 유합각형성, 회전변형, 지단축 유합되는 것을 말한다.

나. 발생 원인

가) 중추신경 손상으로 인한 경련성마비를 동반한 골절인 경우

나) 불충분한 고정으로 인한 경우

다) 심한연부 조직 손상을 동반한 골절인 경우

라) 부정확한 정복으로 인한 경우(해부학적 정복이 제대로 되지 않을 경우)

마) 치료자의 부주의

3) 단축(shortening)

가. 정의

가) 골절되고 유합된 부위가 건측(정상적인)에 비해 짧아지는 것을 말한다.

나) 하지 단축이 2.5cm 이상이면 파행이 초래 된다.

4) 골단손상

골단판골절(성장판)에서 해부학적 정복이 잘 안되었거나 지속적인 유지가 안 된 경우 골 성장정지와 변형이 생길 수 있다.

4. 불유합 (nonunion)

1) 정의

골절된 상태에서 골유합이 정지된 상태를 말한다.

2) 진단

가. 골절부가 오랫동안 유합되지 않은 상태로 남아있음

나. 정기적인 방사선촬영 상 골유합의 진전이 없고 골의 연속성에 결손이 나타남

다. 골절단에 경화가 있으며, 골말단부가 둥글게되고 골수강이 폐쇄 됨

라. 골편 사이에 고밀도의 섬유조직이 삽입

마. 가관절 형성

3) 발생원인

가. 영양상태, 호르몬, 흡연, 활동능력

나. 개방성 골절, 골절부의 감염, 심한 외상에 의한 분쇄골절, 불안정한 내고정, 불충분한 고정기간, 분절골절, 잘못된 수술, 골막의 과도한 박리

5. 지연유합 (delayed union)

1) 골절 후 골유합에 필요한 치유 기간이 길다.
2) 골절치유가 완전히 정지되는 것은 아니다.
3) 계속해서 치료하면 골유합이 일어날 수 있는 상태

6. 관절강직 (ankylosis)(2001년, 2015년 기출)

1) 정의

직접적인 손상이나 손상을 입지 않더라도 관절면의 유착이 생겨 관절의 수동적인 운동범위와 능동적인 운동범위가 다른 것을 말한다.

2) 원인

가. 장기간의 외고정

나. 관절내 골절

다. 관절의 아탈구, 인대손상 및 관절의 타박상

라. 광범위한 연부조직 손상

마. 손상지의 지속적인 부종

7. 외상 후 관절염(post-traumatic arthritis)

1) 관절내 골절이나 부정유합 후 흔히 발생

2) 골절 후 관절면의 정확한 정복이 안 된 상태에서 관절면에 충격이 집중되어 마모가 증가되고, 관절염이 발생한다.

3) 체중이 부하되는 하지 관절 즉, 고관절, 슬관절, 발목관절부에서 다발한다.

4) 외상 후 생긴 무혈성 괴사의 경우도 이차적 발생할 수 있으며, 대퇴골두의 무혈성괴사가 대표적이다.

5) 치료 : 약물요법 및 물리치료, 보조구, 인공관절치환술, 관절고정술

8. 무혈성괴사 (Avascular Necrosis, AVN)(2013년, 2018년 기출)

1) 정의

골절 또는 탈구로 인한 혈관손상으로 혈관이 영양공급을 하지 못해 괴사가 일어나는 것을 말한다.

2) 호발부위

고관절 대퇴골두, 주상골(수부), 거골체부

3) 치료방법

괴사된 골편제거술, 골이식술, 관절고정술, 관절성형술, 인공관절치환술

4) 발생원인

가. 과도한 음주, 알코올 중독

나. 고용량, 장기간의 스테로이드 투약 (= 부신피질호르몬 과다 복용)

다. 잠수병 (caisson disease; 주로 이압증(dysbarism)에 의해 발생)

라. 골수증식성 장애

마. 크론병

바. 만성간질환

사. 악성 종양 방사선 치료 후 (주로 생식기암)

아. 혈색소 질환 (겸상구 빈혈증)

자. 고셔병(Gaucher : 글루코세레브로시데이즈(Glucocerebrosidase)라는 효소에 유전적인 이상이 생겨서 발생하는 질환) 등

9. 복합부위통증증후군(CRPS)

1) 정의

　가. 사지의 외상 후, 그리고 드물게는 중추신경손상(뇌졸중, 척수손상)이나 심근 경색 후 발생하는 질병이다.

　나. 통증과 함께 감각이상, 자율신경계의 기능부전, 운동기능장해, 영양이상 등 여러 증상을 동반하는 신경병성통증 병변을 말한다.

2) 분류

　가. CRPS 제1형

　반사성 교감 신경이영양증이라고하며 신경손상의 직접적인 손상이 없이 발생하며 주로 외상이나 장기간의 고정 혹은 뇌손상이나 척수 손상같은 중추신경의 손상 후에 발생한다.

　나. CRPS 제2형

　작열통이라고 하며 말초신경의 직접적인 손상에 의해 발생하며 나타나는 증상과 징후는 제1형과 같다.

3) 원인

　원인은 알 수 없지만 외상(골절), 신경의 직접적 손상, 수술, 발치, 환지통(환상통), 절단통증, 뇌혈관장애, 심혈관질환 등으로 알려져 있다.

10. 골수염

개방성골절에 의한 직접감염이나 수술 창 감염 등에 의해 발생하며 골수, 골피질, 골막이 염증을 일으켜 농을 배출한다. 골수염이 치유되기 전에는 골유합을 기대하기 힘들다.

11. 골절 탈구에 의한 혈관손상

1) 견관절 탈구

견관절 탈구 시 액와동맥 및 정맥 특히 견갑하혈관 손상이 가장 많이 발생한다.

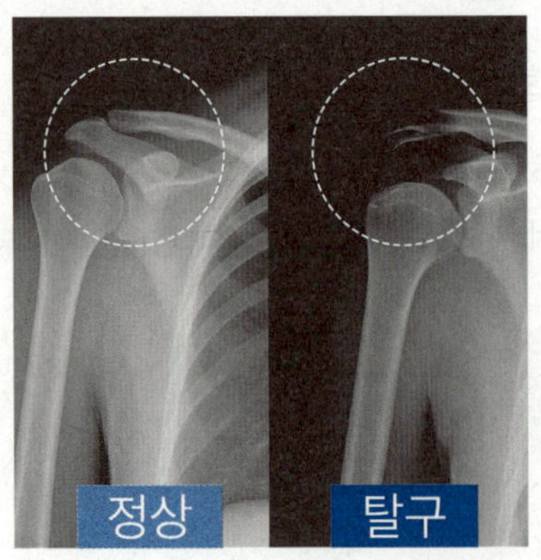

2) 주관절탈구 및 골절

주관절 탈구 및 골절 시 흔하지는 않지만 상완골을 지나가는 상완동맥이 손상 될 수 있다.

3) 슬관절탈구 :

가. 슬관절의 외상성 탈구는 매우 강한 외력에 의하여 일어나므로 슬관절의 인대 손상 및 혈관, 신경 손상이 자주 발생한다.

나. 슬관절 탈구는 전방 탈구가 많으며 또한 슬와동맥 손상이 가장 빈번하고 동반 손상된다.

4) 골반 골절

가. 골반에 골절이 발생하면 지혈이 곤란하다.

나. 외부장골동맥, 대퇴동맥 손상이 많이 발생한다.

다. 골반골절의 사망원인은 내출혈이 제일 많이 발생한다.

라. 요도와 방광의 손상이 동반되므로 혈뇨의 유무를 알기 위해 요도관을 삽입하고, 삽입이 불가한 경우는 치골상 방광절개술을 시행한다.

12. 화상

1) 1도 화상

가장 얕은 형태의 화상, 태양광에 의한 것이 가장 흔하며, 표피의 손상을 가져온다.

2) 2도 화상

가. 진피의 손상, 수포생기며 삼출물이 나온다.

나. 표재성은 보통 3주, 심재성은 3주 이상의 회복기간이 걸린다.

3) 3도 화상

가. 피하조직까지의 손상, 화염, 뜨거운 물체, 화학약품, 고압전류 등으로 발생

나. 전층의 손상은 감각이 없어지며, 피부 이식이 필요

다. 감염의 예방, 탈수증상 예방이 필수

13. 파행(limping gait)

1) 정의 : 다음의 원인으로 비대칭적 보행하는 것

2) 원인

  가. 골절 및 탈구

  나. 관절염

  → 고관절 및 슬관절 관절염, 대퇴골두 무혈성 괴사 등

  다. 근육이나 힘줄, 인대의 손상

  → 슬관절 십자인대 파열, 슬관절 측부인대 파열, 반월상 연골 손상 등

  라. 척추 질환 및 신경손상

  마. 출생 시 결손 또는 선천적, 후천적 기형

  바. 그 외 뇌, 중추신경과 관련된 파행

  → 뇌성마비(뇌의 손상으로 인해 근육 조절과 운동에 영향을 미치는 신경학적 장애), 뇌졸중(편마비가
    발생되는 경우 파행이 발생됨), 뇌종양, 다발성 경화증, 파킨슨병, 헌팅턴병, 루게릭병 등

1　공통의 처치

1. 붕대의 압박

2. 부목 고정 (과도한 압박 주의)

3. 부드러운 견인, 자세고정(경성고정, 연성고정, 견인고정)

2　부위별 처치

1. 어깨

1) 견갑골과 쇄골이 이어지는 관절주변의 손상이 많이 일어난다.

2) 팔꿈치와 몸통사이에 주먹한 정도의 부드러운 물건을 끼운 후에 단단하게 고정해준다.

2. 상완골

1) 단 하나의 뼈로 지탱을 하기에 골절이 일어났다면 눈에 확연히 보이는 각변형이 생긴다.

2) 뼈의 끝에 연부조직이나 신경/혈관 등이 손상되지 않게 부드러운 견인 후에 부목으로 고정하여 준다.

3. 주관절

관절을 지나는 동맥/정맥/신경의 손상이 쉽게 일어날 수 있어서 최대한 부상당시의 모양을 유지 할 수 있는 고정을 부드럽게 하여준다.

4. 전완, 손, 손목

1) 모든 연령 중에서 특히 어린이에서 많이 나타난다.

2) 손목을 약간 위(손등 쪽)로 치켜든 자세에서 테니스공 정도를 살며시 잡는 모양으로 부드럽게 고정하여준다.

5. 척추

1) 병원후송 전에 최대한 부상당시 몸의 자세를 유지하며 척추를 고정하여준다.

2) 사고 후에 나타나는 마비의 빈도를 상당히 감소시킨다.

3) 특히 머리와 다리를 움직이는데 있어서 상당한 주의를 기울여야한다.

6. 골반

1) 대부분 고속의 충격에 의해서 일어난다.

2) 골반 골절은 저혈량성 쇼크를 유발할 정도의 출혈을 일으킬 수 있다.

3) 빠른 골절부위에 적절한 압력을 주어서 내출혈이 더 이상 일어나지 않게 하는 것이 중요하다.

7. 둔부(Hip)

1) 골다공증이 있는 약한 뼈를 가진 노인의 낙상으로 많이 일어난다.

2) 둔부의 골절은 다리가 외회전되고 짧아진 모습을 보이는 것이 특징이다.

3) 고관절의 고정을 위해서 다리는 물론 골반의 약간 위까지 고정을 해주어야 한다.

8. 대퇴골

1) 교통사고 등의 고속의 충격으로 일어난다.

2) 대퇴부는 몸에서 가장 강한 근육이 있는 부위로 골절이 발생함과 동시에 전위와 각형성 등이 일어날 수 있다.

3) 내출혈을 방지하여 쇼크를 막아야 하며, 부드러운 견인이후에 고정을 하여서 뼈의 골절부위에 의해서 연부조직의 손상을 막아야한다.

9. 무릎

1) 주로 인대손상을 포함하는 탈구, 골절이 일어나는 부위이다.

2) 무릎관절을 지나는 여러 혈관, 신경 등을 보호하기 위해서 최대한 부상 당시의 자세에서 크게 움직이지 않고 고정을 하여야 한다.

10. 경골, 비골

1) 경골과 비공의 골절은 심각한 각형성을 주로 일으킨다.

2) 뼈의 견인과 고정을 통해서 고정을 하며, 위아래 관절을 포함한 넓은 범위의 고정을 한다.

11. 발목, 발

1) 베개는 손상을 입은 발목과 발을 안정시키기에 가장 좋은 도구 중 하나이다.

2) 적절한 고정을 하여야하나 발가락이 보이도록 하여서 혈관/신경 손상으로 인한 변화를 계속 평가 할 수 있게 하여야 한다.

제1절 신경계의 구성

1 신경계의 구분

1. 중추 신경계

뇌와 척수로 이루어져 두개골, 척추로 보호되며 자극을 판단하고, 명령을 내린다.

2. 말초 신경계

뇌와 척수로부터 온몸으로 오고 가는 신호를 전달하는 통로 역할을 한다.

1) 자율신경

가. 내장기관(소화기관 · 폐 · 신장 등)과 중추 사이를 연결하는 신경

나. 교감신경, 부교감 신경으로 구분

2) 구조상 구분

가. 뇌신경 : 뇌에서 나와 안면, 목 부근에 분포하는 12쌍의 말초신경

나. 척수신경 : 척수에서 나와 몸 전체에 분포하는 31쌍의 말초신경

3. 중추신경계(두부, 뇌)의 구조

1) 두피

두피는 머리의 두개골을 감싸고 있는 연부조직으로 5층으로 구성되는데 외부로부터 표피, 피하조직, 모상건막, 연성결합조직, 두개골막으로 구성되어 있다.

2) 두개골

가. 뇌두개골(Cranial bone) – 6종 8개

① 전두골 – 1개, ② 두정골 – 2개, ③ 측두골 – 2개, ④ 후두골 – 1개, ⑤ 접형골 – 1개, ⑥ 사골 – 1개

나. 안면두개– 9종 15개

상악골(2개), 관골(2개), 누골(2개), 비골(2개), 구개골(2개), 하비갑개(2개), 설골(1개), 하악골(1개), 서골(1개)

3) 뇌막

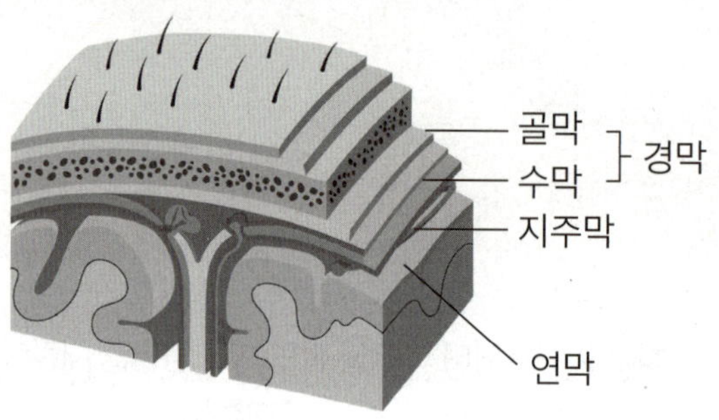

뇌막은 뇌를 싸고 있는 3개의 막으로 경막(Dura mater) 지주막 (Arachnoid membrane), 연막 (pia mater) 순으로 되어있고 지주막 밑에는 지주막하강이 있어 뇌척수액이 채워져 있다.

가. 경막(Dura mater)

경막은 뇌를 싸고 있는 막 중 가장 바깥층에 위치해 있으며 두개골 내측에는 주로 수막이 위치하고 혈관이 손상되면 두개골과 경막사이에 혈액이 축적되어 경막외 혈종이 발생한다.

나. 지주막(Arachnoid membrane)

경막의 아래에는 지주막이 위치하며 경막과 지주막사이의 공간을 경막하공간이라고 한다. 경막하공간에는 많은 교정맥이 분포하며 이 혈관이 손상되어 출혈되면 경막하혈종을 유발한다.

다. 연막(Piamater)

연막은 뇌를덮고 있는 얇은막으로 지주막과 연막사이의 공간을 지주막하공간이라고 한다. 이 공간은 척수액으로 채워져 있으며 이 공간의 출혈을 지주막하 출혈이라고 한다.

4. 봉합과 천문

1) 봉합 (suture)

가. 시상봉합 (sagittal) : 두정골과 두정골 사이의 봉합

나. 관상봉합 (coronal) : 두정골과 전두골 사이의 봉합

다. 인상봉합 (squamous) : 두정골과 측두골 사이의 봉합

라. 삼각봉합 (lambdoid) : 두정골과 후두골 사이의 봉합

2) 천문

신생아에게 있는 골화되지 않은 막으로 두개골 봉합의 연결 부위를 말한다. 보통 생후 3개월에 소천문 폐쇄, 대천문은 2년 사이에 폐쇄된다.

가. 대천문 (anterior fontanelle) : 시상봉합과 관상봉합의 연결부

나. 소천문 (poterior fontanelle) : 시상봉합과 삼각봉합의 연결부

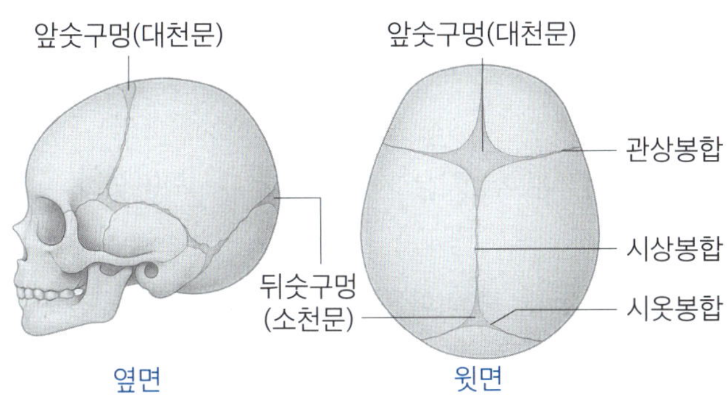

5. 뇌 (Brain)

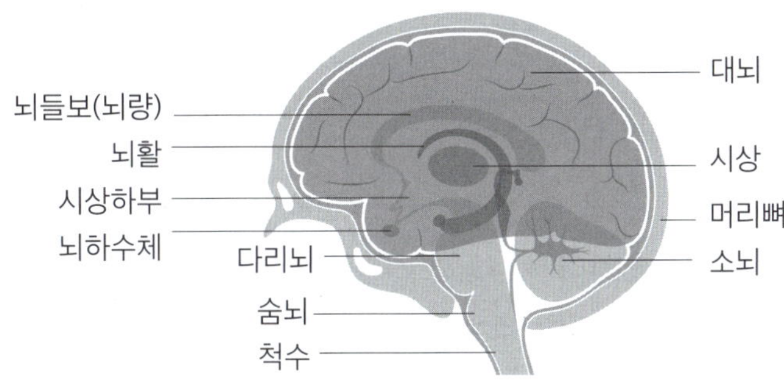

1) 대뇌

뇌 전체 무게의 80%를 차지하며 두 개의 반구 또는 6개의 엽(전두엽, 측두엽, 두정엽, 후두엽, 변연엽, 도엽)으로 구성되어 있다.

가. 전두엽 - 추상적사고, 창조, 판단 등의 고차원적 기능을 수행, 운동중추, 언어중추

나. 두정엽 - 통증, 온도, 압력, 몸과 사지의 자세인식 등을 하는 감각중추

다. 후두엽 - 시각중추

라. 측두엽 - 청각중추, 감각성 언어중추, 기억중추

마. 변연엽, 도엽 - 기능적 뇌엽으로 본능적인 충동(공격성, 배고픔, 성적흥분 등) 모든 감각정보를 대뇌 피질까지 전달한다.

2) 소뇌

대뇌의 후두엽 밑에 위치하고 있으며, 주기능은 근육의 운동, 균형유지, 근육긴장도 유지

3) 뇌간

중뇌, 뇌교, 연수로 구성되며 의식, 체온조절, 호흡, 혈압 등 생명유지를 위한 기능, 중추뇌간손상이 없으면 의식은 없어도 자가 호흡 및 혈압이 유지된다.

4) 간뇌

대뇌에 이어지는 나머지 전뇌 부분으로 시상과 시상하부로 구성되어 있다.

가. 시상

말초에서 전해지는 감각 자극을 대뇌 피질에 전달한다. 동통, 분노, 공포, 사랑 등 기본적인 정서반응을 조절, 수정한다.

나. 시상하부

가) 식욕중심(feeding center)가 있어 이곳이 파괴되면 식욕부진이 있고, 포만감을 느끼는 부위가 파괴되면 과식을 하게 된다.

나) 자율신경조절, 체온조절, 수분조절(다뇨) 뇌하수체 호르몬 분비조절, 감정표현조절

6. 뇌척수액 (Cerebro Spinal Fluid, CSF)

1) 뇌와 척수를 둘러싸고 있으며 윤활작용을 하고 물리적인 충격을 막아준다.

2) 뇌척수액은 주로 뇌실에서 만들어져 대뇌와 척수를 연결하는 뇌간에 있는 통로를 통해 척수 쪽으로 내려가며, 주위 조직에 스며들어 중추신경계 밖으로 나간다.

3) 뇌의 무게를 지탱하는 데 도움을 준다.

4) 뇌 및 척수와 주위를 싸고 있는 뼈가 만나는 면의 마찰을 줄여준다.

5) 머리를 맞았을 때 충격을 줄여주는 완충역할을

6) 두개골 속의 압력을 일정하게 유지시켜준다.

7) 요추천자를 통해 채취한 뇌척수액을 분석하여 뇌내의 감염성 질환, 출혈, 종양 등 중추신경계의 다양한 질환을 진단한다.

2. 중추신경계 (척수)의 구조

1. 척수 (Spinal Cord)

1) 구조

가. 척수의 총길이는 연수의 연장으로 대후두공에서 상요추까지의 척주공 안에 있다.

나. 뇌의 연수에서 시작하여 제1요추의 하부경계에서 제2요추까지 이른다.

2) 기능

가. 뇌와 척수 상호간의 정보교환 기능

나. 척수반사와 반사중추로 작용

다. 운동신경과 감각신경 기능을 담당

3) 신경전달과정

가. 운동신경 전달과정 (전근)

뇌 → 척수 → 척수분절 → 척수신경 → 척수신경근 경수, 요수, 척수신경종 → 여러 개의 말초신경이 갈라져 → 전신근육에 분포

나. 감각신경 전달과정 (후근)

외부자극 → 전신의 피부에서 감각성 피부분절을 통해 감각인지 → 신경총, 신경근 → 척수분절 → 척수 → 뇌로 전달

2. 신경총의 종류

1) 경신경총

제 1 ~ 4경수 신경의 앞가지에 의해 형성되는 신경다발을 말한다.

2) 상완신경총

가. 액와신경 : 소원근과 삼각근의 운동, 피부감각 담당

나. 근피신경 : 상완전반의 모든 근육, 전완의 전외측 피부감각 담당

다. 요골신경 : 상완 및 전완의 신전근 및 회외근 담당

라. 정중신경 : 손목과 손가락의 운동, 1 ~ 3수지의 배부 및 제4수지의 일부감각 담당. 손상 시 원숭이손의 원인

마. 척골신경 : 전완과 손의 내방 내측 1/3의 근육 담당,손목관절의 굴곡, 수지관절의 굴곡 및 제4 ~ 5수지관절 신전운동, 제4수지 내측손바닥과 제5수지의 손등 감각 담당, 손상 시 독수리손(갈퀴손) 원인

3) 요신경총

가. 대퇴신경 : 대퇴굴곡근 및 내전근, 손상 시 대퇴사두근마비

나. 패쇄신경 : 고관절 내측의 내전근

4) 천골신경총

가. 총비골신경 : 하퇴의 모든 신전근, 족관절의 배굴,외반, 족지관절의 신전운동 담당. 손상 시 족배굴곡 제한

나. 경골신경 : 하퇴 후방의 근육 담당, 족관절의 저굴, 내전, 내반, 손상 시 발가락 끝으로 서 있는 것이
불가능 하고 발바닥의 감각이상

3 뇌신경

1. 12개의 뇌신경

1) 후신경 (olfactory nerve)

가. 후각소실 (Anosmia)

두개저 골절로 후신경이 파열 된 경우는 냄새를 맡지 못한다.

나. 후각이상과 착각후각

2) 시신경 (optic nerve)

가. 시신경염 (papillitis)

나. 2차적 시신경위축 (Secondary optic atropic)

3) 동안신경 (oculomotor nerve)

가. 안구를 움직이는 6개의 근육 중에서 4개인 상직근, 하직근, 내직근, 하사근을 담당 .

나. 눈꺼풀(안검)을 위로 올려 눈을 뜨게 하는 상안검거근을 담당

다. 동공의 확장(방사형근육 radial muscle)과 동공축소(윤상근육 circular muscle)을 담당

4) 활차신경 (trochlear nerve)

안구운동을 지배하는 6개근육중 상사근을 담당

5) 삼차신경 (trigeminal nerve)

안면의 전반적인 감각(이마, 안면피부, 결막, 누선, 연구개, 경구개)을 담당하며 안신경, 상악신경, 하악신경으로 나누어진다.

　가. 안신경 : 이마, 안구, 위눈꺼풀, 코피부, 결막, 누선

　나. 상악신경 : 코 외측, 아래눈꺼풀, 윗입술, 연구개, 경구개

　다. 하악신경 : 혀, 아래치아의 감각, 저작근, 하악설골근, 이목근, 고막긴장근, 구개긴장근

6) 외전신경 (abducens nerve)

안구운동을 지배하는 6개근육 중 외측직근을 담당한다.

7) 안면신경 (facial nerve)

　가. 외이와 귀의 피부의 통각, 온도감각을 담당

　나. 혀의 앞 2/3의 미각

　다. 누선의 눈물분비기능과 하악선, 설하선, 안면의 표정근, 광경근, 경돌설골근을 담당

8) 청신경 (vestibulocochlear nerve)

소리를 듣는 청각과 평형감각를 담당한다.

9) 설인신경 (glossopharyngeal nerve)

　가. 중이, 편도, 인두, 연구개, 경동맥동등의 내장감각을 지배

　나. 혀 뒤쪽 1/3의 미각

　다. 귓바퀴와 외이도, 고막의 감각, 인후두부의 근육의 움직임, 구역반사, 구개반사의 중추이다.

10) 미주신경(vagus nerve)

　내장기관 중 호흡기의 평활근, 소학기관중 식도부터 대장의 가로결장까지의 평활근, 구강 , 인후두, 심장, 경동맥, 소화기관(식도, 위, 소장, 대장, 간, 담낭, 췌장), 후두개의 미각, 외이도와 고막의 감각을 담당

11) 부신경 (accessory nerve)

　흉쇄유돌근, 상부승모근, 구개근, 후두근을 담당

12) 설하신경 (hypoglossal nerve)

　혀의 내재성, 외재성근육의 혀운동과 모양을 조절

1. 후각신경	냄새
2. 시신경	시각(시력, 시야, 동공대광반사)
3. 동안신경	안구운동(위, 아래, 내전, 외회전), 동공수축 안검거상
4. 활차신경	안구운동 (내회전) – 안구의 상사근
5. 삼차신경	(안신경, 상악신경, 하악신경) → 얼굴, 머리. 혀 전방2/3감각, 저작운동, 각막반사
6. 외전신경	안구의 외직근
7. 안면신경	얼굴의 표정, 누선, 타액선분비, 혀의 전방2/3의 미각
8. 청신경	청각, 평형감각
9. 설인신경	혀의 후방 1/3의 미각, 인두를 올리거나 확장시키는 운동
10. 미주신경	연구개, 인두, 후두, 연하운동, 부교감신경계의 흉복부장기, 심근신경
11. 부신경	어깨, 목의 운동 흉쇄유돌근과 승모근의 운동 및 감각
12. 설하신경	혀의 구음운동, 혀의 위치 감각(혀내밀기)

감각신경	후신경, 시신경, 청신경
운동신경	동안신경, 활차신경, 외전신경, 부신경, 설하신경
혼합신경	삼차신경, 안면신경, 설인신경, 미주신경

4 자율 신경계

1. 특징

1) 대뇌의 직접적인 영향을 받지 않는 불수의적인 신경계
2) 교감 신경과 부교감 신경의 길항 작용
3) 운동 신경만으로 되어 있다.
4) 뇌나 척수에서 나와 내장 기관, 혈관, 등에 분포하며, 순환, 호흡, 소화, 호르몬 분비 등 생명 유지에 필수적인 기능을 자율적으로 조절 한다.

	심장박동	소화운동	동공	혈관(혈압)	방광	침분비
교감 신경	촉진	억제	확대	수축(상승)	이완	억제
부교감 신경	억제	촉진	축소	이완(강하)	수축	촉진

1 의식 수준의 평가

1. 의식수준의 5단계

분류	점수	내용
청명(Alert)	15점	의식이 명료하고 지남력이 있는 상태
기면(Drowsy)	13 - 14점	의사소통은 어렵게 가능하나 계속 자려고 하는 상태
혼미(Stupor)	8 - 12점	수의적 운동은 있으나 의사소통이 되지 않는 상태
반혼수(semi-coma)	4 - 7점	수의적 운동 없이 오직 외부 통증에만 이상운동 반응을 보이는 상태
혼수(Coma)	3점이하	외부 통증에도 반응하지 않는 상태

2. GCS(Glasgow coma scale)

1) 개안반응 (Eye opening : E) - 4점

2) 언어반응 (Verval Response : V) - 5점

3) 운동반응 (Motor Response : M) - 6점

(각 항목별로 2 - 3회 반복하여 가장 좋은 반응을 기준으로 점수를 정하여 의식 상태를 구분한다.)

2 뇌신경 검사

1) 안저검사

안저경을 이용하여 안구의 유두, 망막, 혈관을 검사한다.

가. 유두부종

나. 시신경위축

시신경 압박, 염증변성이 원인이 되는 경우를 1차성 시신경 위축이라 한다.

2) 뇌간 반사

뇌간반사의 소실은 일반적으로 예후가 극히 나쁘다. 안구 두부반사는 머리를 갑자기 돌렸을때 안구가 본래의 위치로 되돌아가는가를 보는 검사이다.

3 운동, 지각계 검사

- 의식장애가 있는 환자에서는 대화가 불가능하므로 동통자극으로 사지근육의 긴장력과 근력을 등급기준에 따라 구분한다.
- 근육의 긴장력과 근력을 등급기준에 의하여 구분할 때 보통 6단계로 나눈다.

등급기준			환자 상태
Grade5	Normal	100%	정상
Grade4	Good	75%	약간의 저항을 이겨내고 완전운동범위를 수행할 경우
Grade3	Fair	50%	중력을 이겨내고 완전운동범위를 수행할 수 있으나 저항을 이기지 못하는 경우
Grade2	Poor	25%	중력을 제거한 상태에서 완전 부분적 운동범위를 수행할 경우
Grade1	Trace	10%	관절운동이 없으나, 약간의 근수축이 있는 경우
Grade0	Zero	0%	관절운동은 물론 , 근육수축도 전혀없는 경우(완전마비)

4 반사 (reflex)

반사는 자극에 대한 불수의적 운동 반응을 말하며, 근육의 수축하는 힘, 속도와운동의 범위에 따라 분류한다. 근육신장 반사는 건, 골막 또는 골, 관절, 근막 등에 자극이 가해졌을 때 일어나는 반사를 말한다.

1) 슬개건 반사

슬개건을 타진했을 때 대퇴사두근의 수죽으로 하지의 신전이 일어나는 반사로 대퇴신경을 통하여 발생한다.

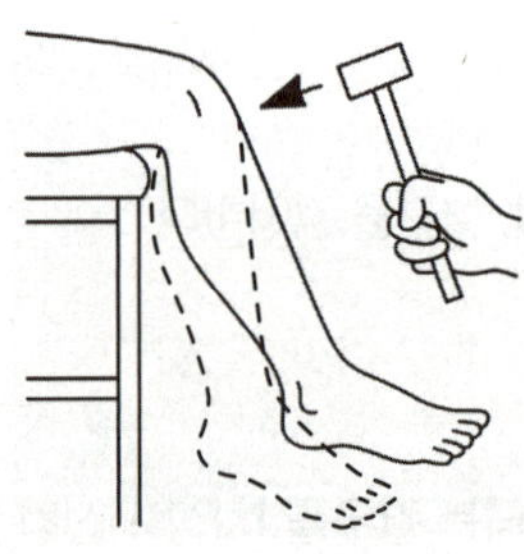

슬개건 반사

2) 바빈스키 반사

정상인에서는 족저부의 외측을 족종부에서 전방으로 자극하면 표재성 반사인 족지의 족저부 굴곡을 이루는 족저반사가 나타나나 뇌손상 시에는 이와 반대되는 족지를 쭉 펴는 현상이 나타난다.

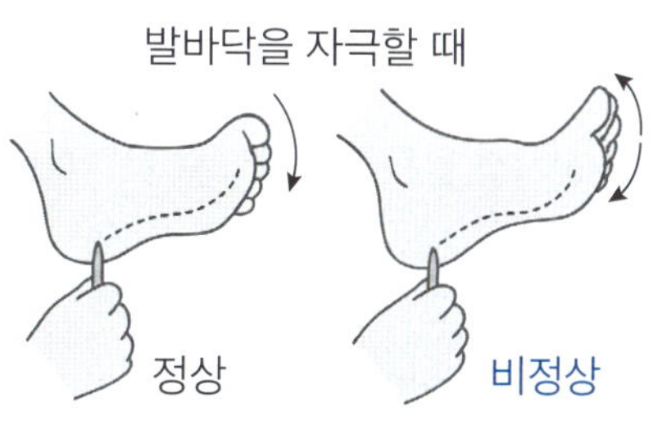

바빈스킨 반사

3) 아킬레스건 반사

아킬레스건을 타진했을 때 뒷다리 근육, 장단지근, 가자미근 그리고 족저근의 수축으로 발목에서 족저굴곡 되는 반사로 정상인에게는 존재하지만, 나이가 들면서 감소하는 경향이 있다.

5 소뇌기능검사

소뇌는 신체의 평형, 자세의 조절 , 운동조절 기능을 한다. 소뇌에 손상이나 병변이 있을 때에는 운동실조, 동측 상하지의 근긴장도 저하, 구음장애가 나타난다.

6 자율신경 검사

- 내분비계의 상태, 피부및 점막상태, 발한상태, 타액분비 및 누선분비상태, 생체징후 조절 상태 및 모발상태 및 상하지 상태 등을 관찰한다.
- 자율신경반사는 직장반사, 내항문반사, 방광반사, 음낭반사, 구해면체반사, 발기및 사정 등이 있으며, 자율신경 기능검사로는 발한검사, 반사홍반, 피부저항검사, 체표온도검사, 입모성반응 및 혈관운동 반응검사 등이 있다.

7 객관적 검사

1. 단순 방사선 검사 (X-Ray)

두부외상, 뇌압상승, 혈관변화, 골밀도 변화, 두개골 내 공동 등을 확인하며, 단순 두개골 촬영으로는 두개저 골절 확인이 어렵다.

2. 두부 전산화 단층촬영검사 (CT)

급성기 의식장애 및 국소 신경장애 증상이 있으면 가장 먼저 시행하여야 할 검사이며, 동맥류, 뇌종양, 경색증, 두개내출혈, 혈종, 동정맥기형, 수두증, 뇌실 크기의 증대, 뇌실의 위치이상, 대뇌 위축 등을 확인한다.

3. 자기공명영상촬영검사(MRI)

해상력이 정밀하며 뇌간부나 척수에서는 CT보다 선명한 화상을 얻을 수 있다. 횡단영상, 관상영상, 시상영상을 용이하게 촬영할 수 있고, 3차원적 영상을 얻을 수 있다

4. 뇌파검사 (EEG)

20개의 전극을 두피에 꽂고 뇌의 전기적 활동을 그래프로 분석하는 것으로 외상에서는 주로 외상성 간질 진단에 이용된다.

5. 뇌간유발전위검사 (EP) - 청각, 체성, 시각유발전위검사 둥이 있다.

자극을 주어 뇌간에 발생하는 전위를 측정하여 뇌간기능, 척추신경, 말초신경 등의 기능을 알 수 있다

6. 뇌혈관 조영술(Crebral Angiography)

대퇴동맥, 경동맥, 쇄골하 동맥 등에 카테터를 삽입하고 조영제를 투여한 후 대뇌 혈관계를 방사선 촬영하는 검사이다.

7. 양전자방출 전산화단층촬영 : PET(Positron emission tomography)

방사핵을 포도당성분과 결합시켜 정맥내로 주입한 후 컴퓨터를 통해 화학적 활동을 감지하는 것으로 뇌의 기능적 이상을 감별하여 간질이나 치매를 확인한다. 알츠하이머 질환자의 대사성 변화를 감지한다.

8. 요추천자(LP : Lumbar punture) : 뇌척수액의 검사

지주막하강으로 바늘을 삽입하여 뇌척수액 압력을 확인하고 감염여부를 확인할 수 있다. 천자부위로는 제3-4요추간, 제4-5요추간에서 시행된다.

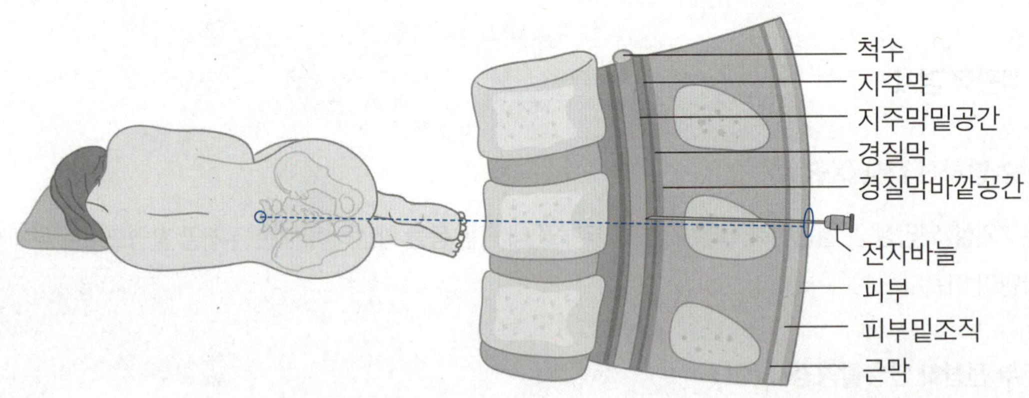

중추신경계(두부,뇌, 척수) 손상

제1절 두부 외상

1 두피손상 (Scalp Injury)

1. 두피좌상

2. 두피열상

3. 골막하 혈종

2 뇌손상

1. 뇌진탕 (Cerebral concussion)

1) 외상 직후 의식이나 인식의 일시적 변화

2) 뇌가 흔들려 일시적으로 뇌의 모든 기능이 중단되었다가 완전히 회복

3) 뇌실질에 기질적 변화 없음

4) 가역적인 경한 뇌손상

2. 뇌좌상(Cerebral contusion)

1) 뇌실질내의 출혈로 인해 뇌조직이 괴사 후 뇌부종이 발생

2) 두개강내압이 항진되는 불가역 손상

3) 수상직후부터 의식장애가 생기며 손상 정도는 다양하다.

3. 미만성뇌축삭손상 (Diffused Axonal Injury, DAI)

1) 축삭에 광범위한 손상으로 발생한다.

2) 급성기에는 중한 의식장애, 고혈압, 다한증 및 고열과 같은 자율신경장애

3) CT촬영상 혼수의 원인이 될 만한 것이 없음에도 불구하고 외상직후 의식 소실이 있는 경우

4. 경막상(외)혈종 (Epidural Hematoma, EDH)

1) 두개골의 내면과 경막 사이에 혈종이 형성된 것

2) 경막상 혈종이 대량이어서 뇌압박이 심함

3) 동맥출혈로 혈종이 형성되면 응급수술이 필요하다.

4) CT상 볼록렌즈 모양의 음영을 관찰할 수 있다.

5. 급성/만성 경막하 혈종 (Acute / Chronic Subdural Hematoma , SDH)

1) 경막과 지주막 사이에 혈종이 형성된 것

2) 급성은 외상 후 3일 이내

3) 만성은 외상 후 3주 이상

4) 급성 경막하 혈종은 경막외혈종 보다 뇌손상이 심하고 광범위하며 뇌부종이 동반되는 예가 많아 예후가 나쁘다.

5) 뇌CT상의 음영이 두개골 내면에 접하여 넓게 초생달 모양을 관찰할 수 있다.

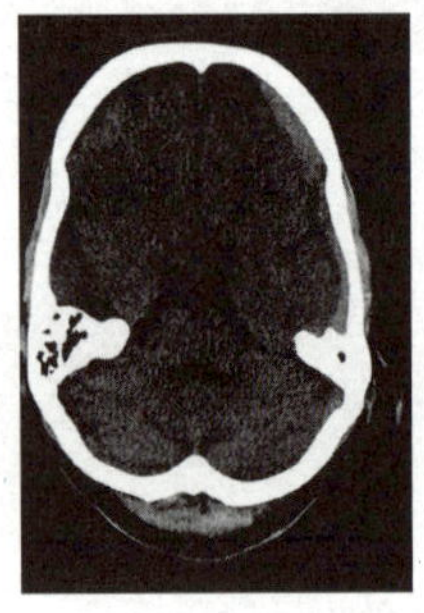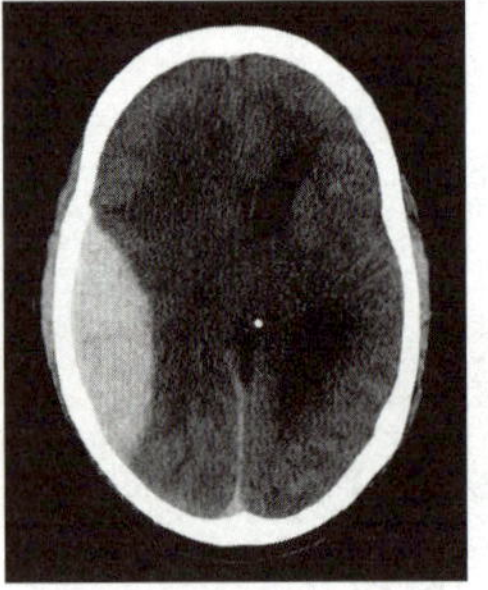

a:경막하 출혈   b:경막외 출혈

6. 외상성 뇌실질내혈종 (Intracerebral Hematoma, ICH)

1) 외상으로 뇌실질이 직접 좌상이나 열상을 입은 부위에 혈종이 발생

2) 충격 받은 반대 부위의 손상에 의해 발생

3) 처음부터 고도의 의식장애

7. 외상성 지주막하출혈 (Subarachnoid Hemorrhage, SAH)

1) 외상으로 뇌정맥이 손상되어 지주막하강에 출혈이 생긴 상태

2) 질병의 경우 뇌동맥류의 파열이 65%를 차지하며 재출혈 방지위해 수술 필요

3) 외상의 경우 대부분 정맥류 출혈로 출혈 자체는 위험하지 않다.

8. 경막하수종(Subdural Hygroma)

1) 두부외상후 경막하강에 무색, 황색 또는 혈액성의 척수액이 고여 있는 상태

2) 외상으로 지주막이 파열되고 이를 통하여 지주막하강에서 뇌척수액이 유입됨

3) 증상이 없으면 치료는 필요치 않으나, 의식이 나빠지거나 뇌압상승의 증상이 있을 경우는 천두술을 시행

> 🔍 **참고**
>
> **두개강 내압이 상승하면 나타나는 증상**
> 1. 맥박이 느려짐
> 2. 호흡수가 줄어듦
> 3. 혈압 상승

3. 두개골골절 (Skull Fracture)

1. 선상골절 (Linear Fracture)

1) 두개골 균열 골절의 일종이며 두개골골절의 약 80%를 차지

2) 선상골절이 혈관이나 정맥동에 발생한 경우 혈관의 파열로 경막외혈종 발생 가능성이 높다.

3) 합병증을 동반하지 않는 한 경과관찰 요함

2. 이개골절 (Diastatic Fracture)

1) 봉합선이 분리되는 것

2) 주로 3세 이하의 소아에서 발생

3) 봉합선 폭이 2mm 이상 벌어졌을 때 치료.

3. 함몰골절 (Depressed Fracture)

1) 두개골이 함몰되는 골절을 말함

2) 함몰된 골편이 뇌실질 안에 있는 경우는 감염 (뇌농양 등)의 원인이 될 수 있다.

3) 소아의 함몰골절 과 성인의 5mm 이상 함몰골절된 경우와 개방성 함몰 골절 시에는 수술을 해야 한다.

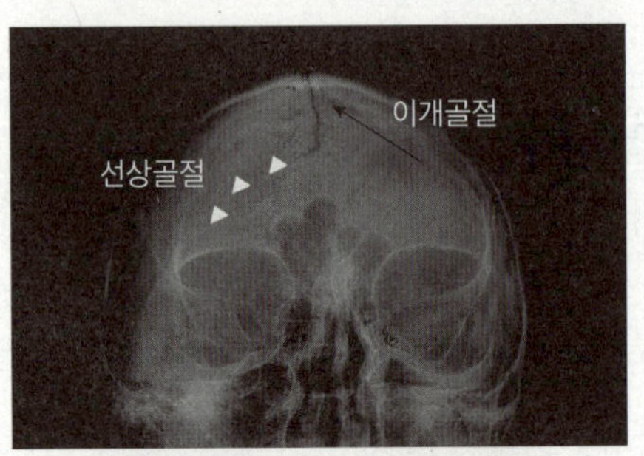

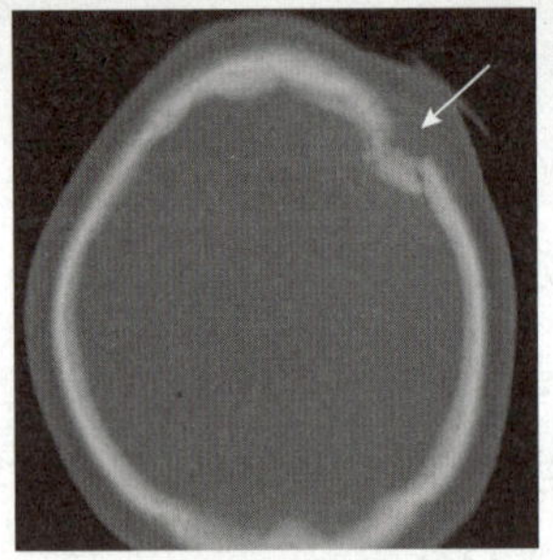

분쇄함몰골절

4. 두개저 골절 (Basal Skull Fracture)

1) 특징

가. 두개골 X-ray로 진단하기 어려워 임상적 증상이 중요하다.

나. CT의 두개골검사에서 골절부위 확인이 용이

　가) 피부의 반상출혈

　　• 유양돌기 주위의 반상출혈

　　• 눈주위의 반상출혈 : 올빼미 눈 징후

　나) 고실혈종

　　측두골의 추체부골절시 혈액이 이관을 통해 고실내로 들어가기 때문에 생긴다.

　다) 뇌척수액 비루 및 이루

　라) 기뇌증

　　X-ray 촬영 또는 CT상 뇌실내 또는 지주막하강에서 공기음영이 보인다.

　마) 뇌신경손상

　　전두개와 골절시 후각신경, 시신경 장애가 나타나며, 중두개와 골절시 외안근의 운동마비, 악관절 운동마비를 초래한다, 측두골의 추체부 골절시 청신경, 안면신경마비가 나타난다.

4 뇌혈관 손상 및 질환

1. 폐쇄성 뇌혈관질환 (occlusive cerebrovascular disease)

1) 허혈성 뇌혈관 질환 (중풍, 뇌졸중)

뇌에 혈류를 공급하는 혈관에 정상적 뇌혈류의 장애를 초래하여 발생하는 질환이다.

가. 일과성 뇌허혈발작 (Transient Ischemic Attack, TIA)

일과성 허혈발작은 뇌허혈에 의해 국소적인 신경장애가 발생 후 24시간 내에 완전히 회복되는 것을 말한다.

나. 가역성 허혈성 신경학적 결손 (Reversible Ischemic neurologic defect)

국소적 허혈증상이 24시간 이상 지속될 수 있으나 3주내에 완전히 회복되는 것을 말한다.

다. 진행성 뇌졸중(progressive stroke)

국소적 뇌허혈 증상이 수분에서 수 시간에 걸쳐 악화되는 것을 말한다.

라. 완전 뇌졸중 (complete stroke)

국소적 뇌허혈 증상이 발병 후 수일~수주에 걸쳐 신경학적 변화가 없는 경우를 완전 뇌졸중이라 한다.

2. 허혈성 뇌혈관 질환의 위험 요인

1) 고혈압

수축기 혈압이 160~180mmHg인 사람은 160이하인 사람에 비하여 뇌졸중의 발생 위험이 4배가 높다.

2) 흡연

흡연은 뇌졸중의 위험율을 50%가량 증가시킨다. 니코틴성분은 말초혈관을 수축시켜 고혈압을 발생시킨다.

3) 당뇨

당뇨환자에서 뇌졸중의 발생 빈도를 증가된다.

4) 관상동맥경화증

5) 심장질환 : 심장질환이 있는 환자는 정상인 보다 뇌졸중의 발생률이 높다.

3. 두개강내의 혈관기형

1) 모야모야병 (moyamoya disease)

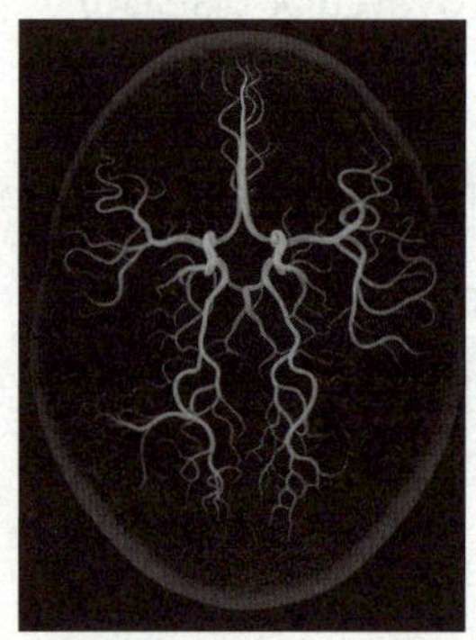

가. 정의

가) 모야모야병은 양측 내경동맥의 형성 장애

나) 뇌동맥조영상이 뿌연 담배연기모양과 비슷하다고 하여 일본말로 "puff of smoke"를 의미한다.

다) 큰 동맥으로부터 혈액 공급의 감소로 인하여 뇌허혈이 발생

라) 미숙한 신생혈관과 미세 동맥류의 발생으로 인하여 뇌출혈을 일으킨다.

나. 모야모야병의 특징

가) 일과성 허혈성발작, 뇌경색, 뇌내출혈 등 다른 뇌내혈관 이상 질환과 유사한 증상들을 나타낸다.

나) 소아는 운동마비, 언어장애 및 지능 저하 등이 주로 발생한다.

다) 성인에서는 뇌출혈(특히 여성)으로 인한 두통, 의식장애 등이 나타난다.

라) 검사방법 : 모야모야병의 확진을 위한 필수적이고 가장 중요한 검사는 뇌혈관조영술이다.

마) 치료방법

바) 확실한 원인이 밝혀지지 않았기 때문에 치료방법은 정확히 없지만 약물치료법과 외과적 수술치료법이 있다.

다. 간질 (Epilepsy)

가) 정의

간질성 발작(seizure)이란 신경세포의 갑작스럽고 무질서한 전기적 활동성의 방사에 의하여 야기되는 증상을 말한다.

나) 치료

과도한 음주나 수면부족 등을 방지하고 약물요법을 시행

5 **척수 손상 및 질환**

1. 척수 (spinal cord) 손상

1) 정의

손상 기전은 복합적으로 나타나며 과굴곡, 과신전, 과회전, 수직압박손상 등이 있다.

2) 척수 손상의 분류

가. 척수진탕

외상 후 일시적으로 척수기능이 마비되는 것을 말하며 잠시 지속되었다가 완전히 회복된다.

나. 척수좌상

척수에 손상으로 점상 출혈, 부종 등이 일어나며 사지마비나 하반신마비를 일으키며 예후가 좋지 않다.

다. 척수쇼크

상해 부위 이하의 운동능력까지 소실된 것을 말한다.

3) 손상 정도에 따른 분류

가. 완전 척수손상

손상부위 이하에 운동 및 감각(지각)기능이 모두 소실된 상태로 회복이 어렵다.

가) 사지마비

경추 손상으로 목 이하 모든 부위가 감각마비로 인한 배뇨 및 배변장애가 나타난다.

나) 하반신마비

흉,요추 부위의 손상으로 가슴 이하 부위의 감각마비, 양측 하지마비, 배뇨 및 배변장애, 무릎반사나 아킬레스 발목반사가 모두 소실된다.

다) 마미증후군(말총증후군)

요천추 척추관 내의 신경 무리인 말총의 손상으로 신경뿌리의 기능소실을 유발하는 심각한 신경학적 상태를 말한다. 말총부위의 손상으로 심한 허리통증이 유발되고 방광과 장의 기능이 손실되며 하지의 근육 약화 증상이 발생한다.

2. 불완전 척수손상

1) 정의

손상부위 이하에 운동 및 감각(지각)기능이 일부 남아있는 상태로 회복 가능성이 있음

2) 종류

전척수증후군, 중심척수증후군, 측방척수증후군, 후방척수증후군 등이 있다.

3) 분류

가. 전척수증후군

    가) 원인

척추의 과굴곡 손상에 의한 골편이나 추간판의 후방전위에 의해 전척수 동맥의 차단으로 인하여 척수 전방 2/3부분이 손상

    나) 증상

운동장애는 상지보다 하지가 더욱 심하다.

나. 측방척수증후군 (Brown-Sequard증후군)

    가) 원인

일시적 척추궁과 척추경골절, 척수자상, 총상 또는 척추의 회전손상

    나) 증상

척수의 한면만 손상이 있어 동측 운동신경마비와 반대측 통각, 온도감각이 소실됨

다. 중심척수증후군

    가) 원인

심한 척추증이나 척추간협착증이 있는 중년 등에서 경추부 과신전 손상을 당했을 때 흔히 발생

    나) 운동장애는 상지가 더욱 심하다. 상지의 말단부(손, 손가락)마비가 심각하다.

라. 후방척수증후군

척수후방에 있어 척수 후방으로 지나가는 진동감 위치감의 감각신경기능이 소실되고 단지 척수 전방을 지나가는 전척수시상로의 기능인 둔한 촉감만을 알게 된다.

마. 척수원추증후군

    가) 원인

제11흉추와 제2요추사이 부위의 손상에 의하여 발생하며, 회음부의 이완성 마비, 모든 방광 및 항문주위의 근력이 소실이 온다.

    나) 증상

- 천수의 신경기능 소실로 구해면체 반사 및 항문 주위 반사가 나타나지 않는다.
- 상위 요추신경근(L1 ~ 4)은 보존 되는 경우가 있어 보행하는데 큰 무리가 없다.

3. 척수손상의 수술적 치료가 필요한 경우

1) 손상된 척추의 전위가 정복이 안 되어, 척수의 압박이 계속 증가되는 경우

2) 비록 전위가 정복은 됐지만 골편이나 파열된 추간판탈출증으로 척수의 압박이 계속 남아 있는 경우

3) 척추가 불안정하여 추가적인 척수손상 가능성이 있는 경우

6 퇴행성 질환 (치매의 원인 질환)

1. 정의

사람의 정신(지적)능력과 사회적 활동을 할 수 있는 능력의 소실을 말한다. 그 자체가 진단명이 아니라 단지 특정한 증상들이 나타나서 어떤 기준을 만족시키는 경우를 말하는 하나의 증후군(증상복합체)이다.

2. 검사방법

1) MMSE(간이 정신상태검사)

- 5가지 항목 검사

- 지남력, 3단어 기억 등록, 집중력 계산, 언어 및 중간구성, 단어 회상

  → 총30점 만점에 20점이하 시 치매로 진단

2) CDR(한국판 확장판임상치매평가척도검사)

- 6가지 항목 검사

- 기억력, 지남력, 판단력과 문제해결 능력, 사회활동, 집안일(생활과 취미), 위생과 몸치장

  → 0 ~ 0.5점 치매아님, 1점 경도, 2점 중등도, 3점 중증, 4점 심각한 치매, 5점 말기치매

3. 종류

1) 알쯔하이머병 (Alzheimer's disease)

가. 정의

가) 알쯔하이머병은 치매를 일으키는 가장 흔한 질환이다.

나) 독일인 의사인 알로이스 알쓰하이머(Alois Alzheimer)의 이름을 따서 붙인 병 명으로 그 당시 매우 희귀한 뇌신경환으로 병을 앓다가 사망한 여자의 뇌조직의 병리학적 변화를 관찰하여, 이 병에 특징적인 병리소견들을 발견하였다.

나. 증상

가) 아주 가벼운 건망증

나) 언어구사력, 이해력, 읽고 쓰기 능력 등의 장애

다) 매우 성격이 공격적이 될 수도 있다.

라) 집을 나와서 길을 잃어버리고 거리를 방황할 수도 있다.

2) 혈관성 치매 (Vascular dementia)

가. 원인

뇌에 혈액을 공급하는 뇌혈관들이 막히거나 좁아져 발생하거나 반복되는 뇌졸중(중풍)에의해 발생한다.

나. 증상

인지 능력이나 정신능력이 조금 나빠졌다가 그 수준을 유지하고 또 갑자기 조금 나빠졌다가 유지되고 하는 식의 점차 악화된다.

초기에 진단을 받고 적절한 치료를 받으면 증상이 호전될 수 있다.

3) 파킨슨 병 (Parkinson's disease)

가. 원인

중뇌의 흑질의 치밀대에 도파민을 분비하는 신경세포의 변성 및 소실로 인해선조체에 도파민 부족이 초래되어 선조체 내의 신경 전달물질의 불균형을 초래한다.

나. 증상

몸과 팔, 다리가 굳고 동작의 느려짐, 주로 가만히 있을 때 손이 떨리고 말이 어눌해지고 보폭이 줄고 걸음걸이가 늦어지는 등의 증상을 보인다.

4) 루이소체 치매 (Diffuse Lewy body dementia)

가. 원인

망가져 가는 신경세포 안에서 발견되는 단백질 덩어리로써 파킨슨병 환자의 주요 병변 부위인 뇌간의 흑질부위에서 잘 관찰되며, 이런 루이소체가 대뇌 전체에 걸쳐서 광범위하게 발견 될 때에는 알쯔하이머병의 증상과 매우 유사한 치매 증상을 보이게 된다.

나. 증상

진행 양상이 알쯔하이머병과는 다르고 인지 능력장애의 심한 변화를 보이면서 간혹 의식장애도 나타날 수 있다.

5) 헌팅톤병 (Huntington's disease)

가. 원인

뇌의 특정 부위의 신경세포들을 선택적으로 파괴 되어가는 진행성 퇴행성뇌질환의 한가지로 사람의 몸과 마음을 모두 침범하는 증상이 있다.

나. 증상

젊은 사람에게서도 나타날 수 있으며, 이런 경우에는 노인들에게서는 치매의 증상으로 주로 나타나는 것에 비해 얼굴이나 팔등이 저절로 움직여지는 무도증등으로 나타나거나 정신질환으로 나타날 수도 있다.

6) 크루츠펠트 - 제이야콥병 (Creutzfeldt-Jakob disease)

가. 원인

프라이온(prion) 단백질이라 불리는 물질에 의하여 발생하는 것으로 알려져 있다.

나. 증상

초기 증상으로는 기억력 장애가 있을 수 있으면서 시야장애나 행동장애가 나타나게 되며 이후 의식 장애와 불수의적운동으로 시작해서 결국은 혼수 상태에 이르게 된다.

7) 식물인간

가. 정의

식물인간상태란 각성은 가능하나 인식은 불가인 상태이며 대뇌기능의 광범위한 손상으로 뇌간의 기능은 유지되나 다음의 행동을 못한다.

가) 자력이동 불가능

나) 자력으로 음식물 섭취 불가능

다) 방뇨, 실금상태

라) 안구가 움직이기는 하나 인식은 못함

마) 소리는 내나 의미 있는 말은 하지 못함

바) 눈을 뜨고 손을 잡으려 하며 간단한 명령에 반응하나 그 이상의 의사소통불가 둥의 상태가 3개월 이상 지속되고 있는 경우를 말한다.

나. 뇌사판정 기준

가) 선행조건

① 원인질환이 확실하고 치료될 가능성이 없는 기질적인 뇌병변이 있어야 할 것

② 깊은 혼수상태로서 자발호흡이 없고 인공호흡기로 호흡이 유지되고 있어야 할 것

③ 치료 가능한 약물중독(마취제 · 수면제 · 진정제 · 근육이완제 또는 독극물 등에 의한 중독)이나 대사성 또는 내분비성장애 (간성혼수 · 요독성혼수또는 저혈당성뇌증 등)의 가능성이 없어야 할 것

④ 저체온상태(직장온도가 32℃ 이하)가 아니어야 할 것

⑤ 쇼크상태가 아니어야 할 것

나) 판정기준

① 외부자극에 전혀 반응이 없는 깊은 혼수상태일 것

② 자발호흡이 되살아날 수 없는 상태로 소실되었을 것

③ 두 눈의 동공이 확대 · 고정돼 있을 것

④ 뇌간반사가 완전히 소실돼 있을 것 : 다음에 해당하는 반사가 모두 소실된것

    a. 광반사(Light Reflex)

    b. 각막반사(Corneal Reflex)

    c. 안구두부반사(Oculocephalic reflex)

    d. 전정안구반사(Vestibular-Ocular Reflex)

    e. 모양체척수반사(Cilio-Spinal Reflex)

    f. 구역반사(Gag Reflex)

    g. 기침반사(Cough Reflex)

⑤ 자발운동 · 제뇌강직 · 제피질강직 및 경련 등이 나타나지 아니할 것

⑥ 무호흡검사 결과 자발호흡이 유발되지 아니해 자발호흡이 되살아날 수 없다고 판정될 것

말초신경계 손상

제1절 상지의 주요 신경기능 및 손상

1 상완 신경총 (Brachial plexus)

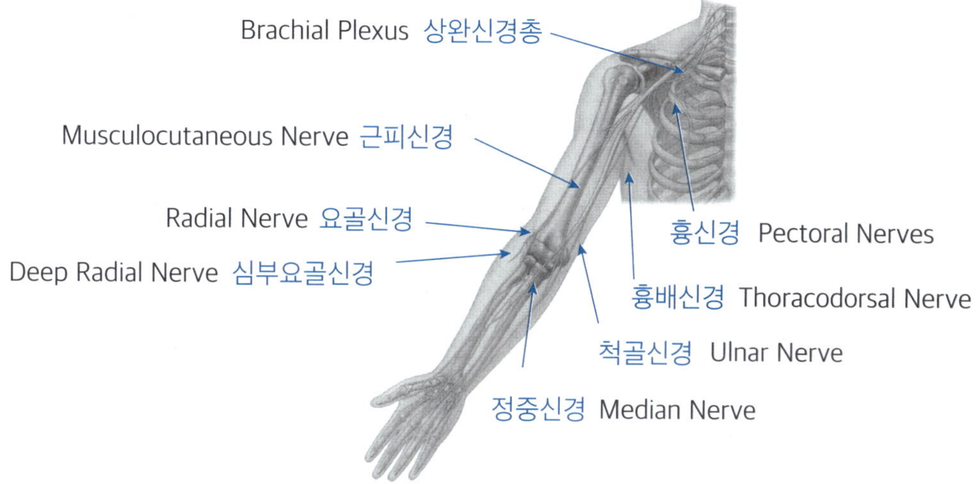

1. 정의

제5경추 신경근에서 제1흉추 신경근까지(C5~T1) 5개의 신경근이 모여 상지를 지배하는 5개 신경(근피, 액와, 요골, 정중, 척골신경)으로 이루어져 있다.

2. 손상원인

1) 교통사고, 낙상, 총격
2) 낙상 사고 시에 어깨와 측두부로 착지하여 손상
3) 안전벨트에 쇄골골절이 일어나거나, 견관절 탈구가 일어나는 등의 원인
4) 태아 출생 시 신경총이 견인손상 되어 발생한다.

액와신경 (Axillary Nerve)

1. 정의

상완신경총 후삭 (poterior cord)에서 분지된다. 상분지는 삼각근을 지배하고, 하분지는 소원근을 지배한다. 지각신경은 주로 하분지에서 유래하며, 삼각근 하부위의 피부 지각을 지배한다.

2. 손상원인

1) 액와신경은 단독으로 손상 받는 경우는 드물고 상완신경총의 손상, 상완골두의 골편 전이, 어깨부위의 좌상, 총상, 자창 에서 손상 받는 경우가 있다.
2) 목발을 잘못 사용하여 손상이 원인이 될 수 있다.

3. 증상

1) 견관절의 외전제한 : 삼각근 마비로 외전과 어깨의 거상이 불가능하게 되며, 소원근의 마비는 상완과 어깨의 외전 장애를 초래한다.
2) 어깨근육의 위축으로 윤곽의 비대칭
3) 견봉돌출, 견관절의 불안정성 - 오래 경과하면 대개 하방 아탈구 현상이 나타난다.

3 근피신경 (Musculocutaneous Nerve)

1. 정의

제5-6경추 신경근으로 구성되며 상완 이두근, 오구 상완근 및 상완근을 지배한다.

2. 증상

마비시 주관절의 굴곡 약화와 이두근 건반사의 소실을 나타나며 관통상이나, 견관절 탈구나 상박골 근위부 골절시 압박되어 마비될 수 있다.

4 요골신경 (Radial Nerve)

1. 정의

상완 신경총의 후방 코드에서 분지 되며 제5, 6, 7, 8 경추신경근과 제1흉추신경근으로 구성된다.

2. 손상원인

1) 상완골 간부, 과상부 골절 시 생긴 날카로운 골절편에 손상

2) 골절수술 시에 발생한다. (Holstain-Lewis syndrome) : 상완골간부골절 + 요골신경마비 동반하는 경우

3) 수면시 팔베개를 하여 외부의 오랜 압박으로 일시적인 손상이 있을 수 있다.

3. 증상

1) 주관절, 손목관절, 중수수지 관절의 신전근과 전완주의 회외근을 능동적으로 신전할 수 없는 장애가 발생한다.

2) 완관절 하수 (wrist drop)를 초래하여 무지와 시지의 신전이 불가능하게 된다.

3) 감각소실은 손등의 엄지손가락 부근의 제1물갈퀴 공간(first web space) 후방에 나타난다.

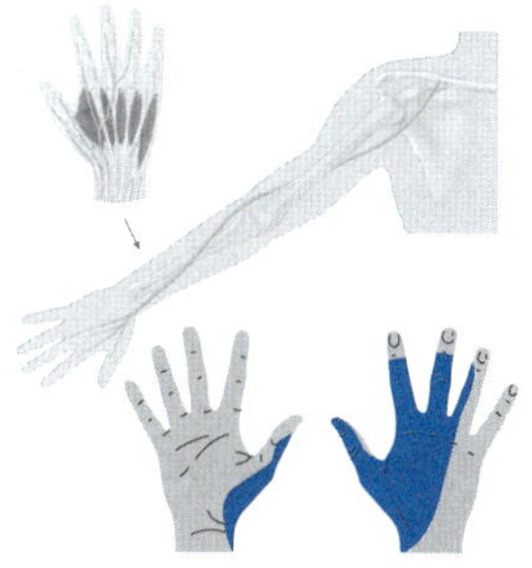

5 정중신경 (Median Nerve)

1. 정의

제6, 7, 8 경추와 제1흉추 신경근으로 구성되며 손목과 손가락의 굴곡을 담당한다.

2. 손상원인

1) 전완부의 열상이나 관통상으로 손상된다.

2) 상완골 상과골절이 동반되어 발생한다.

3) 전박부의 여러 근육이나 혈관 등에 의해 압박된 경우

4) 볼크만 허혈성 구축에 있어서는 정중신경이나 척골신경이 허혈로 인하여 괴사를 일으킨다.

3. 증상

1) 주관절보다 근위부에서 손상되면 전완부의 회내기능과 손목의 굴곡 기능이 약화 되고, 제1, 2, 3수지의 굴곡이 안 되며, 제4, 5수지의 굴곡이 불완전해진다.

2) 바이올린 연주 시 손모양과 유사하다 (유인원의 손, ape hand)

3) 정중신경의 지각 고유역인 2, 3수지의 근위 지간 관절이하 부위에서 감각이 완전 하게 소실된다.

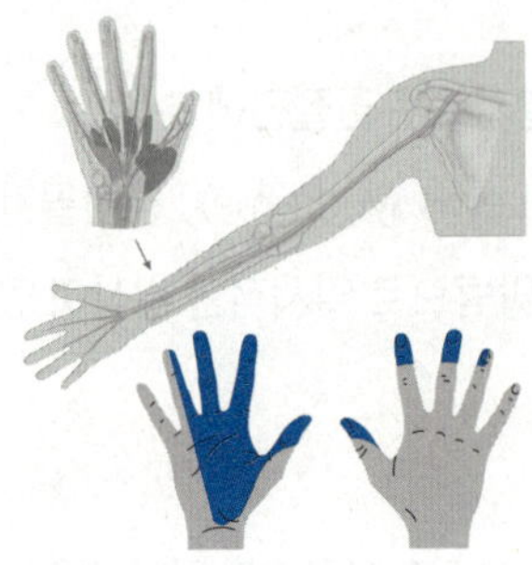

6 척골신경 (Ulnar Nerve)

1. 정의

제8경추 신경근과 제1흉추신경근으로 구성되며 상완신경총 중 내삭(medial cord)에서 분지된다.

2. 손상원인

1) 주관절 또는 수근관절 부근의 열창, 혹은 상완골이나 상완내과골절 및 주관절탈구시 손상되는 일이 많다.

2) 상완골 외과골절 후 부정유합으로 인한 주관절의 외반변형이나 재발성 신경이탈에 의한 신경이완 및 마찰로 진구성 신경마비 초래 된다.

3. 증상

1) 증상이 지속되면 근위축 및 갈퀴손변형 초래 (구수변형 : 독수리손)

2) 척골신경에 의해 지배되는 모든 근육의 위축

3) 손목의 척측굴곡과 제4, 5수지의 원위 지간 관절의 굴곡이 되지 않는다.

4) 감각의 완전한 소실은 척골신경의 지각고유역인 제5지의 원위 지간관절 이하 부위에서 나타난다.

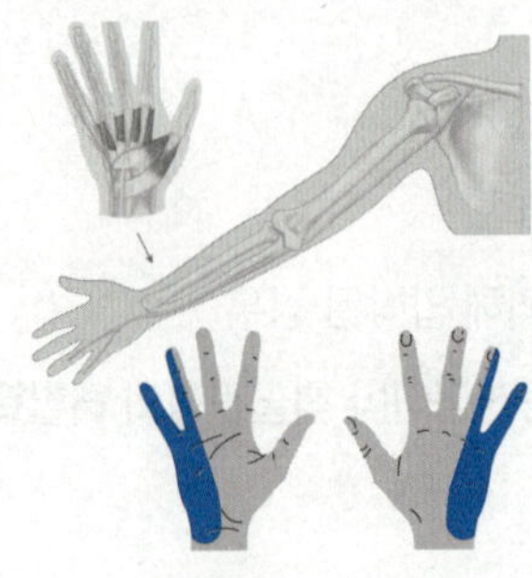

7 상지의 신경포착 증후군

인체의 말초신경이 압박되면 마비를 일으킬 수 있으며 이를 신경 포착 증후군 또는 포착성 신경병증이라 한다.

1. 수근관 증후군 (carpal tunnel syndrome)

1) 원인

가. 정중신경의 압박되어 발생하는 증후군으로 중년(40~60세) 여자에서 호발하며, 새끼 손가락을 제외한 손에 쑤시거나 저린 감각이상이 주된 증상이다.

나. 반복적인 손동작, 뜨개질, 걸레질, 설거지, 운전, 페인팅 등 과 화상, 잠복 요골동맥, 임신이나 비만

2) 증상

가. 손과 손목을 많이 사용한 후, 밤에 더 심하고 양쪽 손과 손목에 나타남

나. 수근부의 티넬징후(정중신경 부위를 타진 했을 때 저린 감각)와 팔렌 징후(손목 굴곡 검사 시 증상이 심해질 수 있다)

다. 손을 터는 동작을 하면 통증이 가라 앉는다.

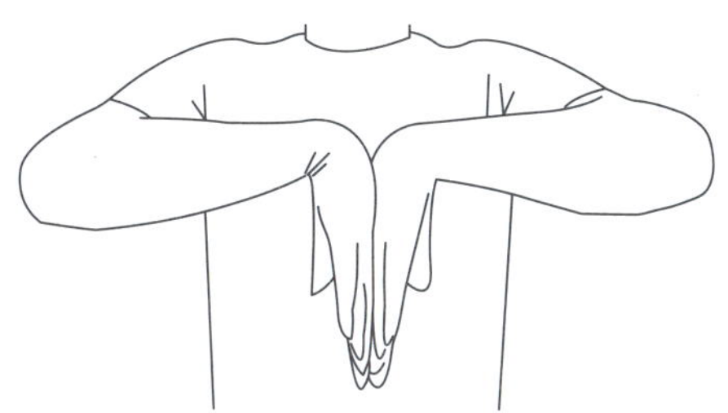

팔렌검사(손목굴곡 검사)

2. 주관절 증후군(Cubital tunnel syndrome) 척골신경압박증후군

1) 원인

척골신경이 상완골 내측상과와 척측수근굴근의 근두 건막에 의해 형성되는 주관을 통과하는 부위에서 포착에 의해 신경장애를 일으킨다.

2) 증상

가. 4, 5번째 손가락에 힘이 없고 저릿한 느낌을 준다.

나. 30 – 60대 남자에게 많으며 서서히 진행되며 대개 자발성이다.

다. 티넬징후가 나타나기도 한다.

3. 척골관 증후군(Ulnar tunnel syndrome)

1) 자신경(척골신경)이 압박을 받아 증상이 나타나며

2) 가장 흔한 경우는 감각 장애는 없이 자신경이 분포하는 손바닥의 근육에 장애가 일어나는 것이다.

3) 비교적 발생 빈도가 낮다.

4. 요골관 증후군(Radial tunnel syndrome)

1) 원인

요골관 증후군은 요골 두에서 회외근까지 사이에서 발생하는 요골신경의 압박 신경병변을 말한다.

2) 증상

가. 팔꿈치 부분의 신전근군 및 요골두 부위에 통증을 호소함

나. 아무런 증상 호소 없이 갑자기 요골 신경마비를 초래함

다. 지각 장애는 수반하지 않는다.

5. 흉곽출구증후군

1) 원인

상완신경총이 쇄골하동정맥과 함께 제1늑골, 전사각근 및 중사각근에 의해 형성되는 삼각부를 통과하는 부위에서 신경이 압박되어 장애를 일으킨다.

2) 증상

가. 상완신경총하간의 만성축삭 소실의 병변 소견을 보임

나. 정중신경 운동섬유반응과 척골신경 감각섬유반응의 진폭이 감소하고 정중신경의 감각섬유반응은 정상이다

1 대퇴신경 (Femoral Nerve)

1. 정의

제2, 3, 4요추신경근(L2, L3, L4) 후분지에서 형성된다. 서혜부를 지나면서 대퇴동맥의 외측에 위치 한다.

1) 손상기진

  가. 골반내 : 하복부 관통상, 하복부 수술시 지혈 압박

  나. 대퇴부 : 칼, 유리, 총탄에 의한 창상

2) 증상

  가. 대퇴사두근의 기능장해로 슬관절 신전이 안되며 계단을 올라가는 것이 힘들다.

  나. 슬개건 반사(patellar tendon reflex)가 소실 된다.

2 좌골신경 (Sciatic Nerve)

1. 정의

인체에서 가장 큰 신경으로 요추신경(L4 ~ L5) 천추신경(S1 ~ S3) 에서 형성되어 대퇴골의 원위1/3부위에서 경골신경과 총비골 신경으로 분지된다.

2. 손상원인

1) 고관절의 탈구 및 골절, 전위성 골반골절, 총상
2) 신생아의 경우에는 고관절 탈구의 정복, 둔부에 근육주사로 인하여 손상
3) 부분 손상 시 보통 비골 신경이 손상 됨

3. 운동장해

슬관절 굴곡장해와 족부의 배굴과 외반이 마비되며 족지의 신전불가능으로 발뒷꿈치로 설 수 없으며 족하수, 족반사가 소실된다.

1. 정의

요추신경(L4 ~ L5), 천추신경(S1 ~ S2) 후분지에서 형성되며, 좌골 신경중 외측에 위치해 있다.

2. 손상원인

피부에 가깝게 비골의 경부에 위치해 자상, 석고 고정에 의한 압박, 부종,슬관절 탈구나 비골 및 경골 상단부의 골절, 인대파열시 손상된다.

3. 증상

1) 경골근, 비골근 및 족지신근의 마비로 족부의 배굴과 외반 불가능
2) 족하수 및 파행보행 초래, 족지의 근위지절 관절의 신전(배굴) 장해
3) 하퇴의 외측면, 모지와 제2지의 마주보는 면, 제 2 ~ 5지(족지의 끝마디 제외)의 배부에 감각 저하가 나타남

4　경골신경 (Tibial Nerve)

1. 정의

요추신경(L4 ~ L5) 천추신경(S1 ~ S3)신경근으로 이루어져 있고 총비골신경보다 2배 굵으며 슬와의 상부에서 좌골신경으로부터 갈라져 하퇴의 후측을 수직으로 하행하여 경골의 내과하부(족관절 내과)에 도달한다.

2. 손상원인

관통상, 슬관절 탈구, 경골 근위부 골절, 하퇴부 후방의 구획 증후군

3. 증상

1) 하퇴 삼두근과 후 경골근 및 족지 굴근과 족부 내재근의 마비
2) 족부의 굴곡, 내전 또는 내반의 장해 와 족지의 굴곡, 내전 및 외전장해가 발생
3) 발가락 끝으로 서는 것이 불가능하고 족반사가 소실 됨
4) 발바닥의 감각소실

5 족저신경 (Plantar Nerve)

1. 정의

경골신경의 분지로 경골의 내과하부에 도달하면 내측 족저신경과 외측 족저 신경으로 나뉘다.

2. 증상

1) 내측족4저신경 : 모지의 굴곡, 제2 ~ 5지의굴곡과 신전이 안됨

2) 외측족저신경 : 제2 ~ 5지의굴곡과 신전이 안됨

3) 내측족저신경 : 발바닥의 내측, 제1 ~ 3지의 족저부, 제4지의 내측 반 감각소실

4) 외측족저신경 : 발바닥의 내측, 제4지의 내측 반, 제5지 족저부 감각 소실

6 족근관증후군 (Tarsal tunnel syndrome)

1. 정의

경골내과의 후면과 종골의 내측면이 바닥을 이루며, 이것을 연결하는 굴근 지대가 천장을 이루는 구조로 이 터널을 지나가는 후경골신경이 포착되어 장애를 일으킨다.

2. 원인 및 증상

1) 발목부위의 화상 입은 과거력

2) 족저와 발가락 끝에 통증이나 저린감을 호소

3) 서있거나 걸을 때 통증이 심해지는 양상을 보임

4) 진단은 족저근 위축은 뚜렷하지 않은 경우가 많다.

5) 족근관 부위의 압통, 티넬징후가 나타남

6) 치료는 족근관을 개방하여 후경골신경을 감압시킨다.

CHAPTER 06 척추 및 척추손상

제1절 척주

1 척주의 구성

33개의 척추골이 아래 위로 관절로 연결되어 척주(spinal column) 형성하며 경추골 7개, 흉추골 12개, 요추골 5개, 천추골 5개, 미추골3~4개로 구성된다.

2 척주의 만곡

1) 경추 만곡(굽음)

측면에서 볼 때 경추만곡은 축추의 치상돌기 끝에서 제2흉추의 중간까지로 전만을 이룬다.

2) 흉추만곡

제2흉추의 중간에서 제12흉추의 중간까지이며 후만을 이룬다.

3) 요추만곡

제12흉추의 중간에서 요천추각까지이며 전만을 이룬다.

4) 골반만곡

천추 관절에서부터 미골 끝까지이고 후만을 이루고 있다.

3 **척주의 인대**

1. 추체와 추체를 연결하는 인대

1) 전종인대

상부경추에서는 좁고 밑으로 내려 올 수록 넓어지며 위로는 환추와 전방결절에서 시작하여 아래로 천골의 골반면에 부착하는 상당히 넓고 두꺼운 인대로 추체와 추간판의 전면을 대부분 덮고 있으며 각각의 골막 및 섬유륜과 붙어있다. 종인대보다 2배 정도 강하다.

2) 후종인대

척추체와 추간판의 후방에서 척주관내에 위치하며 위로는 덮개막과 연결되어 후두골에 부착하고 밑으로는 천골관까지 연결된다.

2. 추궁간, 후관절돌기 등을 연결하는 인대

(황색인대, 극간인대, 극상인대, 횡돌기간 인대, 항인대)

4 **척추골의 구조**

1. 경추

1) 제1경추(환추, atlas)

추체가 없고 양 외측과 후방에는 추골동맥이 지나가는 추골동맥구가 있고 두개골의 무게를 지탱하는 환상구조물로 후두골과 관절하며 머리의 끄덕임에 관여한다.

2) 제2경추(축추, axis)

추체 상면에 치아모양의 치돌기가 있고 양측 횡돌기에는 추골동맥관이 있어 추골동맥, 정맥이 지나가고 머리의 회전운동에 관여한다. 축추의 횡돌기는 경추 중에서 가장 작고 끝에 결절이 1개만 있다.

3) 제3-7경추

제3경추에서 제6경추까지 작고 넓은 추체와 삼각형의 추공이 있으며, 끝이 둘로 갈라진 극돌기가 있다. 제7경추는 융추(隆椎)라고 하며, 길고 끝이 갈라 지지 않은 극돌기가 있다.

4) 흉추 (thoracic vertebra)

12개의 추골로 이루어져 있고 추체, 횡돌기, 추궁(椎弓), 상·하 관절돌기 등 전형적인 추골을 형성하고 있으며, 추체의 상·하늑골와(肋骨窩)와 횡돌기의 횡돌기 늑골와 등과 늑골의 늑골두, 늑골결절과 제각기 관절을 만들어 늑골과 결합하고 있다.

5) 요추(Lumbar Vertebra)

5개의 척추골로 구성되어 있고 다른 추골에 비해 크고, 무겁고 횡돌기공이나 늑골두와가 없다.

6) 천골(Sacrum), 미골(Coccyx)

천골은 5개의 천추가 성인이 되면서 1개로 융합되고, 미골은 3 ~ 4개의 미추가 1개로 융합되고 골반후벽을 형성하는 삼각형 모양의 뼈로 윗부분은 천골저, 뾰족한 아래부위는 천골첨부라고 한다.

5 추간반(Intervertebral Disc)

1. 추골 구조

가. 수핵과 섬유륜으로 구성되어 있고, 추체의 상하 관절면과 연골성 종판으로 연결되어 있다.

나. 수핵 : 추간반의 중심부에 위치하고 섬유 젤라틴성 조직으로 구성된 반고체성 성분으로 혈관과 신경이 없는 것이 특징

다. 섬유륜 : 섬유연골성 조직으로 수핵을 둘러싸고 있으며 추간반 외측을 형성하고 있고 전방은 전종인대, 후방은 후종인대에 붙어 있어 인대의 지지를 받고 있음

2. 추간판의 기능

1) 추체를 연결, 고정, 척주관의 원만한 배열을 이루게 한다.

2) 완충작용으로 외력의 충격을 흡수, 축 방향의 압력을 고르게 분포하여 준다.

3) 척주의 각종 운동시 활주 작용을 하여 척주의 안정성을 유지 하여 준다.

6 척추신경 (Spinal Nerve)

1. 구성

8쌍의 경추신경근, 12쌍의 흉추신경근, 5쌍의 요추신경근, 5쌍의 천추신경근과 1쌍의 미추신경근으로 구성된다.

1) 상완신경총 : 상지에서는 제5, 6, 7, 8경추 및 제1흉수신경근이 추간공을 빠져나와 상완신경총을 구성한다.

2) 요추신경총 : 하지에서는 제1, 2, 3, 4요추신경근이 요추신경총을 구성한다.

3) 천추신경총 : 제4, 5요추 및 제1, 2, 3천추신경근이 모여 천추신경총을 구성한다

1 염좌(Sprain)

염좌란 관절이 정상운동 범위를 넘어서 과신전 되면 인대가 과도하게 늘어나거나 미세하게 인대섬유가 찢어지거나 끊어지는 것을 말한다.

2 추간판 탈출증 (Herniation of Nucleus pulposus ,HNP, HIVD)

1. 정의

퇴행성 변화된 척추간반의 수핵이 섬유륜을 뚫고 후방으로 탈출하여 신경근을
압박하는 것을 말한다. 섬유륜의 균열을 통한 수핵의 탈출은 척추의 굴신 운동, 회전운동, 갑작스러운 자세의
변화 등 주로 척추의 가벼운 외상에 의해 발생한다.

2. 정도에 따른 분류

1) 팽윤 (bulging) – 퇴행성 변화에 의해서 섬유륜이 추간판의 정상범위 바깥쪽으로 3mm이상 밀려나온 것

2) 돌출 (protrusion) – 추간반이 후방으로 탈출되었으나 후종인대를 넘어서지 않는 정도

3) 탈출 (extrusion) – 후종인대를 넘어서 탈출하여 척추관 또는 신경근관내로 전위된 정도

4) 격리(sequestration) – 탈출된 수핵이 모체와 완전히 단절되어 격리된 상태로, 격리된 추간판은 수핵, 섬유륜, 연골 등으로 구성되어 있다.

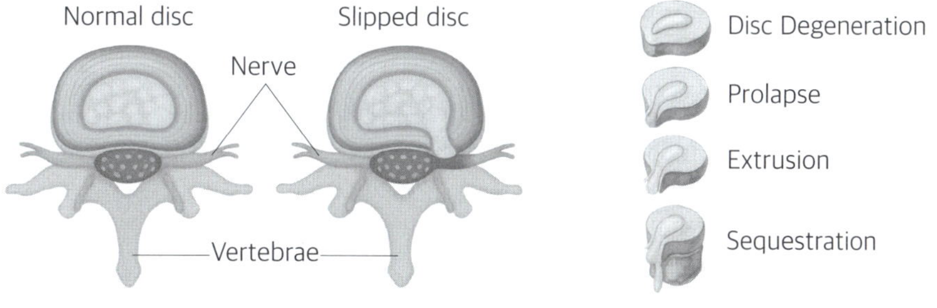

3. 증상

1) 경추 추간판탈출증

목을 신전 및 환측으로 회전시켜 신경공을 감소시킴으로서 상지 방사통을 유발시키는 스필링 사인(Spurling sign)이 가장 흔히 사용된다.

2) 요추 추간판탈출증

30-50세 사이의 남자에 호발하고 제4-5요추간 및 제5요추-제1천추간에 호발한다.

가. 하지직거상검사(straight leg raising test)

하지를 직거상하면 발끝까지 방사되는 심한 고통을 호소 한다.

나. 라세그 징후(Lasegue test)

고관절과 슬관절을 각각 90도 굴곡시킨 상태에서 슬관절을 신전 시킬 때 고통을 호소하면 양성이다.

하지 직거상 검사
SLR(Straight Leg Raising) test

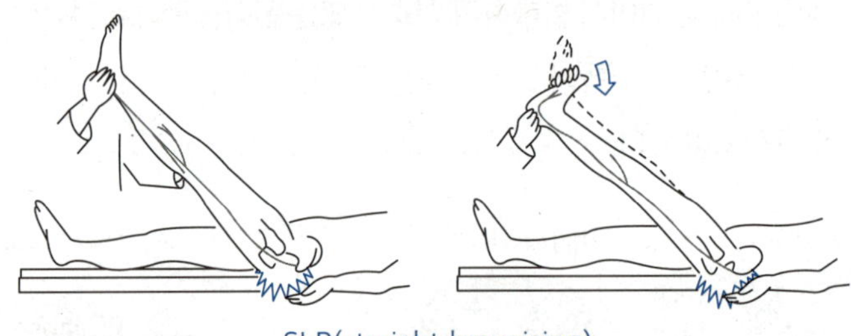

SLR(straight leg raising)

4. 추간판 진단 및 검사 방법

1) 임상 검사

목을 신전하거나 환측으로 돌이면 고통을 느끼며 요추의 경우 하지 직거상 검사를 하면 고통을 느낀다.

2) 방사선 검사

가. 단순 방사선 촬영

단순방사선 검사는 추간판이나 인대 같은 연부조직은 확인이 안 되지만 구조는 잘 관찰되어 추간판질환 이외의 외상이나 종양, 감염 같은 질환들을 감별하는데 유리하다.

나. 컴퓨터단층촬영 (CT)

척추의 횡단면을 단층으로 촬영하기 때문에 추체, 추간공 골극의 형태, 후종인대, 골화증 등 모든 척주 구조를 감별하기에 유리하다.

다. 척추조영술(Myelogram)

조영제를 척수 지주막하강에 주입하고 촬영하는 방법이다.

라. 자기공명영상 촬영술(MRI)

가) 고주파를 인체에 보내면, 인체 내의 수소원자핵의 반응으로 발생되는 신호를 컴퓨터로 계산하여, 인체의 모든 부분을 영상화하는 검사 방법이다.

나) 신경, 근육 등 연부조직에 대한 검사가 유리하다.

3) 근전도 검사

신경과 근육에서 발생하는 전기적 신호를 기계를 통해 분석해 말초신경이나 신경 주변 및 근육을 검사한다.

4) 치료 방법

가. 보존적 치료

가) 경과관찰

나) 약물요법 : 소염진통제 및 근이완제 등

다) 물리치료 : 온열 요법, 간섭파, 초음파, 견인 요법 등

나. 수술적 치료

가) 추간판탈출증 환자는 보존적 치료가 우선이지만 다음과 같은 증상이 있으면 수술을 요한다.

나) 보존적 요법으로 호전이 전혀 없으며 심한 통증 및 방사통이 계속되거나 재발되는 경우

다) 마미증후군으로 방광과 장의 마비를 동반한 경우

라) 하지 근육의 운동 약화나 족하수(Foot Drop)와 같은 신경마비 증세가 있는 경우

마) 점점 신경증상이 악화된 경우

바) 하지 직거상검사상 상당한 제한이 있으면서 심각한 신경증상이 있는 경우

1. 손상원인

삼주설에 의하면 외상 시 척주에 작용하는 기본적인 힘의 방향은 굴곡, 신전, 회전으로 전주, 중간주, 후주에 대해 각각 압박 및 신연력으로 작용한다.

> **척추삼주설**
> - 전주 : 전종인대, 추체, 섬유륜 전반부
> - 중주 : 후종인대, 추제, 섬유륜의 후반부
> - 후주 : 척추궁, 황색인대, 후관절 관절낭, 극간인대, 극상인대

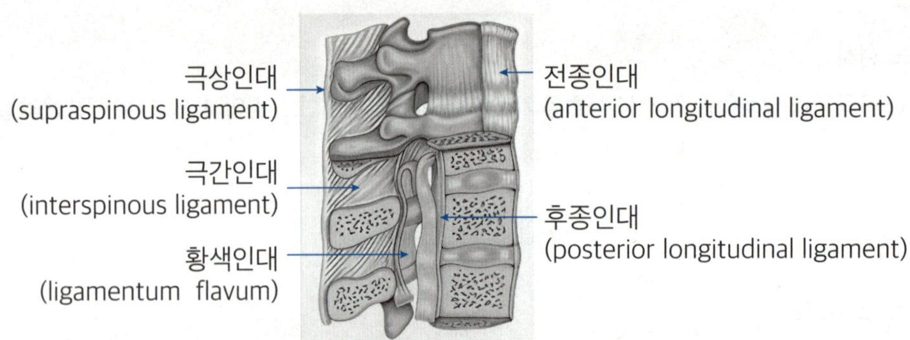

2. 척추골절 및 탈구의 종류

1) 선상골절 : 척추뼈에 단순 선만가는 골절

2) 압박골절 : 척추뼈가 주저 않는 형태의 골절

3) 탈구골절 : 척추가 해부학적위치에서 벗어 난 골절

4) 방출성골절 : 압박골절이 발생하면서 척수신경을 손상시키는 경우

> **흉추와 요추 골절의 골 시멘트 성형술**
> 흉추 또는 요추 골절의 단순 압박골절 시에 골 시멘트 성형술(경피척추성형술)은 조기에 일상생활로의 복귀가 가능한 치료

3. 검사방법

1) 단순방사선 검사 (X-ray)
2) 전산화단층촬영 (CT)
3) 자기공명영상촬영 (MRI)
4) 골주사(Bone Scan)
5) 초음파(ultrasound)

분류	X-ray	초음파	CT	MRI
사진				
원리	방사선	음파	방사선	자기장, 고주파
촬영 영상	단면	단면	횡단면(가로)	가로 / 세로 / 사선 단면
검사 부위	주로 뼈	주로 연부조직	주로 뼈	연부조직 및 뼈 모두
검사 시간	5분 내외	5분 내외	5분 ~ 10분	30분 ~ 1시간
방사선 노출	있다	없다	있다	없다
결론	골절 및 관절의 탈구, 인대손상을 알 수 있다.	종괴(혹) 및 연부조직 손상을 간단하고 빠르게 알 수 있다.	골절, 골질환, 디스크에 주로 사용하며 3D영상 구현이 가능하다.	정형외과 영상검사 중 가장 정밀하고 정확도가 높다.

4 척추 골절

1. 정의

척추는 굴곡, 신전, 회전 등의 많은 움직임을 가진 관절이고 우리몸통의 기둥 역할을 하는 인체의 부위이다. 특히, 외상에 의한 경추 손상은 두부의 손상과 동반되는 경우가 많다.

1) 치상돌기 골절

1형) 치상돌기 끝의 골절, 간단한 경추 보조기로 치료 가능하다.

2형) 치상돌기 기저부의 골절, 경부 집게 견인 + 3개월간의 윤형 보조기(halobrace) 필요

3형) 경추2번의 몸통의 골절, 골절 면이 넓어 2형 골절보다 치료가 빠르다.

2) 제퍼슨(Jefferson) 골절

- 경추1번의 골절, 척추궁의 한곳 또는 여러 곳에서 생긴 골절이다.
- 수직으로 가해지는 압박에 의해서 생기며, 치상돌기2형의 치료와 같은 치료를 한다.

3) 교수형 골절 (Hangman fracture)

제 2번 경추의 골절은 치돌기가 부러지는 경우와 척추경이 골절되고 축추체가 전방으로 전위된 골절을 말한다.

4) 흉-요추의 안정 골절

가. Chance 골절 (안전벨트 골절)

나. 어깨의 벨트를 하지 않고 허리의 벨트만 한 상태로 급정거를 하여 과한 굴곡을 하여 발생.

다. 전방추체의 전이가 발생되면 신경손상이 발생되기도 하며 이 경우의 대부분 완전손상의 소견을 보인다.

라. 척추의 횡단면으로 쪼개지는 형태를 보여준다.

5 척추 관절운동범위 측정

1. 콥(cobb) 각도를 통한 측정 : 척추 측만증(후만, 전만)의 진단과 치료 과정에서 가장 기본적이고 중요한 검사로 써, 방사선 사진에서 측만증의 각도를 측 정하는데 콥(cobb)방법이 이용되고 있다.

이 방법은 환자가 선 상태에서 척추 전부를 포함하는 전 척추 엑스레이를 촬영하여 측만증의 휜 부분(만곡)의 양쪽 끝에 위치하는 척추뼈(끝척추뼈)에서 평행선을 긋고 각각의 선에서 직각이 되는 선이 이루는 각도(cobb angle)를 측정하는 것이다.

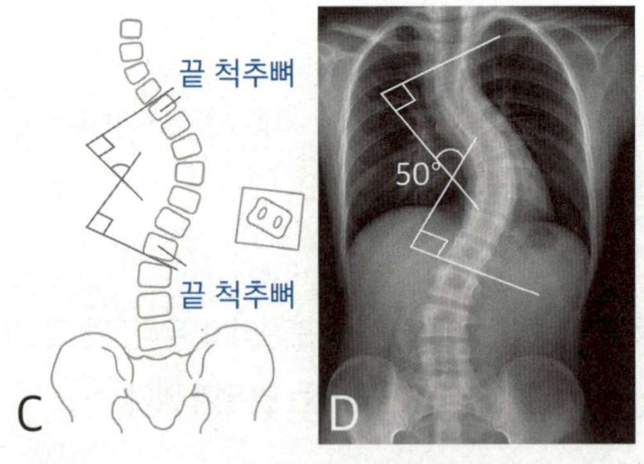

콥(cobb) 각도 측정방법

제3절 척추 질병

1 척추강 협착증(Spinal stenosis)

1. 원인

나이가 들면서 척추관, 추간공, 신경근관 등이 좁아져 척수나 신경근이 압박되어 요통이나 하지에 여러 가지 복합된 신경증상을 일으키는 것

2. 증상

1) 만성적인 요통

2) 간헐적 파행소견 : 약간의 보행으로도 다리가 저리고 아프지만 잠시 앉아 있으면 다시 걸을 수 있다. 보행을 하면 척수로 가는 혈류량이 증가하게 되면서 척추관의 혈액순환이 원만하지 못하여 발생한다.

3. 진단

MRI촬영이 제일 많이 사용된다.

4. 치료

근본적인 치료는 수술적 치료이다.

2 퇴행성 척추증

1. 원인

노화가 되면서 척추간반, 섬유륜, 인접 척추골 및 인대 등의 퇴행성 변화, 척추관의 협착, 척추간강의 협착 등으로 아침에 일어나서 세수를 하거나 바지를 입으려고 허리를 구부릴 때 통증이 발생하는 것을 말한다.

3 척추분리증 (Spondylolisis)

1. 정의

척추신경이 지나가는 척추뼈 뒤쪽의 연결 부위가 금이 가거나 끊어진 상태를 말한다.

2. 원인

1) 선천적인 골화이상

2) 심한 외상

3) 제4, 5번 허리뼈에 가장 많이 발생

3. 치료

1) 척추뼈에 무리한 힘이 안가도록 주의

2) 척추유합술 시행

3) 척추고정술 시행

4 척추전방전위증(Spondylolisthesis)

1. 정의

요추 전방전위증은 척추가 인접하고 있는 척추에 비해 정상적인 정렬보다 앞으로 나와 있는 상태를 말한다.

2. 원인

1) 척추뼈 내의 연결 부위(협부)에 결손이 발생한 경우

2) 노인성 변화

3. 증상

1) 허리 통증

2) 다리가 저리고 아픔 척추뼈가 전방 도출

3) 간헐적 파행 : 조금만 걸어도 다리가 아프고 저려서 잘 걷지 못 한다.

4. 치료

1) 원칙 보전적 치료

2) 보통 눌린 신경을 풀어 주는 감압술

3) 불안정한 척추 분절을 고정하는 금속기기술

5 척추측만증 (scoliosis)

1. 정의

사람의 척추만곡이 휘어져 있는 상태를 말한다.

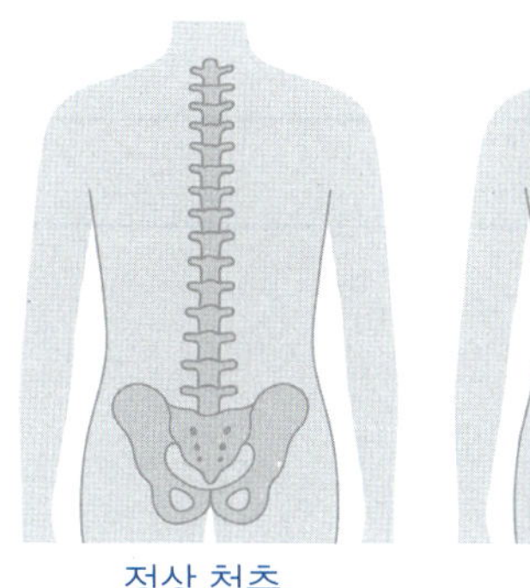

2. 진단

1) 환장의 병력에 관한 문진
2) X-ray 촬영

3. 치료

관찰 → 보조기 착용 → 수술적치료

6 강직성 척추염 (Ankylosing spondylitis)

1. 정의

강직성에서 강직은 뻣뻣해짐 또는 굳는 것을 의미하고, 척추염은 말 그대로 척추에 염증이 생겨 뻣뻣해지거나 굳는 것을 질병을 의미한다.

2. 증상

1) 초기에는 통증
2) 잠을 자고 일어난 후에 허리가 뻣뻣하면서 통증이 느껴진다.
3) 활동하다 보면 허리의 통증이 약해지거나 사라지는 특징

3. 치료

1) 운동 요법
2) 약물 요법 : 비스테로이드성 소염제 및 종양괴사인자 억제제 사용

상지부 손상

제1절 견갑부의 골절 및 탈구

1 쇄골골절(Fx of Clavicle)

1. 정의

가슴의 위쪽에서 양쪽 어깨에 걸쳐 수평으로 나 있는 뼈를 말한다.

2. 손상 원인

직접적인 외상보다는 앞으로 넘어져 상완골을 통해 견관절에 의한 간접 외상에 의해 외측 1/3과 중간 1/3 사이에 골절된다.

3. 증상과 진단

1) 골절부위의 동통, 견관절의 운동 시 동통
2) 국소적으로 압통, 피하출혈이 발생
3) 건측과 환측을 동시에 촬영하여 비교한다.

4. 치료

1) 8자형 붕대 고정
2) 수술적 방법

> **수술을 해야 할 경우**
> ① 불유합이 발생한 경우
> ② 신경 및 혈관 손상이 동반된 경우
> ③ 쇄골의 외측부 골절과 오구쇄골 인대의 파열 동반
> ④ 연부 조직 삽입으로 계속적인 골절편의 분리가 있는 경우

2 상완골 골절 (Fx of Humerus)

1. 정의

어깨에서 팔꿈치까지 이어져 윗 팔을 이루는 긴 뼈

2. 상완골 근위부 골절(Fx of proximal Humerus)

1) 손상원인 : 견갑부 측면의 직접 손상으로 발생하며 대결절 골절이 많다
2) 증상

　가. 통증과 부종이 심하고 신경 손상에 주의를 요한다.

　나. 액와 동맥 손상

　다. 상완신경총 손상

　라. 관절강직 및 부정유합

　마. 무혈성 괴사

3 상완골 원위부 골절 (Fx of distal Humerus)

1. 정의

주관절을 신전 또는 굴곡한 상태에서 넘어지면서 손을 짚는 경우에 발생할 수 있고 상완골 원위부에 직접 충격으로도 발생한다.

> **sideswipe 골절**
> 차 창밖으로 팔꿈치를 내놓고 달리다가 반대편에서 주행하는 차량이나 고정 물체에 충돌하면 매우 심한 주관절 손상이 된다.

2. 증상

1) 골절부의 통증, 부종, 주관절을 움직이면 통증이 있다.
2) 신경손상, 혈관손상 및 주관절의 강직, 볼크만허혈성구축 등 합병증이 있다.

> **볼크만(Volkmann's) 허혈성구축**
> 주관절부 골절을 치료하는 과정에서 너무 압박된 붕대나 석고고정을 하여 발생된 완 관절 및 수지관절의 구축을 말한다. 통증(pain), 창백(pale), 무맥(pulseless), 감각이상(parasthesia), 마비 (paralysis) 등의 5p 증후가 나타나며, 모든 외부고정을 제거하고 호전되지 않으면 근막절개 또는 교감신경계통을 차단한다.

4 **주관절부 탈구(Dislocation of Elbow joint)**

1. 정의

주관절에 가해진 힘에 의해 팔꿈치 관절 부위에서 탈구가 일어나는 질환을 말한다.

2. 증상

1) 요골과 척골이 후방 또는 후외방으로 전위되는 경우가 가장 많다.
2) 요골신경, 정중신경, 척골신경등의 신경손상과 동맥혈관 손상, 화골성근염, 재발성탈구, 골연골 골절, 구획증후군 등이 있다.

3. 치료방법

1) 후방부목으로 고정
2) 조기에 능동 관절운동을 시작

5 **전완부 골절 (요골, 척골골절)**

1. 구조

1) 요골(radius)
2) 척골(ulna)
3) 주두돌기(olecranon process)
4) 요골두(radial head)
5) 내외측 경상돌기(medial and lateral styloid processes)

> **소아골절**
> 1. greenstick골절, buckle 혹은 팽창골절(torus fx), 소성변형 등 불완전 골절
> 2. 10세미만의 소아에 발생하며 스스로 교정된다.

부위	골절명	손상원인
요골 원위부 골절	콜레스 골절	손을 짚어 넘어지면서 생긴 골절로 손목과 연결된 골절편(원위 요골 골절편)이 뒤로 밀려나 마치 손목이 포크모양의 변형(silverfork deformity) 정중 신경손상
	스미스 골절	역콜레스 골절
요골, 척골 원위부 골절+탈구	갈레아찌 골절	요골 중, 하 1/3부의 골절과 척골원위단의 탈구가합병된 것
척골 근위골절 + 탈구(주관절 부위)	몬테지아 골절	요골두 탈구와 척골근위1/3골절이 동반된 경우이며, 전방탈구가 가장 흔하다. 합병증 – 요골신경손상
요골원위 관절 내 골절	바톤씨 골절	손을짚고 넘어졌을 때 발생되며 원위골편이수근골과 함께 후방쪽으로 옮겨간 것

6 손의 골절 탈구

1. 분류

1) 손목뼈(수근골)의 탈구

가. 8개의 뼈중에서 인대결합이 가장 약한 월상골의 탈구가 가장 흔하다.

나. 부종과 정중신경의 마비와 감각이상 증상이 나타나며, 치료 후 회복된다.

다. 단순 정복으로는 재발하는 경우가 흔하며, 수술적 치료로 완치 가능하다.

2) 유구골(hamate : 해머처럼 튀어 나온 모습)의 구상돌기 골절

가. 테니스라켓/골프채 등의 물건이 손바닥의 돌기와 충돌하여 골절이 발생한다.

나. 주상골의 끝과 유구골의 구상돌기가 수근관터널의 공간을 확보해주는 기둥이며, 그 중 하나인 유구골의 구상돌기가 골절되면 수근관터널의 신경/동맥/정맥이 손상될 수 있다. 알렌검사(Allen test)로 간단하게 검사 가능하다.

> 알렌 검사 : 손으로 가는 동맥혈류의 신체 검사에 사용되는 의학적 징후이다.

3) 주상골의 골절

가. 손등쪽으로 강하게 굽힐 때 골절이 발생한다.

나. 통증이 골절 중에서 적은 편이라 가끔 진단을 못하기도 한다.

다. 합병증 – 원위부의 골 괴사(수술과 골 이식)

2. 손의 손상

1) 단추구멍변형(Boutonniere 변형)

중앙신전건이 파열되면서 근위 지간 관절은 굴곡되고, 원위 지간 관절은 과신전되는 변형이다.

2) 방아쇠 수지 및 무지 (Trigger finger, Thumb)

손가락 힘줄에 생긴 종창으로 인해 손가락을 움직일 때 힘줄이 마찰을 받아 딱 소리가 나면서 통증을 느끼는 질환이다.

3) 드꾀르벵 병(De Quervain' disease)

가. 엄지쪽에 지나가는 힘줄의 협착으로 인한 염증이 통증이 유발된다.

나. 손목이나 손가락을 과도하게 사용하는 반복적 활동에 의해 발생

다. 이차적으로 주변조직(지대, 지지띠)이 섬유화로 인하여 두꺼워져서 협착이 발생

라. 핀켈스테인검사 (Finkelstein씨 검사)

1　견관절 탈구 (Dislocation of shoulder)

1. 손상원인

상완부에 외전, 신전, 외회전력에 의한 간접 외상에 의해 발생한다.

2. 증상

1) 상완부가 외전, 외회전 상태에서 건측 손으로 전완부를 잡고 몸으로 붙이려 한다.

2) 정상적인 삼각근 부근의 둥근 외관이 평평해진다.

3) 상완골두가 있던 부위가 함몰되어 견봉이 돌출되어 보인다.

4) 주관절은 굴곡 되어 있고 전완부는 내회전 되어 있다

3. 검사

1) Stimson 방법

침상위에 엎드리게 하고 손에 무게가 있는 물체를 잡고 20분 정도 지나면 자연 정복 된다.

2) Hippocrates 방법

환자를 침대위에 눕히고 시술자의 발을 환자의 겨드랑이에 넣고 양손으로 환자의 손목을 잡고 견인하면서 상지를 외회전, 내회전 시킨다.

3) Kocher 방법

환자의 주관절을 직각으로 굴곡시킨 상태에서 부드럽게 상지를 외회전한 상태에서 견인시키고 약 1분 정도 고정한다. 반대쪽으로도 동일한 방법으로 시행한다.

4) X-ray 촬영, CT촬영, MRI촬영 등

4. 치료방법

1) 탈구 시 가능한 한 빨리 도수정복을 시행

2) 어깨 관절이 빠져 일상생활에 지장이 있으면 수술을 시행한다.

1. 정의

1) 회전근개 증후군은 회전근개에 변형과 파열이 생긴 질환을 말한다.

2) 회전근개란 어깨와 팔을 연결하는 4개의 근육 (극상근, 극하근, 소원근, 겹갑하근)

2. 원인

1) 운동에 의해 근육이나 힘줄을 과도하게 사용하거나 과도한 힘을 가했을 때 생기는 염증으로 인해 발생

2) 어깨 관절과 회전근개 힘줄 사이의 활막의 자극이나 염증으로 인해 발생

3) 치료를 하지 않고 방치하면 염증이 악화되거나 만성적으로 근육이 퇴행하거나 파열이 일어날 수 있다.

4) 40세 이상이 되면 퇴행성으로 변화하여 파열될 수 있다

5) 좋지 않은 자세를 취하거나 팔을 딛고 넘어졌을 때, 무거운 물건을 들었을 때, 머리 위쪽으로 팔을 많이 올릴 때 회전근개 근육이나 힘줄에 스트레스가 가해져 염증과 파열이 일어 날 수 있다.

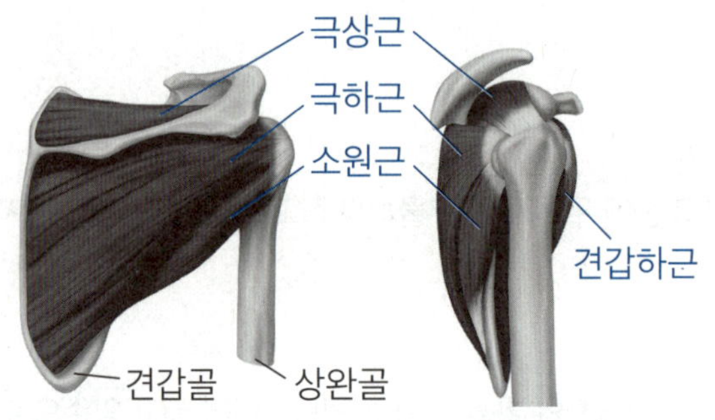

회전근개 <뒤에서 본 모습>   <옆에서 본 모습>

3 **충돌증후군 (Impingment Syndrome)**

1. 정의

어깨를 덮고 있는 관절과 팔뼈 사이가 좁아져서, 어깨를 움직일 때마다 힘줄이 어긋나 서로 부딪치며 통증이 발생하는 질환.

2. 증상

1) 출혈이나 부종 및 염증이 극상건에 발생

2) 대결절 및 견봉의 전방에 압통이 있다.

3. 외전 시 동통을 동반한다.

하지부 손상

1 고관절 탈구(Dislocation of Hip)

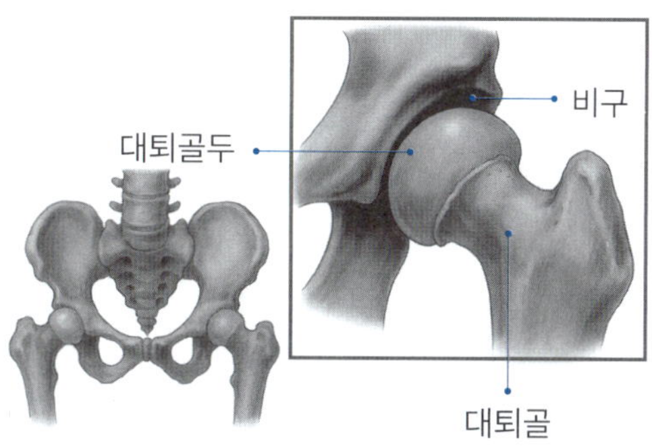

고관절 탈구

1. 정의

고관절과 대퇴골이 해부학적 위치에서 벗어난 것을 말한다. 즉, 대퇴골두(넙다리뼈머리)가 절구로부터 전위되는 것

2. 손상원인

1) 탈구는 외부의 강한 힘에 의해 일어나는데 일반적으로 교통사고

2) 자동차 사고가 일어났을 때 운전대 및 계기판에 다리를 직접 부딪치는 경우나 오토바이 교통사고와 같이 신체가 완전히 노출된 상태에서 다리부터 지면에 떨어질 경우에 발생한다.

3) 축구나 럭비와 같이 고속을 유지하는 격렬한 운동에서 충돌이 일어날 경우에도 교통사고와 맞먹는 강한 외력이 발생하므로 고관절탈구가 일어날 수 있다.

4) 대부분의 고관절탈구 환자는 대퇴골두 후방탈구인 경우가 많고 탈구가 일어난 부위의 주변 인대와 건 그리고 근육이 함께 파열되는 것이 보통이다.

3. 치료방법

빠른 시간내에 정복하는 것을 원칙으로 하고 대부분 후방 탈구가 일어난다.

1) 후방 탈구 : 정복(正復)을 위주로 한다. 환자를 침대에 바로 눕히고 고관절과 슬관절을 90도로 굴곡시키고 대퇴골을 내전 외선시키면서 정복한다.

2) 전방 탈구 : 정복방법은 환자를 침대에 바로 눕힌 상태에서 견인(牽引)·굴곡(屈曲)·회전법을 배합하여야 한다.

3) 중심성 탈구 : 견인 요법으로 정복하던가 10 ~ 15kg의 질량으로 2 ~ 3주 동안 당긴다. 견인 장치를 뗀 다음 국소에 한약 찜질, 안마 요법(按摩療法), 기능 요법(機能療法)을 배합한다.

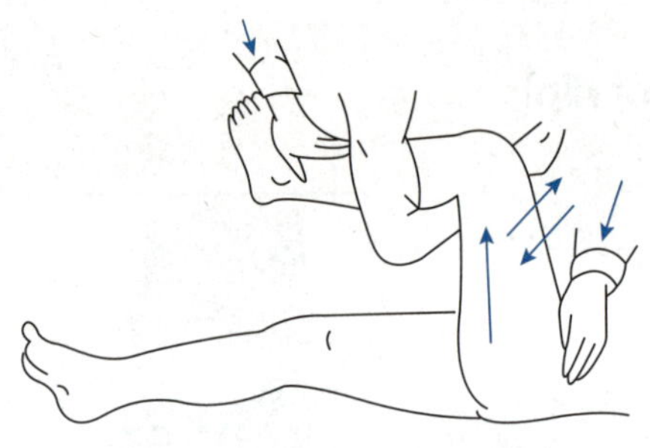

고관절 정복방법

대퇴골 골절의 종류

가. 대퇴골 골두골절 (Fx of the Femoral Head)
나. 대퇴경부골절 (Fx of the Neck Femur)
다. 대퇴 전자간 골절 (Intertrochanteric Fx of the Femur)
라. 대퇴 전자하 골절 (Subtrochanteric Fx of the Femur)
마. 대퇴골 간부 골절 (Fx of Femur)

1 정의

- 슬관절은 대퇴골의 하단과 경골의 상단 및 슬개골의 후면, 세부분의 뼈 사이에 있는 관절이다.
- 햄스트링 근육 : 대퇴이두근, 반막양근, 반건양근

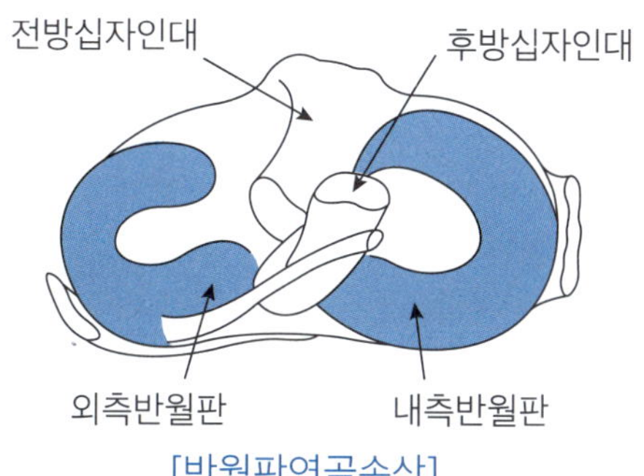

[반월판연골손상]

2 슬개골 골절 (Fx of Patella)

1. 정의

슬관절의 전면에 있는 접시 모양의 뼈로 편평한 뼈이다. 대퇴사두근(大腿四頭筋)의 건(腱) 안에 들어 있다. 대퇴골의 슬개면과 더불어 관절을 형성하며, 무릎의 굴신운동에 따라 잘 움직인다. 이 뼈는 원래 대퇴사두근의 종자골(種子骨) 이다.

2. 발생 원인

1) 장시간 달리기, 점프력이 요구되는 스포츠운동
2) 무릎을 구부린 상태에서 충격을 받거나 추락한경우
3) 교통사고, 외부충격
4) 비만으로 인한 뼈, 근육, 힘줄의 부담 증가
5) 고령, 폐경기 경우 골밀도 약화

3. 증상

1) 무릎 주변에 심한 통증이 있으며 누르면 아프다.
2) 무릎 주위가 붓는다.
3) 체중을 지탱하여 일어서기 힘들고 걷기 불편하다.
4) 다리를 똑바로 펴거나 들지 못한다.

4. 진단 및 치료

1) 심하지 않은 손상은 염증과 통증이 대개 1-2주 동안 얼음찜질 혹은 붕대를 감거나 마사지를 해주면 가라 앉지만 한 달이 지속되는 통증은 정밀 촬영을 필요로 한다.

2) 무릎 관절의 손상은 단순 X-ray와 같은 방사선 검사로도 어느 정도 진단이 가능하지만, 연골판 혹은 인대손상의 경우는 MRI, CT 등 정밀검사가 필요함.

3) 보존적 치료 : 환자의 능동적인 운동(신전)이 가능하다면 보존적 치료가 가능하다.

4) 수술요법 : 분쇄골절이나 골연골 골절이 있어 관절내로 전위된 골절은 관혈적 정복, 내고정, 완전 적출술이 필요하다.

3 반월상연골 손상 (Injury of Meniscus)

1. 정의

1) 무릎 관절의 중간에 위치한 반달모양의 물렁뼈를 말한다.

2) 연골판은 관절사이에서 완충 작용을 한다.

3) 서있거나 걷거나 달릴 때 체중이 위에서 아래로 전달되는데, 이 때 관절 연골이 손상되지 않도록 충격을 흡수하는 역할을 한다.

4) 좌우 무릎 관절에 초승달 모양의 연골 2개가 각각 한 쌍을 이루고 있다.

5) 외측 반달연골, 내측 반달연골이라고 한다.

2. 원인

1) 일반적으로 운동 중 발생하는 경우가 많다.

2) 중년 여성들은 쪼그려 앉거나 무릎을 많이 구부리는 가사 일을 오랜 기간 지속해오면서 내측 반달연골판 뒤쪽이 파열된다.

3) 슬관절의 굴곡상태에서 회전운동이 가해질 때 발생

3. 분류

1) 방사형 파열(Radial tear) : 중앙에서 시작하여 주변부로 파열되는 형태이다. 환상형 섬유의 손상이 일어 나므로 교정 수술이 불가능하다.

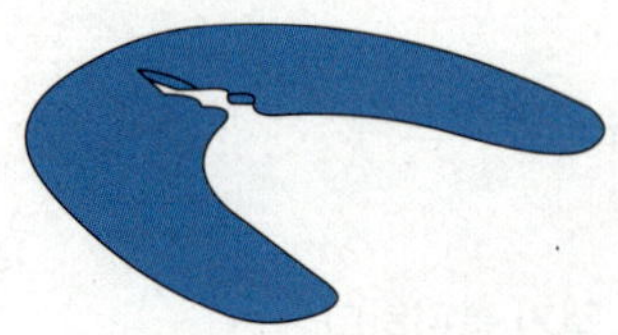

2) 양동이 손잡이형 파열(bucket handle tear) : 양쪽 경계 전체가 물통의 손잡이와 같이 완전히 떨어지면서 벌어지는 형태의 파열이다

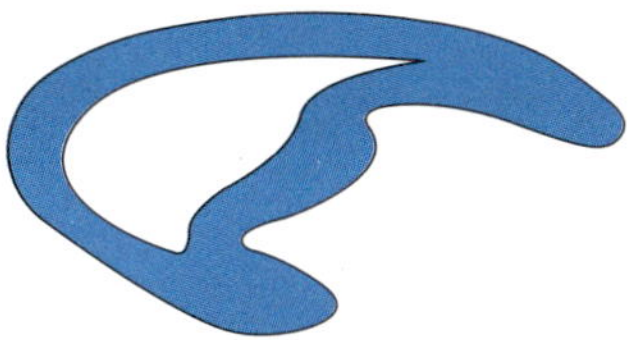

3) 앵무새 주둥이형 파열(Parrot's beak tear) : 비스듬히 찢어지는 사파열을 말하며 어디에나 생길 수 있지만 후방과 중간부의 경계에서 가장 흔히 발생한다.

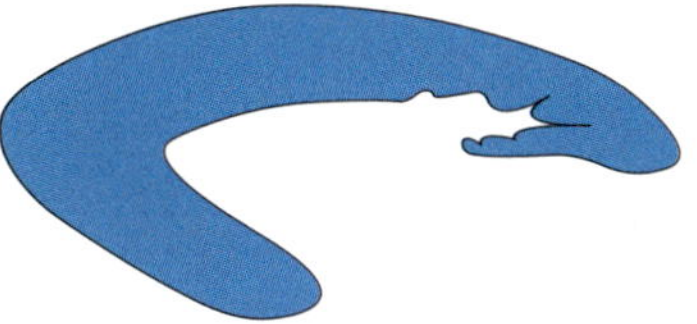

4) 수평형 파열(Horizontal tear) : 노인에게서 흔하며 낭종이 동반될 수 있다.

5) 후방 골기시부 파열(Root Tear) : 뒤쪽 뼈에 붙는 부위가 떨어지면서 반월상연골이 체중을 견디는 기능을 잃어버리게 된다. 서구에서는 드물고 우리나라에서 주로 발생한다. 오랫동안 쪼그려 앉는 생활 습관과 관련이 있다.

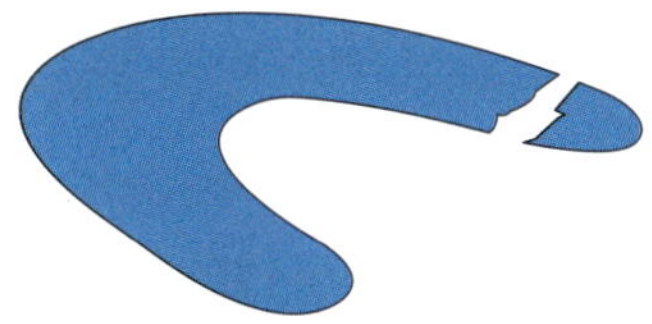

6) 퇴행형 파열(Degenerative tear) : 특별한 외상의 병력은 없으나 쪼그린 자세에서 일어날 때와 같이 단순한 신체활동 중에 발생한다. 노인에게서 흔하다.

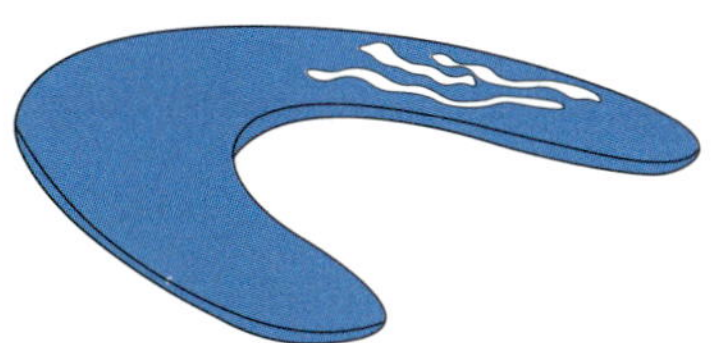

4. 증상

1) 동통 및 압통

동통은 거의 모든 환자에게서 나타나며 여러 가지 양상을 보인다. 급성기에는 관절 내 출혈, 삼출액(滲出液, exudate)의 증가로 극심한 동통을 호소한다. 압통은 관절 간격(joint line)을 따라 손상부와 일치하여 나타난다.

2) 운동 제한

부상 직후에는 동통과 종창으로 보행을 할 수 없게 되거나 파행(跛行, limping)을 보인다. 이상음(abnormal sound)을 동반한 운동 장애가 나타나기도 하며, 특히 신전 제한(extension block)은 반월상연골 손상에서 특징적인 소견이다.

3) 잠김(locking)

무릎관절 운동 중 굴곡 운동(flexion) 시에 갑자기 굽혔다 폈다 하는 운동에 장애가 발생하는 증상을 잠김이라 한다. 금이 간 연골편은 이차성전위(二次性轉位, secondary displacement)가 일어나게 되어 관절면 사이에서 빠져나와 제자리로 돌아가지 못하게(incarceration) 되면서 이러한 증상을 발생시킨다. 이 증상은 큰 연골편이 생긴 손상에서 흔히 나타나며, 증상의 출현 및 소실 모두가 순간적이라는 점이 특징이다.

4) 불안정(giving way)

무릎에 힘이 빠지는 '주저앉음(buckling)' 증상은, 흔히 반월상연골의 후각부 손상 때문에 발생한다. 이것은 매우 불안정한 슬관절 때문에 나타나는 증상으로 자갈길을 걸을 때, 계단을 내려갈 때, 혹은 뛰어내릴 때 등의 동작에서 슬관절이 안정성을 잃고 갑자기 무력해지는 증상이다.

5) 대퇴사두근 위축(quadriceps atrophy)

무릎을 부상당한 후 시일이 경과하면, 예외 없이 대퇴사두근(大腿四頭筋, musculus quadriceps femoris)의 위축이 나타난다. 대퇴사두근 가운데에서도 내측광근(vastus medialis)의 위축이 뚜렷하다.

5. 검사방법

1) 맥머레이(McMurray) 검사

똑바로 누운 상태에서 무릎 관절을 90°로 만들어 발목이나 발을 잡고 안쪽과 바깥쪽으로 회전시키면서 통증이나 소리로 판단하는 검사

2) 아플레이(Apley) 검사

엎드려 누워 무릎을 90도 구부린 상태에서 외전, 내전검사한다.

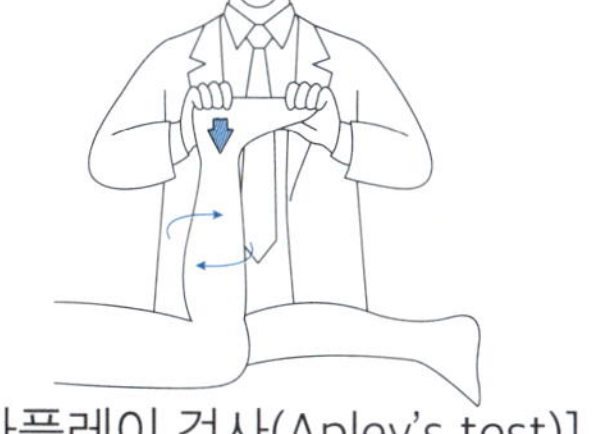

[맥머레이 검사(McMurray test)]   [아플레이 검사(Apley's test)]

3) MRI 혹은 관절경 검사

연골 파열을 확진하기 위한 검사이다.

4) 웅크리기 검사

환자가 선 상태로 양쪽 다리를 안쪽 또는 바깥쪽으로 한 후 앉았다 일어서는 것을 관찰하는 검사이다. 손상된
반월판 연골이 관절 사이에 끼는 경우 통증이 느낌

5) 관절경 검사

파열된 연골을 마취한 후, 내시경으로 직접 관찰함과 동시에 파열된 연골의 제거나 봉합을 시행한다.

6. 치료방법

1) 수술적 방법

가. 관절경적 반월상 연골 봉합술

나. 관절경적 반월상 연골 절제술

4 십자인대 손상 (Cruciate ligament)

1. 원인 및 증상

1) 축구나 스키 등의 운동 과정에서, 접촉 또는 비접촉 손상으로 슬관절의 과도한 운동으로 발생
2) 환자는 무릎에서 퍽 소리가 났다고 느끼는 경우가 많고, 수상 후 심한 통증, 관절의 부기 등을 호소한다.

2. 진단

1) 전후방 또는 회전 불안정성을 신체 검진을 통해 확인한다.
2) 전방 전위 징후, Lachman 검사, 전외측방 동요검사
3) 스트레스 방사선 검사, 자기공명영상(MRI), CT촬영을 한다.

3. 치료방법

1) 전방 십자인대의 치료는 손상의 정도 및 위치, 불안정성의 정도, 환자의 나이, 생활 방식, 활동 정도 등에 따라 달라진다.

2) 일반적으로는 수술적 치료를 시행

3) 관절경적 전방 십자인대재건술을 자가 또는 동종 이식건을 이용한다.

5 후방 십자인대 손상 (Posterior Cruciate Ligament)

1. 원인과 증상

1) 후방 십자인대손상은 대개 슬관절이 굴곡된 상태에서 경골 상단부에 직접적인 충격에 의해 발생

2) 교통사고, 특히 오토바이 사고나 계기판에 손상(dashboard injury)을 입은 경우 의해 발생

3) 운동 선수가 족부를 족저 굴곡한 상태에서 낙하하여 발생

4) 슬관절의 과신전 손상에 의해서도 다른 인대의 손상과 함께 후방 십자인대 손상이 발생

2. 검사 방법

후방 전위 징후, 외회전 전반 검사

3. 치료방법

1) 후방 십자인대 손상의 치료는 전방 십자인대에 비해서는 비수술적으로 치료할 수 있는 경우 많다.

2) 보조기로 고정하고 체중 부하를 단계적으로 실시하여 손상된 인대를 보호

3) 골절편을 물고 떨어진 견열 골절에서는 보존적으로 치료할 수 없을 경우 나사못 등으로 고정해 주는 수술을 한다.

6 측부인대(무릎)손상 (Collateral ligament)

1. 원인 및 증상

1) 내측 측부인대(무릎)는 다리가 바깥쪽으로 휘어지는 외반력에 의해

2) 외측 측부인대(무릎)는 다리가 안쪽으로 휘어지는 내반력에 의해 손상

3) 급성기에는 통증 및 부종, 관절 간격 부위의 압통, 관절 간격의 증가 등의 증상 및 신체 검진 소견이 나타남

4) 만성기에는 관절의 불안정성을 환자가 주관적으로 느끼거나 신체 검진상 불안정성이 나타남

2. 검사 방법

측부인대(무릎)의 검사에서는 내반 또는 외반력을 주어서 확인하는 스트레스 방사선 검사, 자기 공명 영상(MRI)

3. 치료 방법

1) 내측 측부인대 대부분 수술을 하지 않고 약물 치료, 체중 부하 금지, 보조기, 재활 치료 등 보존적으로 치료를 한다.

2) 외측 측부인대(무릎) 역시 보존적으로 치료하는 경우 많으나 손상 정도에 따라 수술적 요법도 병행한다.

7 슬내장 (Internal Derangement Knee, IDK)

1. 정의

외상을 입은 뒤 무릎관절에 생기는 통증과 기능장애

2. 손상 원인

1) 원인은 다양하나, 대퇴골과 경골 사이에서 완충 장치 역할을 하는 반월상연골(meniscus)이 파열된 경우가 주요 원인이다.

2) 선천적으로 반월상연골이 원판형인 경우

3) 슬내장은 무릎관절의 양 측면에서 무릎관절의 좌우 움직임을 조절하는 측부인대(collateral ligament)가 손상된 경우

3. 검사 및 치료

물리적 신체검사와 관절경 검사, 엑스선 검사, MRI 촬영 등을 통해 진단한다. 이후 슬내장의 원인과 무릎관절의 상태에 따라 국소안정, 투약, 재활프로그램 등 비수술적 치료를 선택하거나 수술로 원인 질환을 치료한다.

1 경, 비골 골절

1. 정의

- 길이 30~33cm의 관 모양의 뼈로 하퇴골(下腿骨)을 이루고 있는데, 인체골격 중 대퇴골 다음으로 크다.
- 경골과 비골로 이루어져 있는 하퇴골의 안쪽이 경골로, 하퇴골로서의 역할은 주로 경골이 하고 비골은 종속적이다. 상단은 굵고 좌우로 퍼져 있으며, 약간 오목한 상관절면(上關節面)은 대퇴골의 하단면과 함께 무릎관절을 구성한다.

2. 손상원인

1) 교통사고, 운동 중 손상, 추락 사고나 스키 사고 등으로 경골과 비골이 골절될 수 있으며 경골과 비골이 함께 골절될 수도 있고, 하나만 골절될 수도 있다.

3. 치료 방법

1) 도수정복 및 석고고정 : 대부분의 간부골절시 시행한다.
2) 견인요법 : 관절내로 연결된 복잡골절에서 일시적으로 연부조직 종창이 감소 될 때 까지 시행한다.
3) 외고정 : 심한 연부조직 손상이 동반된 개방성 골절, 감염성 불유합, 부정유합, 불안정한 폐쇄성골절, 구획 증후군 등이 있는 경우이다.
4) 내고정 : 금속판 및 나사(platefe screw), 골수강내금속정 삽입술 등

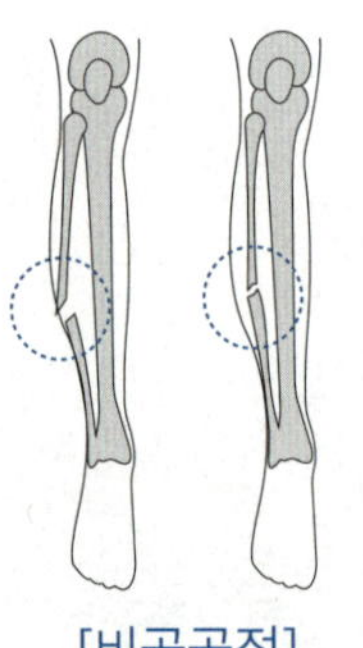

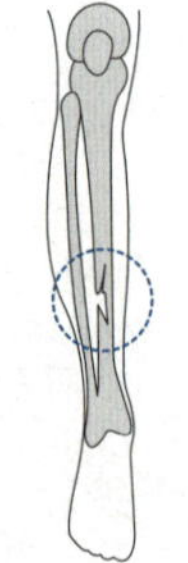

[비골골절]　　　　[경골골절]

2 종골 골절 (Fx of Calcaneus)

1. 정의

1) 종골(calcaneus)이란 발뒤꿈치 바닥을 형성하는 뼈로, 7개의 발목뼈 중에서 가장 크다.

2) 종골골절이란 발 뒤꿈치 뼈가 부러지거나 금이 간 경우를 말하고 사고나 추락에 의하여 골절이 발생한다.

2. 치료 방법

1) 비수술적 방법 : 조기 운동 치료법

- 관절면을 포함하지 않는 골절인 경우 대개 수술을 하지 않는다.
- 비수술적 방법으로는 조기 운동 치료법이 있는데 거의 전위가 없는 골절, 고령, 활동 제한, 수술하기에 부적당한 환자에 적합하다.

2) 수술적 방법

가. 관절면을 포함하는 심한 골절은 컴퓨터 단층 촬영을 통해 진단을 내리고 주로 수술적인 방법 사용함

나. 미세골절이 아닌 한 골절부위를 절개하여 스크류나 핀과 plate를 이용한 유합술을 시행한다.

다. 종골골절은 뼈의 불유합의 경우나 골수염을 조심해야 한다.

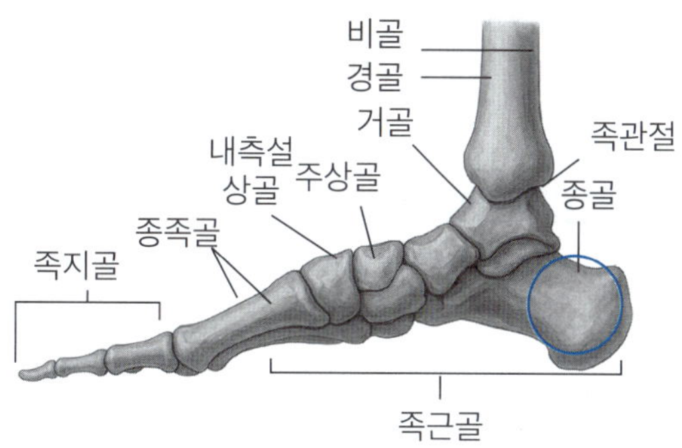

1. 정의

발목을 이루는 뼈 중 가장 위쪽에 위치해 있고 발목을 이루는 뼈 중에서 가장 위쪽에 있는 뼈를 거골이라고 한다.

종아리뼈인 경골(tibia)과 비골(fibular)의 바로 아래 위치해 두 뼈를 지지하며, 체중을 발로 전달하는 역할을 한다.

2. 증상 및 원인

1) 피부 괴사 및 감염

2) 지연 유합 및 불유합

3) 부정유합

4) 무혈성 괴사

5) 외상성 관절염 (外傷性 關節炎, traumatic arthritis)

3. 치료

1) 2mm 정도의 경미한 전위가 있더라도 거골하 관절 중 전방 및 중간 관절에 가해지는 스트레스의 변화가 많으므로 정확한 정복 및 고정이 중요하다.

2) 거골 체부의 무혈성 괴사가 의심되는 경우에는 슬개 건 부하 보조기(patellar TENDON bearing brace) 하여 거골 원개의 체중 부하를 감소시켜서 재혈관화가 일어날 때 까지 체부가 함몰되는 것을 방지해야 한다.

4 족근 – 중족관절(리스프랑관절)의 골절 및 탈구

1. 정의

발등의 돌출된 뼈로 중족골과 족근골간의 관절이 부러진 상태를 말한다.

2. 발생 원인

1) 교통사고의 경우 차 바퀴에 발등이 밟히는 경우

2) 낙상으로 인한 사고

3) 운동선수의 직접적인 외상

3. 치료방법

1) 비수술적인 치료

선상골절이나, 2mm이내의 전위가 있는 안정성 골절은 서고고정으로 보존적 치료를 한다.

2) 수술적 치료

　전위가 있거나 탈구가 동반되어 있을 경우

5　아킬레스건 파열

1. 정의

아킬레스건은 비복근(Gastrocnemius muscle)과 가자미근(Soleus muscle)의 원위부가 합쳐져 종골에 부착하며 이곳에서 발생한 파열을 아킬레스건 파열이라 한다.

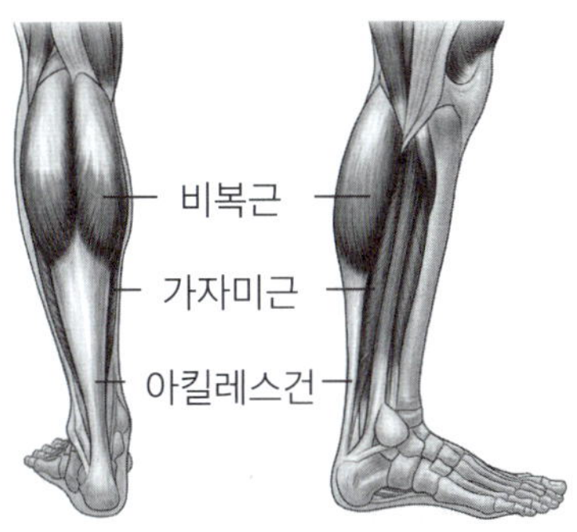

2. 손상 원인

1) 75%가 스포츠 활동 중에 발생
2) 갑자기 뒤에서 걷어차이는 느낌이 들면서 '딱'하는 소리와 함께 발생
3) 보행 주기 중 발들림(Push-off) 상태에서 가장 흔히 발생
4) 갑작스럽게 족배굴곡이 의도하지 않게 이루어졌을 때
5) 족저굴곡 상태의 족관절이 강하게 족배굴곡될 때

3. 진단 방법

1) 초음파, MRI에서 아킬레스건의 연속성의 소실을 관찰할 수 있다
2) 톰슨(Thompson) 압박 검사는 침상에 배를 대고 엎드리고 하퇴부 중간 부위의 장딴지 근육을 압착하였을 때 정상 아킬레스건은 발목이 족저 굴곡 되지만 파열된 아킬레스건은 수동적 족저 굴곡이 일어나지 않는다.

4. 치료 방법

1) 급성 손상에 대한 수술적 치료는 젊은 운동 선수에게 적극적으로 추천
2) 다양한 봉합 방법을 이용한 개방적 수술이 널리 이용

1. 정의

족근관 증후군은 굴건 지대 바로 아래 또는 굴건 지대의 근위부나 원위부에서 경골 신경이나 경골 신경의 분지가 압박되어 나타나는 증세를 의미한다.

2. 치료방법

1) 하중을 발 전체에 분산

2) 체중 감소

3) 무리한 운동 금지

4) 스테로이드 주사 및 스테로이드 소염제

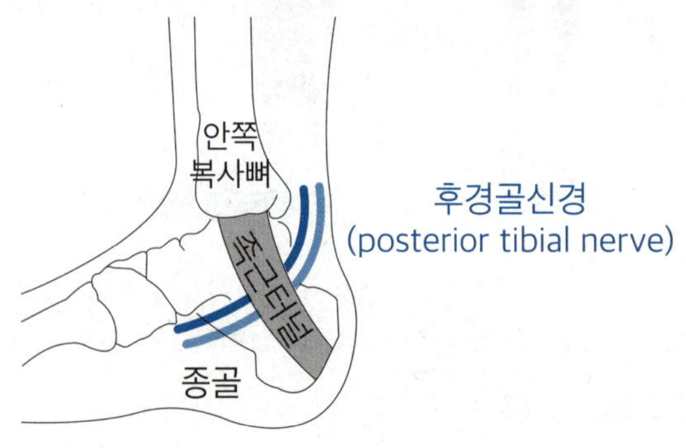

7　족저근막염

1. 종골에서 발가락까지 이어지는 근막

2. 원인 : 힐신기, 오래 서있기, 무리한 걷기

3. 증상

1) 아침에 일어나 처음 발을 디딜 때 통증이 심함

2) 서 있을 때 뻣뻣한 느낌이 지속

3) 발가락을 발등 쪽으로 구부리기가 힘듬

4) 움직이면 통증이 생겼다가 일정 시간이 지나면 통증 감소

4. 치료 : 되도록 걷지 않기, 쿠션있는 깔창 사용, 소염 / 진통제, 스테로이드 약물요법

PART 1-2

질병

제1절 종양

1 악성 종양

1. 악성종양 (Malignant Tumor)의 정의

- 인체세포가 제한 없이 과도하게 증식하여 주변 정상조직을 침범하고 압박하고 파괴하는 종양이다.
- 암종(Carcinoma) : 점막, 피부 같은 상피성 세포에서 발생한 악성종양
- 육종(Sarcoma) : 근육, 결합조직, 뼈, 연골, 혈관 등의 비상피성 세포에서 발생한 악성종양

2. 악성종양과 양성종양의 비교

	양성종양	악성종양
세포의 특성	• 분화가 잘 되어 있다. • 세포가 성숙하다.	• 분화가 잘 되어 있지 않다. • 미성숙세포(역분화, 탈분화)
성장속도	성장속도가 느리다. (성장이 멈추는 휴식기를 갖는다)	성장속도가 빠르다.
성장양식	주변조직에 대한 침윤이 없다.	침윤하면서 성장한다.
피막형성 여부	피막이 있어 종양이 주변으로 침윤하는 것을 방지한다.	피막이 없어 주변조직으로 침윤이 잘 일어 난다.
전이여부	없다.	있다.
재발여부	수술로 제거 시 재발이 거의 없다.	초기를 제외하고 재발가능성 높다.
예후	좋다.	종양의 크기, 림프절의 침범여부, 전이여부에 따라 달라진다

3. 상피내암 (cancer in situ, carcinoma in situ)

악성종양의 판정기준인 간질내 침윤증식의 상이 없고 상피 기저막상. 즉, 점막 상피층내에 국한해서 존재하는 세포 및 핵의 이형증식(암)을 상피내암으로 부르고 있다. 대부분 자궁경부에서 사용되는 명칭이다.

4. 경계성 종양

1) 경계성 종양은 조직학적으로 암에 해당되지 않는 상대이다.

2) 양성과 악성의 경계에 있는 종양

3) 악성인지 양성인지 정확한 구분이 불가능한 종양

4) 한국표준질병사인분류상 D37 ~ D48 "행동양식불명 미상의 신생물" 로 분류

5) 발견된 종양이 암이 되기 이전의 종양이거나 혹은 종양의 성격이 악성종양인지, 양성종양인지 구별하기
   어려운 종양을 말한다.

2 암의 병기

1. 암의 단계

1) 1단계 종양

　　가. 분화가 아주 잘 된 것(고분화도)

　　나. 종양이 유래한 정상 모 조직을 아주 닮고 있다.

2) 2 ~ 3단계

　　1단계와 4단계 중간 단계

3) 4단계

　　가. 미분화되거나 역분화

　　나. 종양의 유래한 조직을 알아 내기도 힘들다.

　　다. 생존율이 낮다.

2. 악성종양의 병기

1) 정의

종양이 번진 정도에 근거하여 분류하는 방법으로 TNM 병기분류법이 있다. 이것은 폐암뿐만 아니라 기타 여러 종양에 적용된다.

- "T" → 종양의 크기와 국소적으로 전파된 정도 (tumor)
- "N" → 종양의 침범을 받은 주변 림프절의 수 (nodes)
- "M" → 종양세포의 전이(metastases. 멀리 떨어진 부위로의 전파)여부

TNM 병기		
T : 종양크기(tumor)	TO	원발종양 없음
	Tis	상피내 암종
	T1 ~ T4	종양의 크기와 침범정도가 점진적으로 증가
	Tx	종양의 크기나 침범정도를 판정할 수 없음
N : 임파선전이상태(node)	N0	림프절 전이 없음
	N1 ~ N4	림프절 전이 있는 정도
	Nx	전이 평가 불가능
M : 원격전이유무(metastasis)	M0	원격 전이가 없음
	M1	원격 전이가 있음

3. 형태학적분류

형태학적 분류번호		진단코드	약관상 담보
M__/0	양성신생물	D10 – D36	양성신생물
M__/1	불확실한 또는 알려지지 않은 성격의 신생물	D37 – D48, D76.0	경계성종양
M__/2	제자리신생물	D00 – D09	상피내암
M__/3	일차성으로 기재 또는 추정된 악성신생물	C00 – C76, C80 – C97, D45, D47.1, D47.3, D47.4, D47.5	암
M__/6	속발성으로 기재 또는 추정된 악성신생물	C77 – C79	전이성암

4. 암의 임상검사 (Laboratory Tests)

1) 종양 표지자(Tumor Marker)의 정의

체내에 암이 생기면 특수단백이나 효소, 호르몬 등이 혈액이나 요중에 증가하는 경우가 많다. 따라서 그것을 측정하면 암의 조기발견의 단서가 될 수 있는데 이 특수한 물질을 종양 marker라 한다.

2) 종양 표지자(Tumor Marker) 검사를 할 수 있는 조건

가. 민감도, 특이도가 적절해야 한다. (검진방법이 정확해야 한다)

나. 검사가 쉬어야 한다.

다. 비용 효과 면에서 우수해야 한다.

라. 조기 발견에 효과적이어야 한다.

마. 선별검사의 대상은 비교적 흔한 질병이어야 한다.

3) 종양 표지자(Tumor Marker) 검사의 특징

가. 높은 위험군의 추적검사 (Follow up)

나. 암의 존재 진단 보조

다. 암의 원발 장기와 조직형의 감별

라. 질병 시기와 예후의 추정

마. 암의 치료 효과 판정과 재발 지표로 활용

종양 Marker의 종류		
AFP	20ng/mL 이하	간세포암, 간암
CEA	5.0ng/mL이하	소화기암, 폐암, 생식기암, 대장암, 유방암, 갑상선암
POA	27.9U/mL이하	췌장암
CA 19-9	37U/mL 이하	소화기암, 췌장암
CA 125	50U/mL 이하	난소암

신경정신계통의 질환

제1절 신경병증

1 구분

1. 의식 (Consciousness)

현재 직접 경험하고 있는 심적 현상의 총체. 직접적인 주관적 체험을 총칭하여 의식이라 한다.

2. 망상

병적으로 생긴 잘못된 판단이나 확신. 즉, 사고(思考)의 이상 현상을 의미한다.

1) 비합리 · 비현실적이라는 점

2) 감정으로 뒷받침된 움직일 수 없는 주관적 확신을 가지고 고집하는 점

3) 분류

　가. 정신분열증 : 피해망상

　나. 조증 : 과대망상

　다. 우울상태 : 빈곤망상, 죄책망상, 허무망상

3. 집착과 강박사고

1) 집착 : 어떤 특정한 생각에서 벗어나지 못하고 있는 상태

2) 강박사고 : 그 내용이 비합리적이고 부적절하다는 사실을 알면서도 특정한 생각이 반복적으로 떠올라 고통받는 경우

4. 치료방법

CT, 단일광자방출전산화 영상(SPECT), 양전자방출 단층촬영(PET), 자기공명 영상(MRI), 뇌 파검사(EEG)

2 기분장애 (Mood disorder)

1. 정의

기분이 심각하게 왜곡되어 나타나는 정신병리적 상태. 기분의 정서적 요소가 강도, 기간, 변동성, 성질에서 지나치게 과장됨으로 인해 자아의 내적 진술이나 외부의 현실적 요구에 대해 유연하고 적절하게 행동하거나(행동적 요소) 생각할(인지적 요소) 수 없게 되는 장애를 지칭

2. 우울장애

의욕 저하와 우울감을 주요 증상으로 하여 다양한 인지 및 정신 신체적 증상을 일으켜 일상 기능의 저하를 가져오는 질환

3. 기분장애 자살 위험요소

1) 만성적 우울 또는 입원이 필요할 정도로 심한 우울증
2) 자살 기도의 과거력
3) 병원에서의 퇴원
4) 미혼 또는 독신, 무직, 남자

3 불안장애

1. 공황 장애

1) 정의

객관적으로 보기에 아무런 이유 없이 갑자기 극심한 불안에 사로잡혀 가슴이 두근거리고 숨이 막혀 곧 죽거나 미칠 것 같은 극단적인 공포에 빠지는 상태를 말한다. 공황 장애는 이러한 예상할 수 없는 공황 발작이 반복적으로 나타나는 장애

2) 원인

가. 유전적인 요인
나. 심리사회적 요인 : 억압, 전치, 회피, 상징화 방어기제로 나타난다.
　　거세불안, 자아불안, 소아기때 부모의 상실이나 분리불안의 경험

3) 진단기준

가. 예기치 못한 공황 발작이 반복된다.

나. 적어도 한 번 이상 발작이 있은 뒤 한 달 넘게 다음에 오는 세 가지 증상 중 한 가지 이상이 해당된다.

① 또 다시 공황 발작이 올까 봐 지속적으로 걱정함

② 공황 발작과 관련 있을 여러 가능성이나 결과를 걱정함

③ 공황 발작과 관련해 현저한 행동상의 변화가 나타남.

다. 공황 발작이 물질이나 일반적인 의학적 상태의 직접적인 효과로 인한 것이 아니다.

2. 외상후 스트레스 장애 (PTSD : post-traumatic stress disorder)

1) 정의

외상 후 스트레스 장애는 사람이 전쟁, 고문, 자연재해, 사고 등의 심각한 사건을 경험한 후 그 사건에 공포감을 느끼고 사건 후에도 계속적인 재경험을 통해 고통을 느끼며 그로부터 벗어나기 위해 에너지를 소비하게 되는 질환으로, 정상적인 사회생활에 부정적인 영향을 끼치게 된다.

2) 위험요인

가. 어렸을 때 경험한 심리적 상처의 존재

나. 성격 장애나 문제

다. 부적절한 가족, 동료의 정서적 지원

라. 여성

마. 정신과 질환에 취약한 유전적 특성

바. 최근에 스트레스 많은 삶으로 변화

사. 과도한 음주

4　자살 (Suicide)

1. 정의

행위자가 자신의 죽음을 초래할 의도를 가지고 자신의 생명을 끊는 행위.

2. 자살의 위험요소

1) 과거 자살 시도의 경험(자살 재시도는 대개 3개월 이내에 가장 많다.)
2) 알코올 의존, 약물 남용
3) 만성질환이 있는 사람
4) 자살기도률은 여자가 높지만 성공률은 남자가 많다.
5) 소심한 성격
6) 우울증환자, 우울증 회복기
7) 독신, 이혼, 고부갈등
8) 난폭한 행동
9) 실직 또는 은퇴

심혈관계 질환

제1절 심장

1 심장의 기능

1. 정의

심장은 몸 속 구석구석에 혈액을 통해 산소와 영양분을 공급하는 펌프 역할을 하는 장기이다.

2. 관상동맥(Coronary Artery)

1) 정의

- 심장동맥은 흔히 관상동맥이라고도 한다.
- 심장동맥(관상동맥)은 심장의 근육층과 심장 바깥막에 혈액을 공급하여 지속적인 산소와 영양분 공급한다.

2) 분류

- 우관상동맥과 좌관상동맥으로 시작 → 좌전하행동맥 → 좌회선동맥
- 우관상동맥은 우심방과 우심실, 심장 후방의 근육에 혈액을 공급하며, 좌전하행동맥은 심장의 전방, 측방의 심장근육에 혈액을 공급

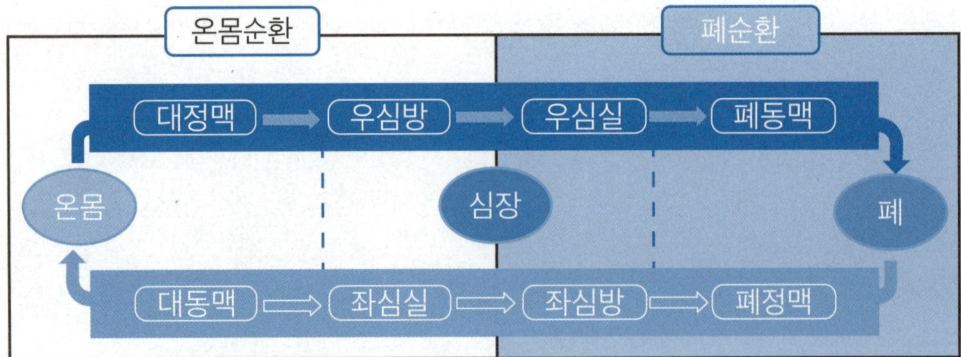

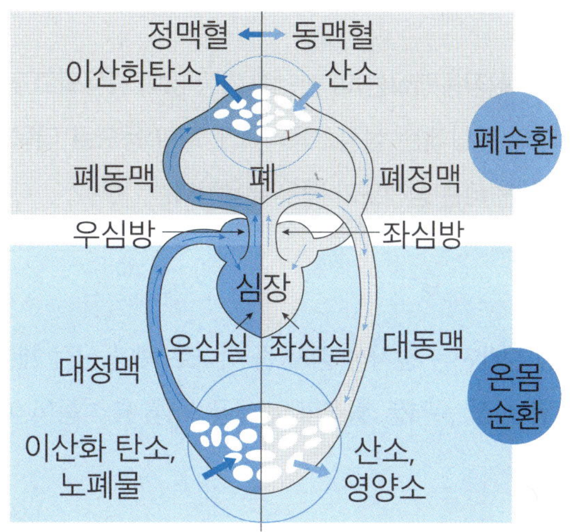

2 심혈관계의 진단방법

1. 심전도 (EKG)

1) 정의

심장이 수축할 때 생기는 전류를 밖으로 유도해서 도형화한 것을 말한다.

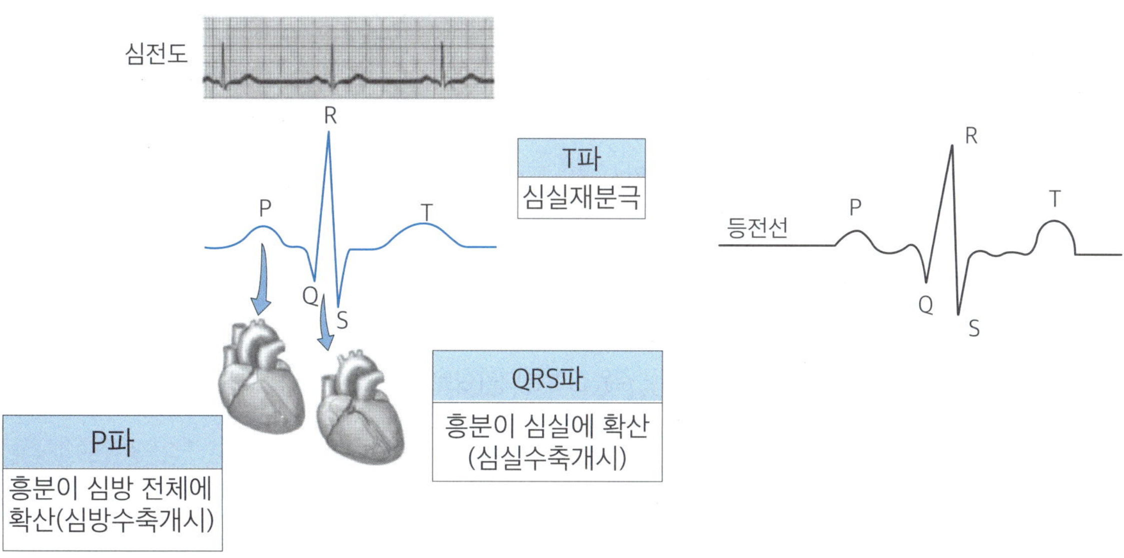

2) 장점

가. 심전도는 정확하고 간단하다.

나. 쉽게 반복하여 기록할 수 있다.

다. 검사 비용이 비싸지 않다.

3) 검사 대상

가. 부정맥과 관상동맥질환 (심장동맥질환)의 진단에 가장 많이 사용되고 있다.

나. 심방확장 및 심실비대의 진단에는 심장초음파, CT, MRI 등으로 더욱 정확히 진단할 수 있으나, 심장 환자들의 경과를 관찰하는 데는 심전도가 매우 유용하다.

2. 흉부방사선 촬영

흉부 X선 촬영은 가장 흔하게 행해지는 방사선 검사 중 하나로 폐와 심장 계통의 질환에 대해 많은 것을 알려주는 중요한 검사이다. 폐 부위, 심장, 종격동, 횡격막 및 쇄골, 늑골, 흉추 등의 이상을 검사할 수 있다.

3. 혈액검사

혈액 속에 지방성분의 양으로 심근 경색증 환자에서 심근이 손상될 때 혈액속에 나타나는 심근효소(CK-MB, Troponin-I, Troponin-T 등) 등을 측정할 수 있다.

4. 심장 초음파검사

심장 초음파는 초음파를 이용하여 심장의 움직이는 모습을 관찰하여 심장의 해부학적 구조의 이상, 심장 기능, 심장 내 압력 등을 실시간으로, 비침습적으로 관찰할 수 있는 검사법이다.

5. 관상동맥 조영술 (Coronary artery angiography)

관상동맥조영술이란 도자(관)를 경피적 경로를 통해(피부를 통해 혈관으로 도관을 삽입하게 됨) 심장근육에 피를 공급하는 좌우 관상동맥(심장혈관) 기시부에 관을 위치시킨 후 혈관에 방사선 조영제를 주입하여 관상동맥을 동영상으로 촬영하는 진단기법이다.

1) 관상동맥질환 치료

경피경관적관상동맥성형술(피부경유혈관경유심장동맥확장술), 관상동맥(심장동맥) 협착부에 풍선카테터를 삽입하여 풍선을 팽창시키고 협착부를 확장시키는 치료법이다.

2) 관상동맥스텐프 삽입술

혈관의 개방성을 유지하기 위하여 심장 동맥 안에 영구적으로 삽입한 장치

3) 관상동맥 우회술(Coronary artery by pass graft)

　가. 정의

　　좁아진 관상동맥을 대체할 수 있는 혈관을 연결하여 심장에 혈류를 공급하는 우회로를 만들어주는 수술을 말한다.

　나. 치료질병

　　안정형 협심증, 불안정형 협심증, 급성 심근경색증

　　① 안정형 협심증 : 흉통 등의 증상이 있으나 그 강도나 빈도 등이 일정하게 유지되는 상태를 말한다.

　　② 불안정형 협심증 : 흉통 등의 증상이 점점 자주 일어나거나 더 적은 육체 활동에 의해 발생되거나 혹은 오래 지속되는 경우이다.

　　③ 급성 심근경색증 : 좁아진 관상동맥이 동맥경화반에 의해 갑자기 막혀 통증이 30분 이상 지속되며 심근이 썩는(괴사) 경우이다.

제2절　심혈관 질환

1　허혈성심질환 (Ischemic Heart Disease)

1. 정의

1) 허혈성 심질환은 혈액 공급에 장애를 일으키는 심장 질환
2) 심장은 근육으로 이루어져 수축과 확장을 하는 힘으로 펌프 작용이 이루어진다.
3) 여기에 필요한 산소와 영양소를 공급하는 혈관이 관(상)동맥이다.
4) 동맥 경화 때문에 관동맥이 막히면 그 관동맥에서 혈액을 공급받지 못해 에너지가 부족해져 괴사하는 것을 심근경색이다.

2. 허혈 상태에 따른 종류

1) 불안정성 협심증(Unstable Angina Pectoris)
2) 급성 심근경색(Acute Myocardial Infarction)
3) 안정성 협심증(Stable Angina Pectoris)

3. 관상동맥경화증 위험요소

1) 고혈압

2) 고지혈증

3) 흡연

4) 당 대사 이상 (당뇨)

5) 비만증

6) 나이

7) 심전도 이상

8) 스트레스 및 성격

9) 알콜

10) 유전

2 협심증 (angina pectoris)

1. 정의

관상동맥 질환에 의한 흉부의 통증이나 불편감을 발생시키며 심장근육의 허혈에 의해 발생하는 증상이다.

2. 종류

1) 안정형 협심증

　가. 가장 일반적인 형태의 협심증으로 환자들의 흉부 불편감은 대개 예측이 가능

　나. 계단을 오르거나 달리기 등 운동이나 심한 감정적 스트레스를 받는 상황에서 초래

　다. 휴식이나 니트로글리세린 같은 약물에 의해 호전

　라. 원인

　　a. 관상동맥이 좁아져서 심장근육에 혈액공급이 감소하는 것

　　b. 혈액 찌꺼기로 인하여 혈관이 좁아지거나 과도하게 수축할 때 혈액 공급이 감소하는 것

2) 불안정형 협심증

　가. 흉통이 예측 할 수 없이 쉬는 중에 발생

　나. 흉부 불편감이 전형적인 협심증이나 처음 겪었던 협심증의 증상 보다 더 심해지고 점점 오래 지속되는 경우 의심해야 한다.

　다. 불안정한 플라크가 파열되면서 그 위에 혈전이 생성되고 이것이 좁아져 있는 혈관을 막으면서 발생하는 급성 관동맥 증후군에 속하는 질환

라. 급성 심근경색증이나 심실세동과 같은 치명적인 심장 부정맥, 심장 발작에 의한 급사의 위험이 높으므로 즉시 적절한 진단과 치료를 받아야 한다.

3) 이형성 협심증(변이형 협심증)

가. 대개 휴식 중에 발생하며 전형적인 협심증의 양상과는 차이가 있다.

나. 운동이나 스트레스에 의해 발생하는 것이 아니고 일시적인 관상동맥의 경련에 의해 유발된다.

다. 협심증의 양상이 매우 고통스럽고 대개 늦은 밤부터 이른 아침 사이에 발생한다.

라. 여자보다는 남자에게서 발생 빈도가 높다.

마. 흡연이 중요한 위험 요소이며 하루에 2~3회 이상 연달아 발생한다.

바. 흉통은 니트로글리세린 설하정에 매우 잘 반응한다.

사. 환자의 2/3는 적어도 한 개 이상의 관상동맥에 유의한 동맥 경화증을 가지고 있다.

3. 진단

1) 혈압, 맥박 수, 체온 등의 기본적 검사

2) 의사는 흉통의 위치, 흉통의 양상, 흉통과 동반된 다른 증상 등 협심증에 의한 흉통과 다른 원인에 의한 흉통을 감별할 수 있는 여러 질문을 한다.

3) 심전도 : 흉부와 사지에 부착된 전극을 통하여 심장의 전기적 활동을 기록하는 것

4. 위험요소

1) 고혈압

2) 당뇨병

3) 고지혈증

4) 흡연

5) 비만

6) 심장질환의 가족력

5. 치료방법

1) 적정 혈압 및 혈당관리가 필수적이다.

2) 흡연자의 경우 반드시 금연

3) 식이 및 운동요법을 통해 체중 관리 및 적정 콜레스테롤 수치를 유지

4) 관상동맥의 좁아진 부위를 풍선으로 확장시켜 주는 풍선확장술 및 스텐트 삽입술 시행

5) 관상동맥의 좁아진 부위를 우회하여 대동맥과 관상동맥을 이어 주는 관상동맥 우회술 시행

6) 약물요법

가. 아스피린

아스피린은 혈소판의 응집을 방해함으로써 혈액의 응고를 방지하여 좁아진 혈관에 발생할 수 있는 혈전의 형성을 예방해 준다.

나. 니트로글리세린

니트로글리세린은 혈관확장 작용을 통해 좁아진 혈관을 통한 혈액의 공급을 개선한다.

다. 베타 차단제

심장의 박동수와 혈압을 낮추고 심장 근육의 수축력을 감소시켜 심장의 산소요구량을 줄여 주는 역할을 한다.

라. 안지오텐신 전환효소 억제제 / 안지오텐신 수용체 차단제

혈압을 낮추고, 이차적인 심장 발작을 예방할 수 있으며, 심장의 재형성에 이로운 작용을 하기 때문에 투여가 고려될 수 있는데, 특히 당뇨병이 있거나 심장의 펌프 기능이 떨어진 환자에서 효과적이다.

3 심근경색증

1. 정의

- 급성 심근경색증은 심장 근육으로 산소와 영양분을 전달하는 관상동맥이 갑작스럽게 완전히 막혀서 심장 근육이 죽어가는 질환이다.
- 혈전이라는 피떡이 심장에 혈액을 공급하는 관상동맥을 갑자기 막아서 심장 근육으로 혈액이 공급되지 않아서 발생한다.

2. 원인

관상동맥의 벽에 콜레스테롤이 쌓이면서 이를 둘러싸는 섬유성 막(fibrous cap)이 갑작스럽게 파열되면 안쪽에 있던 콜레스테롤이 혈관 내로 노출되고, 이곳에 갑작스럽게 혈액이 뭉쳐서 관상동맥이 완전히 막히게 된다.

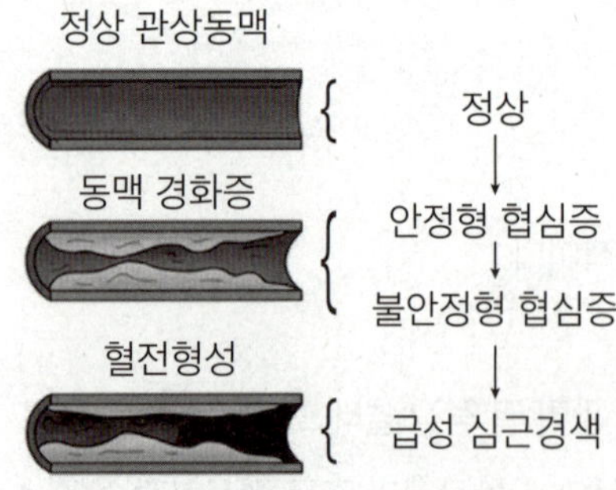

[급성심근경색증]

3. 증상

1) 심근경색증 환자의 50% 이상은 평소에 아무런 증상이 없다.

2) 심근경색증이 발생하면 우선 격심한 가슴 통증이 발생

3) 가슴이 찢어지듯, 숨이 멎을 것 같은 통증이 나타난다.

4) 고통은 30분 이상 지속된다.

4. 진단검사

1) 심전도 검사와 혈액 검사로 진단가능

2) 혈청 심장표지자

    가. CK(크레아틴인산효소), CK-MB효소

    경색 후 8시간에서 24시간 사이에 증가하며 대부분은 48 ~ 72시간 내에 정상 으로 돌아온다.

    나. 트로포닌-T, 트로포닌-I

    건강한 사람의 혈관에서는 정상적으로 검출되지 않으며 급성 심근경색 후 20배이상 증가한다. 트로포닌-T, 트로포닌-I는 진단적으로 매우 유용하며, 최근 에는 심근경색증의 생화학적 지표로 선호되고 있다.

    다. 마이오글로빈

    급성 심근경색후 수시간 내에 혈중으로 방출되나 신속하게 소변으로 배설되어 경색 24시간 내에 정상 범위로 돌아오기 때문에 심장에 대한 특이성은 떨어진다.

3) 심장초음파

가장 신속하고 유용하게 이용되는 검사 방법이며, 국소적인 심장벽의 운동장애를 관찰할 수 있다.

5. 진단기준(2024년 기출)

기본적인 검진과 더불어 대부분은 심전도와 피 검사를 통해서 심근효소 수치를 확인하여 진단한다. 이와 함께 심장초음파 등을 보조적으로 시행하여 진단에 도 움을 받을 수 있다. 자세한 확진은 심혈관조영술을 시행해야 한다.

1) 임상적증상

발한, 전형적인 흉통이 나타나는 경우 검사를 시행한다.

2) 심전도

심전도 소견상 ST절이 상승과 비정상적인 Q파가 보이면 심근경색증을진단 할 수 있다.

3) 혈액검사

심근에 정상적으로 존재하는 효소나 단백질들이 보통은 혈중에서 검출되지 않거나 미미한 수치이나 심근경색으로 인해 괴사부위의 심근으로부터 혈중에 유리되어 나와 수치가 상승하게 된다. 혈액검사를 통해 심장표지자인 심근효소 (CK-MB, 트로포닌)의 상승이 있어야 한다.

가. CK-MB(심장형크레아틴키나제,Creatine Kinase MB Fraction)

골격근, 심근, 평활근, 뇌 등에 포함된 효소로 그 부위가 손상받으면 혈중으 로 유출 되는데, CK의 3가지 동종효소 중 하나로 대부분의 심장근육에서 발견되고, 심장근육세포가 손상되면 수치가 상승할 수 있다. CK-MB 수치 는 심근경색 환자에서 흉통이 시작된 지 3 ~ 4시간 후 증가하며 18 ~ 24시간에 최고 농도에 이르다가 72시간 이내 정상으로 돌아온다. 혈중 CK-MB 농도가 5.0ng/mL 이상일 경우 심근경색을 의심할 수 있다. (참고치 확인)

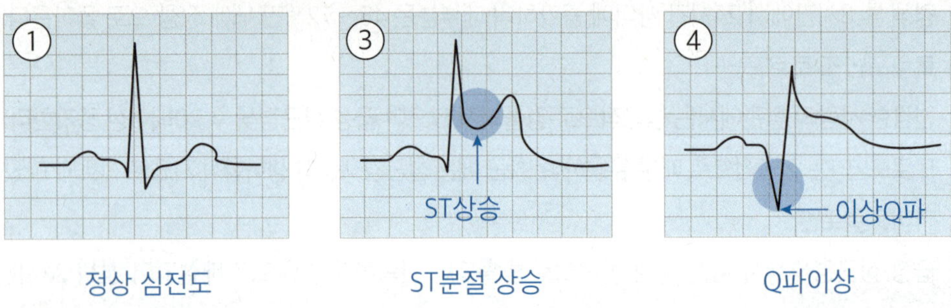

진단기준
① 전형적인 흉통 증상
② 특징적인 심전도 소견(ST절 상승 혹은 저하, T파 이상 소견)
③ 심근효소 증가
④ 관상동맥조영술상 관상동맥 협착 및 폐쇄가 50%이상
→ 4가지 중 2가지 이상 만족 시 진단 가능

6. 치료

1) 혈전을 녹이는 약물(혈전용해제) 치료를 우선한다.

2) 관상동맥을 확장하는 시술

풍선이나 스텐트로 혈관을 확장하는 관상동맥 확장 성형술 시행

	협심증	심근경색
병변	관상동맥의 경화	관상동맥의 경화
발병 원인	갑작스런 운동이나, 안정을 취하고 있는 중에도 일어 난다.	정확히 알 수 없다.
증세	통증 이외의 증세는 거의 없다.	• 통증이 심하고 30분이상 계속 된다. • 급성인 경우에는 호흡이 곤란하고 쇼크가 되며 부정맥이 나타나기도 한다.
응급처치법	니트로글리세린을 복용한다.	• 몸을 일으킨 자세를 취하면 호흡곤란이 약간 누그러진다. • 신속히 의사의 진찰을 받아야 한다.
진단	발작이 한 번 일어나면 매일 일으킬 수도 있고. 시간이 지나면 그칠 수도 있다.	강한 발작이 한 번 일어나면 그 후로는 아픈 발작이 없다.

4 심부전 (Heart Failure)

1. 정의

각종 심장질환으로 인해 심장의 고유 기능이 악화되어 전신에 충분한 혈류를 보내지 못하는 상태를 심부전이라 한다.

2. 심부전을 유발하는 주요 질환들

1) 관상동맥 질환

2) 고혈압

3) 심방세동 : 심장의 일부분인 심방이 원래보다 불규칙적으로 빨리 뛰는 것

4) 심장판막 질환

5) 심장근육 질환 (심근병증)

3. 증상

호흡곤란, 발목부종, 만성피로, 불면증, 복수

4. 검사 방법

1) 심장 X-ray

2) 심장 초음파 검사

3) 혈액 뇨 검사

4) 심전도 검사

5. 치료 방법

1) 약물치료 : 우선 심장기능을 회복시켜야 하므로 안정을 취하고 이뇨제와 강심제를 투여 한다.

2) 식이요법 : 부종의 치료를 위해 저염식을 한다.

3) 물은 일반적으로 제한 할 필요는 없으나 심부전이 악화된 폐수종이라는 상태에서는 주의하여야 하며, 그 밖에 비만인 사람은 칼로리를 제한하여 심장의 부담을 줄이는 것이 중요하다.

5 부정맥(Arrhythemia)

1. 정의

근육이 수축하기 위해서는 자발적으로 규칙적인 전기를 발생시키고 심장 전체로 전기 신호를 전달하는 전기전달체계가 있다. 이런 체계의 변화나 기능부전 등에 의해 초래되는 불규칙한 심박동을 부정맥이라 한다.

2. 발생 원인

1) 전기전달체계 자체의 병 : 동방결절 기능 부전군

　가. 방실결절 기능부전군(방실차단, heart block)

　나. 비정상적 전기전달체계의 존재(Wolff-Parkinson-White 증후군)

　다. 정상적인 전기전달체계 이외의 곳에서 발생되는 전기파(기외수축 등)

2) 전기전달체계에 영향을 미치는 심장의 변화

　가. 심근경색 등의 허혈성 심질환

　나. 선천성 심질환

　다. 심근증, 심장판막질환

　라. 여러가지 약물들

3) 전기전달체계에 영향을 미치는 환경의 변화

　가. 고도의 스트레스

　나. 카페인

　다. 술, 흡연

　라. 불충분한 수면

3. 증상

가. 두근거림(심계항진)

나. 어지러움, 실신, 피로감

다. 가슴통증, 흉부 불쾌감

라. 호흡곤란

마. 급사

4. 진단

가. 심전도 검사

나. 24시간 심전도 검사 (홀터 검사 ; Holter monitoring)

다. 심장초음파 검사

라. 전기생리학적 검사 : 팔이나 다리의 혈관을 통해 전극이 장착된 가는 도관(catheter)을 심장 내부로 삽입한 상태에서 심장의 다양한 부위에서 전기활동을 측정하여 기록하거나 심장의 다양한 부위에 직접 전기자극을 주어 심장의 반응을 관찰하는 검사

5. 치료

가. 항부정맥제

나. 전기적 심율동전환 : 심장부위의 체표면에 위치한 전극판을 통해 직류전기충격을 줌으로써 부정맥을 치료하는 방법

다. 인공심박조율기 : 심장의 내부에 규칙적인 전기리듬을 발생시키는 심박조율기(Pacemaker)를 심어서 부정맥을 치료하는 방법

라. 도자절제술 : 혈관 속으로 가는 도관을 삽입하여 부정맥의 원인이 되는 심장부위에 위치시킨 후 전기충격이나 고주파를 방출하여 조직을 절단하거나 파괴함으로써 부정맥을 치료하는 방법

6 고혈압 (Hypertension)

1. 정의

- 혈압이란 혈관 속을 흐르는 혈액의 압력으로 측정부위에 따라 동맥압, 정맥압, 폐동맥압, 폐정맥압 등 다양한 종류가 있으나 일반적으로 혈압은 팔의 동맥에서 측정한 동맥압력을 의미한다.
- 고혈압이란 성인에서 수축기 혈압이 140mmHg 이상이거나 이완기 혈압이 90mmHg 이상일 때를 말한다.

2. 체순환

좌심실 → 대동맥 → 동맥 → 신체 각 조직의 모세혈관 → 정맥 → 우심방

3. 폐순환

우심실 → 폐동맥 → 폐포 모세혈관 → 폐정맥 → 좌심방

4. 분류

1) 1차성 고혈압(본태성 고혈압)

   가. 원인이 명확하지 않은 고혈압을 의미

   나. 고혈압 환자의 대부분은 1차성 고혈압에 해당

   다. 1차성 고혈압은 전체 고혈압 환자의 90 - 95% 이상을 차지한다.

2) 2차성 고혈압

   가. 어떤 질환이 원인이 되어 혈압이 높은 경우

   나. 비교적 젊은 사람들에게서 발견 됨

   다. 신장 질환이나 부신 종양, 일부 선천성 심장질환 등 다양한 질환이 원인

   라. 일부 약물도 2차성 고혈압을 일으킬 수 있다.

   마. 신장 질환(만성 신부전과 신혈관성 고혈압)이 가장 많다.

5. 발병 원인

1) 환자가 조절할 수 없는 위험인자

   가. 나이 : 나이가 증가할수록 고혈압의 발생위험도 증가

   나. 가족력 : 고혈압은 유전적인 경향이 있다.

2) 환자가 조절할 수 있는 위험인자

   가. 비만 : 체중이 증가할수록 고혈압이 생길 가능성이 높다.

   나. 활동 부족 : 신체활동이 적은 사람일수록 고혈압이 생길 가능성이 높다.

   다. 흡연 : 흡연은 혈관을 수축시켜서 혈압을 높인다.

   라. 염분 섭취 : 염분을 필요이상으로 섭취하면 혈압을 높인다.

   마. 스트레스 : 과도한 스트레스는 혈압을 높인다. 과식이나 흡연, 음주로 스트레스를 풀려고 하면 오히려 혈압을 올리는 결과를 가져온다.

6. 진단

고혈압은 여러 차례 병원 방문하여 적어도 2회 이상 연속 혈압이 140/90mmHg 이상일 경우에 고혈압으로 진단할 수 있다.

7 **대동맥질환**

1. 대동맥류 (Aortic Aneurysm)

1) 정의

혈관벽이 부풀어 돌기나 풍선 형태로 변형되는 질병으로 흔히 혈관 벽에 지방이 쌓여 일어날 수 있으며, 유전, 외상(trauma), 또는 혈관 벽을 약하게 하는 기타 질병에 의해 일어나기도 한다.

2) 발생 원인

가. 동맥경화 : 동맥경화가 진행되면 동맥벽이 변화되어 약해지고, 그 부위가 혈압을 견디지 못해 늘어나게 된다.

나. 대동맥박리

정상적인 대동맥은 세 개의 겹으로 이루어진 대동맥 혈관 벽을 가지고 있다. 가장 안쪽의 껍질이 찢어지면서 혈액이 그 찢어진 공간으로 흘러들어가게 되는 상태를 대동맥 박리(aortic dissection)라고 한다.

3) 증상

가. 동맥류가 늘어나는 경우 동맥벽의 신경섬유의 자극으로 통증이 발생

나. 상행대동맥류 : 상대정맥을 압박하여 상대정맥 증후군을 일으키거나, 흉골 뒤쪽을 압박하여 흉골이나 주위 늑골의 압박성 괴사를 일으킬 수 있다.

다. 대동맥궁의 대동맥류는 기관을 압박할 수 있고, 경동맥을 압박하면 뇌로 가는 혈류가 줄어들 수도 있다.

라. 하행대동맥류 : 좌측 미주신경 및 후두회귀신경의 손상으로 쉰 목소리를 유발할 수 있으며, 횡격막신경의 마비로 횡격막 상승을 초래하기도 한다.

마. 식도나 기관지들의 압박 증상을 일으킬 수도 있으며, 심한 경우 폐를 침범하여 객혈(피를 토함) 증상을 보일 수도 있다.

4) 진단.

가. 흉부 및 복부 X-선 사진

나. 대동맥조영술 (aortography)

다. 전산화단층촬영 (CT)

라. 심초음파 검사 (Echocardiography)

마. 자기공명영상법 (MRI)

5) 치료 방법

가. 경피적 스텐트 삽입술

나. 인조혈관 치환술

8 선천성 심질환(tetralogy of Fallot 청색아증후군)

1. 정의

대개 생후 4주 뒤에 나타나는 청색증 · 무산소발작(호흡 곤란과 함께 갑자기 청색증이 나타나며 의식이 흐려짐) · 곤봉지(손가락·발가락 끝이 뭉툭해지는 것) · 심잡음 등 4가지 증상이 특징인 선천성심장질환.

2. 증상

4가지 심장결손이 함께 생기는 것

1) 심실중격결손(심장의 좌심실과 우심실을 분리하는 벽의 결손)
2) 폐동맥판협착증(폐동맥 입구가 좁아짐)
3) 대동맥의 확장 및 전위(정상적으로 좌심실에서 나오는 대동맥이 늘어나거나 심실중격 위에서 나오는 것)
4) 우심실비대(우심실 벽 근육이 두꺼워짐)

내분비계 질환

내분비선	호르몬	작용
뇌하수체 후엽	옥시토신	• 자궁 수축 자극 • 우유 생산 자극
	항이뇨호르몬 (ADH)	세뇨관의 물의 재흡수 촉진
뇌하수체 전엽	프로락틴	우유 생산 자극
	성장호르몬 (GH)	골, 근육의 성장을 자극
	여포자극호르몬 (FSH)	난포 성숙 자극, 정자 성숙 자극
	황체형성호르몬	• 배란 자극 • 테스토스테론 생산 자극
	갑상선자극호르몬 (TSH)	티록신 (T4)생산 자극
	부신 피질자극호르몬 (ACTH)	부신 스테로이드 호르몬 생산 자극
갑상선 Thyroid	티록신, 삼요드티로닌	골격성장, 중추신경계성숙, 인체 신진(물질)대사 증가
	칼시토닌	뼈에서 칼슘을 흡수하게 하여 혈중 칼슘양 저하시킴
부갑상선 Parathyroid	부갑상선호르몬(파라트로몬 : PTH)	뼈에서 칼슘 농도 상승(칼시토닌과 길항작용)
췌장 Pancreas	인슐린	세포의 포도당 흡수 증가 , 혈중 포도당 농도 저하시킴
	글루카곤	글리코겐을 포도당으로 전환, 혈중 포도당 농도를 증가시킴
부신피질 Adrenal cortex	무기질코르티코이드	나트륨이온의 재흡수와 칼륨이온 분비를 촉진시킴
	당질코르티코이드	당합성 증가, 항염작용, 면역기능
	부신 성호르몬	성기관의 초기 발달(특히 남성)
부신수질 Adrenal medulla	아드레날린(에피네프린)	혈당치 상승, 심박동과 대사율 증가
	노르아드레날린(노르에피네프린)	혈관을 수축
정소	테스토스테론	2차성징 출현, 정자 발달
난소	에스트로겐	2차성징 출현, 자궁벽 성장
	프로게스테론	착상을 위한 자궁벽 준비
위와 장	가스트린, 세크레틴	위, 장, 기타부속 기관의 활성을 조절

1 뇌하수체 호르몬

1. 정의

1) 뇌하수체는 척추동물의 뇌 아래쪽에 있다는 것에서 유래되었다.

2) 뇌하수체전엽 또는 선하수체

3) 다른 내분비선에서 작용하여 갑상선호르몬을 만들게 하거나 내보내게 한다.(갑상선자극호르몬, 부신피질자극호르몬, 난포자극호르몬, 황체호르몬, 성장호르몬)

4) 뇌하수체후엽 : 뇌하수체기능을 조절하는 호르몬을 전달하는 문정맥에 의해 전엽과 연결된다. 신경뇌하수체 호르몬은 뇌에 있는 시상하부에서 나오며 필요할 때까지 신경뇌하수체에 저장된다.

2. 호르몬 종류

1) 갑상선자극호르몬 : 갑상선 성장을 자극

2) 부신피질자극호르몬(ACTH) : 신장 위쪽에 있는 부신에서 부신피질호르몬 분비를 조절

3) 난포자극호르몬(FSH) : 여성호르몬인 에스트로겐 분비를 자극하고 난자와 정자가 자라는 것을 돕는다.

4) 황체호르몬 : 에스트로겐과 프로게스틴, 남성호르몬인 테스토스테론 분비를 자극한다.

5) 성장호르몬 : 성장이나 다른 여러 기관에 작용한다.

2 말단비대증 (Acromegary)

1. 정의

말단비대증은 뇌하수체에서 분비되는 호르몬인 성장호르몬이 비정상적으로 과잉 생산되면서 나타나는 질환이다.

2. 원인

말단비대증의 가장 흔한 원인은 뇌하수체 종양으로 성장기. 즉, 뼈의 성장판이 열려 있을 때 발병하면 키가 커지는 거인증이 된다. 키 성장이 끝난 발육기 이후에 발병하면 키는 자라지 않고 신체의 말단 부위인 코, 턱, 손, 발 등이 커진다.

3. 증상

1) 말단비대증에 걸리면 뼈가 넓고 두텁게 성장

2) 사지가 커지고 아래턱이 길어지고 콧등이 넓어진다.

3) 땀샘과 피지선이 커져서 피부에 기름기가 많아지고 땀이 많이 난다.

4) 성대가 두터워지므로 쉰 목소리가 나고 목소리도 변함

5) 포도당의 세포 내 유입이 제한되어 혈장 포도당 농도가 상승하여 당뇨병이 생긴다.

4. 진단

1) 혈액 검사 : 혈중 호르몬 농도를 확인하거나 경구 당부하 검사를 시행

2) 뇌하수체 종양 확인 여부를 위해 전산화 단층촬영(CT)이나 자기공명영상(MRI)을 시행

5. 치료

1) 경접형골동 선종 제거술 : 코를 통해 수술 현미경과 내시경 장비를 넣어서 수술하는 방법

2) 방사선 치료 방사선 치료 : 뇌하수체 종양이 너무 커서 완전히 제거되지 않은 경우에 남은 종양에 방사선으로 없애는 치료

최근 감마나이프 또는 사이버나이프 등의 개발로 뇌하수체 기능 저하증, 탈모, 뇌신경 마비, 시신경 손상 등의 부작용이 많이 감소했다.

3) 약물 요법 약물 요법 : 경구용 도파민 유도체와 주사용 제제인 소마토스타틴 유도체를 사용

뇌하수체 선종 (Pituitary adenoma)

1. 정의

뇌하수체는 상부에 있는 시상하부와 연결되어 우리 몸의 호르몬 분비 및 조절에 관여하는 기관이다. 이 위치에 선종이 생기면 여러 가지 증상이 나타난다.

2. 원인

1) 시상하부의 기능 장애
2) 뇌하수체 세포 자체의 이상

3. 증상

1) 남성 및 폐경 후 여성에게는 주로 종양의 확장에 의한 두통, 시야 장애가 나타난다.
2) 모유 수유를 하지 않아도 젖이 나오는 유루증
3) 성선 기능 저하증
4) 가임 여성의 경우 초경이 늦어지고, 월경 장애, 불임 등이 나타남
5) 에스트로겐의 감소로 인한 성욕 감퇴
6) 장기간의 고프로락틴혈증을 치료하지 않고 방치할 경우에는 남녀 모두 골 소실이 일어남

4. 진단

1) 영상의학적 진단 두부 X-ray 사진
2) 호르몬 검사 뇌하수체 선종이 확인

5. 치료

경접형골동 선종 제거술 : 코를 통해 수술 현미경과 내시경 장비를 넣어서 수술하는 방법

제2절 췌장(Pancreas)

1 정의

1. 내분비기관으로서 에너지 대사의 조절에 중요한 역할을 하는 인슐린을 생산

2. 췌장의 무게는 80g 정도로 복부 위쪽에 위치

2 호르몬

1. 인슐린

1) 인슐린은 췌장의 정맥으로 분비되어 간문맥을 통해 간으로 이동

2) 인슐린의 분비에 영향을 주는 가장 중요한 요소 : 혈중 포도당의 농도(혈당량)

3) 지방조직에서 인슐린은 포도당이 지방세포 내로 유입되어 지방산과 트리글리세리드로 전환되는 것을 촉진

4) 저장된 지방산이 방출되는 것을 억제

2. 글루카곤

1) 공복시에는 혈중농도가 높으며, 음식물로 섭취된 포도당은 글루카곤 분비의 강력한 억제제로 작용

2) 간세포의 세포막에 있는 수용체와 결합

3) 세포 속에 저장되어 있던 글리코겐을 포도당으로 분해

4) 혈액 속으로 분비하여 혈당량을 상승시킨다.

3 당뇨병

1. 정의

1) 당뇨병은 소변으로 포도당이 배출된다고 하여 이름 붙여진 병이다.

2) 정상인의 경우 소변으로 당이 배출되지 않게 혈당이 조절된다.

3) 소변으로 당이 배출되면

4) 인슐린이 모자라거나 제대로 일을 못 하는 상태가 되면 혈당이 상승하며, 이로 인해 혈당이 지속적으로 높은 상태가 되는 것을 말한다.

2. 당뇨병의 종류

1) 제 1형 당뇨병(인슐린의존형 당뇨병 : insulin-dependent diabetes mellitus, IDDM)

췌장에서 인슐린이 분비되지 않기 때문에 인슐린의 절대적 결핍으로 인해 케톤산증이 일어나므로 인슐린주사를 통해 인슐린을 공급해주어야 한다.

2) 제 2형 당뇨병(인슐린비의존형 당뇨병 : non-insulin-dependent diabetes mellitus, NIDDM)

췌장의 인슐린 분비 기능이 떨어지거나 인슐린에 대한 조직의 거부반응에서 비롯되며, 베타세포가 인슐린을 분비하는 데 일어나는 미묘한 변화로 인해 더욱 악화된다.

3. 위험요소

유전, 고령, 비만, 스트레스, 임신, 감염, 약물(스테로이드제제, 면역억제제, 이뇨제), 고혈압, 고콜레스테롤혈증

4. 증상

삼다(三多) 증상

가. 다음(多飮, 물을 많이 마심)

나. 다뇨(多尿, 소변을 많이 봄)

다. 다식(多食, 많이 먹음)

5. 진단

1) 혈액검사

가. 혈중 당검사

가) 식사 시간과 관계없이 측정한 혈당이 200mg/dL 이상임.

나) 8시간 동안 열량 섭취가 없는 공복 상태에서 측정한 공복 혈당이 126mg/dL 이상

다) 경구 당부하 검사에서 75mg의 포도당을 섭취한 뒤 측정한 2시간째 혈당이 200mg/dL 이상 위의 세 가지 조건 중 어느 한 조건만 만족하면 당뇨병으로 진단할 수 있다.

나. 당화 혈색소(HbAlc) 검사

당화 혈색소(HbAlc)의 수치는 적혈구 안에 들어있는 혈색소 중 정상적인 혈색소와 당이 붙어있는 혈색소와의 비율을 나타내는 것으로 지난 2개월 동안의 혈당조절 상태를 추측할 수가 있는 것이다. 적혈구의 수명은 120일 정도로 가정하고 대략 60일 간의 혈당조절 상태가 6.5%이상이면 당뇨로 진단

2) 소변검사

혈당이 170mg/cU이상 올라가야 소변에서 당이 검출되고, 그 이하이면 음성으로 나오게 된다. 뇨당검사는 이렇게 정확도가 떨어져 뇨당검사에서 양성반응으로 나타나더라도 당뇨가 아닐 수도 있으므로 혈당검사를 해보는 것이 정확도가 높다.

6. 치료

식사 요법, 운동 요법, 약물 치료

7. 합병증

1) 급성 대사성 합병증

가. 혈당이 너무 올라가거나 떨어져서 발생

나. 적절한 조처를 취하지 않으면 의식 이상이 발생

2) 만성 합병증

가. 당뇨병이 오래 지속되어 큰 혈관과 작은 혈관에 변화가 일어나서 이것들이 좁아지거나 막히면서 생김

나. 큰 혈관의 합병증을 동맥경화증이라 부르는데, 흔히 심장, 뇌, 하지에 혈액을 공급하는 혈관에 생김

다. 작은 혈관의 합병증은 주로 망막(눈의 일부분), 신장, 신경에 문제를 일으켜서 시력 상실, 만성 신부전, 상하지의 감각 저하 및 통증 등을 유발할 수 있다.

4 대사증후군

1. 정의

대사 증후군은 여러 가지 신진대사(대사)와 관련된 질환이 동반된다(증후군)는 의미한다. 고중성지방혈증, 낮은 고밀도콜레스테롤, 고혈압 및 당뇨병을 비롯한 당대사 이상 등 각종 성인병이 복부 비만과 함께 발생하는 질환을 말한다.

2. 원인

1) 발병 원인은 명확하지 않지만 인슐린 저항성(insulin resistance)이 근본적인 문제라고 추정됨

2) 인슐린 저항성은 혈당을 낮추는 호르몬인 인슐린에 대한 신체의 반응이 감소함으로써, 근육 및 지방세포가 포도당을 잘 섭취하지 못하게 되고, 이를 해결하고자 더욱 많은 인슐린이 분비되어 여러 문제를 유발한다.

3. 진단

아래의 기준 중 세 가지 이상에 해당하는 경우에 대사 증후군으로 진단

1) 허리둘레 : 남자 90cm, 여자 80cm 이상

2) 중성지방 : 150mg/dL 이상

3) 고밀도 지방 : 남자 40mg/dL 미만, 여자 50 mg/dL 미만

4) 혈압 : 130/85 mmHg 이상, 혹은 고혈압약 투약 중

5) 공복 혈당 : 100mg/L 이상, 혹은 혈당조절약 투약 중

4. 치료

1) 대사 증후군을 치료하기 위해서는 체지방, 특히 내장지방을 줄이는 것이 가장 중요하다.

2) 적절한 식사 조절과 규칙적이고 꾸준한 운동이 필요하다.

5. 합병증

1) 대사 증후군이 있는 환자는 허혈성 심장병, 뇌졸중과 같은 심혈관계 질환이 발생하여 사망할 확률이 대사 증후군이 없는 사람에 비해 4배 정도 높다.

2) 대사 증후군 환자가 당뇨병에 걸릴 확률은 그렇지 않은 사람보다 3~5배 정도 높다.

3) 지방간, 폐쇄성 수면 무호흡과 관련이 있고 각종 암에 의한 사망률 역시 높아 질수 있다.

제3절　갑상선 (Thyroid Glands)

1　갑상선 정의

1. 인체의 모든 대사작용, 즉 성장 · 발육 · 생식 · 운동 · 체온 등을 조절하는 총체적 조절기관이다.

2. 목 중앙의 앞쪽에 두 부분으로 구성되며 수많은 소포로 이루어져 갑상선호르몬을 합성한다.

3. 갑상선호르몬은 시상하부 – 뇌하수체 – 갑상선을 잇는 축의 피드백 작용으로 조절된다.

4. 갑상선호르몬인 T3, T4는 세포의 핵 속으로 들어가 단백질합성을 촉진하며 미토콘드리아에 작용하여 체온을 조절하는 역할을 한다.

5. 갑상선호르몬 분비가 지나치게 많으면 갑상선기능항진증이 유발된다.

6. 이 질환은 여성보다 남성에게 7배 정도 높은데 더위를 심하게 느끼고 몸무게가 감소하며 강한 식욕을 보인다.

2　갑상선 호르몬

1. 갑상선호르몬에는 T4(thyroxine)와 T3(triiodothyronine)가 있으며 T3보다 T4가 많이 생성되지만 기능면에서는 T3가 T4보다 2.5배 정도 강력한 작용을 한다.

2. 대부분의 T3와 T4는 티록신결합글로불린(TBG)이라는 운반단백질과 결합하여 혈중에 존재한다.

3. TBG에 결합되지 않은 T3 및 T4가 조직으로 흡수되어 생물학적 기능을 하며,

4. 그 결과로 생긴 부족분은 TBG에 결합된 T3 및 T4가 TBG로부터 분리되어서 보충된다.

3　갑상선 질병

1. 갑상선기능항진증

　1) 남성보다 여성에게서 7배 정도 높은 빈도로 나타난다.

　2) 항상 덥고 땀을 흘리며 심장박동수도 증가한다.

　3) 심할 경우에는 심장마비를 일으키기도 한다.

　4) 가장 큰 특징

　　가. 기초대사의 증가로 말미암아 몸무게가 감소

　　나. 강한 식욕을 보인다.

　　다. 때때로 목부위가 부어올라 손가락으로 팽창된 갑상선을 감지할 수 있다.

　　라. 그레이브스병이 이 병의 원인이 되기도 하는데, 이 경우에는 눈이 튀어나오며 눈꺼풀 사이의 간격이 넓어진다.

5) 발생원인

가. 자가항체에 의한 것과 갑상선비대에 의한 것이 있다.

나. 갑상선비대는 갑상선종양에 의해 유발되기도 한다.

다. 대부분의 경우 요오드 결핍이나 갑상선호르몬의 분비를 억제하는 요인에 의해 일어난다.

라. T3 및 T4의 혈중농도가 낮으면 피드백 작용에 의해 TSH의 분비가 촉진되고 이것은 다시 갑상선비대를 일으켜 과다한 양의 갑상선호르몬을 자발적으로 생성하게 된다.

6) 치료방법

가. 갑상선의 일부를 외과적으로 제거

나. 갑상선호르몬의 합성 및 분비를 억제하는 약의 투여

다. 방사성동위원소인 요오드를 투여

2. 갑상선기능저하증

1) 원인

가. 갑상선기능항진증의 치료목적으로 외과적 수술 때 갑상선을 너무 많이 제거했거나 요오드의 방사성동위원소를 과다하게 투여했을 경우 발생한다.

나. 증상

① 점진적이고 미미하며 피부나 기타 조직에서 뮤신단백질의 비정상적인 침착을 가져오는 점액수종이 나타난다.

② 환자는 성격과 행동에 있어서 느리며 피부가 거칠어지고 많이 먹지 않아도 몸무게가 증가한다.

③ 여성은 월경 때 과다출혈이 있고 임신이 잘되지 않는다.

다. 티록신을 투여하면 혈중 T4의 농도가 증가되고 TSH의 농도도 정상적으로 돌아온다.

3. 갑상선암 (Thyroid Cancer)

1) 원인

가. 방사선 노출

나. 유전적 요인

다. 과거 갑상선 질환 병력

2) 분류

유두암 (예후가 가장 좋음 papillary carcinoma) → 여포암 (follicular carcinoma) → 수질암 (medullary carcinoma) → 미분화암 (예후가 가장 나쁨 undifferentiated carcinoma)

① 유두암(papillary thyroid cancer)

: 갑상선암 중 가장 흔한 암으로 예후가 좋다. 30-50대, 여성이 호발하고, 요오드 섭취량이 많은 나라에서 더 빈번하게 발생된다.

② 여포암(follicular thyroid cancer)

: 유두암 다음으로 많다. 갑상선의 혈관들을 침범하는 경향이 있고, 혈류를 통해 폐, 뼈, 뇌등 다른 장기로 전이된다.

③ 수질암(Medullary thyroid cancer)

: 칼시토닌 호르몬 분비세포인 C세포에서 발병하는 암이다. 갑상선 수질암은 RET라 는 돌연변이 유전자가 있는데 이는 부모에게 물려받아 발병하는 경우가 있다.

④ 미분화암(=역형성암, Anaplastic thyroid cancer)

: 갑상선암 중 가장 빨리 자라는 암으로 가장 악성도가 높고 예후가 좋지 않다.

⑤ 혼합형 갑상선암 (Mixed Thyroid Carcinoma)

: 두 가지 이상의 갑상선암 형태가 혼합된 형태이다.

3) 증상

가. 초기에는 아프지 않고 눈치를 채지 못해 늦게 발견하는 경우가 많다.

나. 갑상선 연골이 있는 부위에서 약간 아래쪽과 양쪽에서 단단하지만 아프지 않은 혹이 만져질 때

다. 단일 결절(혹)일 때

라. 결절이 4cm 이상일 때

마. 결절의 성장 속도가 빠를 때

바. 호흡 곤란

사. 성대 마비

아. 음식물을 삼키기 어려운 증상

4) 진단

가. 갑상선암이 의심되면 문진 및 신체검사

나. 흉부 가슴 사진

다. 혈액 검사(티로글로불린)

라. 방사성 동위원소 옥소 전신 촬영

마. 초음파 검사

바. 확진 : 세포 검사

세포 검사는 가느다란 주사기를 갑상선에 삽입하여 세포를 뽑아내거나 조직 검사용 굵은 바늘로 갑상선 세포를 떼어 내어 병리 검사를 시행하는 방법

4. 치료

1) 갑상선암을 치료하려면 갑상선암 제거 수술을 시행

2) 초기의 암, 즉 유두암의 크기가 1.0cm 이하인 것을 제외하고는 갑상선에 생긴 갑상선 전체를 다 제거함

3) 수술 4 ~ 8주 후 방사성 요오드를 투여하여 남아있는 정상 갑상선과 있을지도 모르는 잔여 갑상선암을 제거

1. 정의

1) 부갑상선 호르몬이 다량 분비되면서 혈중 칼슘 농도가 높아지는 질환

2) 갑상선과 부갑상선의 비교

	기능
갑상선	성장, 발육, 생식, 운동, 체온 등 신체의 전반적인 기능을 조절하는 갑상선 호르몬
부갑상선	갑상선의 뒤쪽에 위치하며 4개로 구성된다. 이는 신체의 칼슘 대사에 관여하는 호르몬

2. 발생 원인

1) 4개의 부갑상선 중 하나에 생긴 양성 종양

2) 부갑상선 세포의 증식

3) 부갑상선암

4) 유전성 질환

5) 만성 신부전

3. 증상

칼슘 농도가 높아지면, 고칼슘혈증으로 인한 다음과 같은 증상이 나타남

1) 소화기계 증상 : 오심, 구토, 식욕 부진, 변비

2) 신경정신과적 증상 : 우울감, 피로감, 기억력 감소, 인지 능력 감소

3) 근골격계 증상 : 근육이 쉽게 피로함, 근력 약화, 마비

4) 심혈관계 증상 : 고혈압

5) 요로 결석(신장에 칼슘이 쌓여 발생)

6) 골다공증

4. 진단

1) 혈액 검사로 부갑상선호르몬의 농도와 혈중 칼슘 농도를 확인

2) 부갑상선호르몬의 농도와 혈중 칼슘 농도를 확인

5. 치료

다음과 같은 경우는 수술적치료를 시행한다.

1) 나이가 50세 이하

2) 장기간 관찰할 수 없을 경우

가. 합병증이 심해 치료하기 어려운 경우

나. 수술적 치료가 필요한 기준에 해당

5 부갑상선기능저하증 (Hypoparathyroidism)

1. 정의

부갑상선에서 분비되는 부갑상선호르몬이 부족하여 혈중 칼슘 농도가 감소하고 인 농도가 증가하는 질환을 의미

2. 발생 원인

1) 태어날 때부터 부갑상선이 없는 경우

2) 부갑상선이 제 기능을 수행하지 못하는 선천성 부갑상선기능저하증

3) 갑상선암, 갑상선기능항진증에 대한 수술 이후에 부갑상선기능저하증이 생기는 경우가 가장 흔하다.

4) 드물게 방사선 치료

5) 자가면역 질환

3. 증상

1) 혈중 칼슘 농도가 감소

2) 신경 근육의 흥분성이 증가하여 근육 경련이 발생하는 강직(Tetany) 증세

3) 강한 경련, 조임 현상, 입술과 손가락에 발생하는 저린 증상, 얼굴, 손, 팔, 인후, 발 등의 근육 경련이 나타남

4) 정신적 증상으로는 우울증, 불안감

5) 젊은 환자에게는 지능 저하가 발생할 수 있다.

6) 발육 이상(소아의 치아 발육 부전), 정신 지체, 탈모, 칸디다 감염 등의 증상이 나타날 수 있다.

4. 진단

부갑상선기능저하증은 혈액 검사를 통해 칼슘, 인, 부갑상선 호르몬의 농도를 측정하여 진단한다.

5. 치료

1) 선천성 및 후천성 부갑상선기능저하증은 모두 완치하기 어렵다.

2) 약물 치료를 시행하여 조절하는 것은 가능하다.

3) 비타민 D는 칼슘을 흡수하는 데 필수적

4) 경련이 멈추지 않으면, 항경련제를 사용

1 정의

1. 양측 신장 위에 삼각형 모양으로 자리 잡고 있는 호르몬 생성기관이다.

2. 부신은 겉질과 속질로 이루어져 있다.

3. 안쪽의 수질 : 혈관을 수축시키고 혈압을 상승시키는 아드레날린을 분비

4. 바깥의 피질 : 부신피질호르몬들을 분비한다.

2 부신 피질

1. 정의

뇌하수체에서 분비되는 부신피질자극호르몬의 자극을 받아 코티솔, 알도스테론, 안드로겐 등의 스테로이드 호르몬을 생성한다.

2. 생성 호르몬

1) 알도스테론

   가. 부신피질의 가장 바깥층인 사구층에서 생성되는 염류 코르티코이드(mineralocorticoids)

   나. 나트륨과 칼륨의 농도를 통해 몸 안의 수분과 전해질의 균형을 조절

2) 코티솔

   가. 부신피질의 중간 층인 다발층에서 생성되는 당류 코르티코이드 (glucocorticoids)

   나. 코르티손(cortisone)과 코르티솔(cortisol)이 여기에 속한다.

   다. 대사를 증진하고 혈당량을 증가시킴으로써 스트레스 요인에 저항한다.

   라. 인체의 스트레스 반응을 조절한다.

3) 안드로겐, 에스트로겐 : 부신피질의 가장 안쪽인 그물층에서 생성되는 성호르몬으로 적은 양이 일생동안 계속해서 생산된다.

제1절 혈액

1 정의

1. 사람의 혈액은 혈장과 적혈구 · 백혈구 · 혈소판 등으로 구성

2. 혈액은 순환계를 통해 생존 및 활성에 필수적인 영양물질과 산소를 공급

3. 세포활동의 결과로 생성된 이산화탄소나 노폐물 등을 운반하는 역할

2 적혈구

1. 혈액을 통해 산소를 폐로부터 모든 조직으로 운반

2. 지름이 7.8μm(마이크로미터, 1μm=10-6m)인 양쪽이 오목한 형태

3. 남자에서 적혈구가 차지하는 부피는 혈액 부피의 42~54%

4. 여자는 37~47%이고 혈액 1μℓ당 400만~600만 개의 적혈구가 있다.

5. 하나의 적혈구에서 헤모글로빈이 차지하는 무게는 적혈구 무게의 1/3이며 정상의 성인에는 혈액 100μℓ당 14~18g 정도의 헤모글로빈이 있다

3 백혈구

1. 백혈구는 적혈구와 달리 핵이 있으며 운동성도 가지고 있다

2. 인체에는 혈액 1μℓ에 약 4,500~1만 1,000개의 백혈구가 있다.

3. 휴식상태에서 보다 운동을 할 때 그 숫자가 약간 증가하며 격렬한 운동을 할 경우는 1μℓ당 2만 개 정도까지 관찰된다.

4. 대부분의 백혈구는 순환계 밖에 있고 핵을 가지고 있으므로 RNA 및 단백질을 합성할 수 있다.

5. 혈액과 조직에서 이물질을 잡아먹거나 항체를 형성함으로써 감염에 저항하여 신체를 보호하는 역할

1. 혈액응고 형성에 필수적인 응고인자를 제공하거나 매개가 된다.
2. 혈소판은 세로토닌 · 에피네프린 · 히스타민 등 몇몇 화학물질을 저장하거나 운반
3. 바이러스를 포함한 이물질에 대해서 식세포작용 혈소판은 골수에서 생성되고 비장에 저장
4. 물질대사면에서 적혈구보다 활성이 있고 여러 기능을 한다.

5 　혈장

1. 혈액의 대부분을 이루며, 적혈구와 혈소판, 백혈구를 운반한다.
2. 약 90%가 물이며 7%는 단백질, 나머지는 지질 · 염 · 포도당 · 아미노산 · 호르몬
3. 혈장의 물은 세포 안에 있는 물이나 세포 밖에 있는 물과 자유롭게 교환되기도 하며 생명체의 존재에
   필수적인 요소

1 빈혈 (Anemia)

1. 정의

혈액 중의 혈색소(Hemoglobin) 또는 적혈구(RBC)의 양이 정상 이하로 감소된 상태. 혈색소 수치가 남성은 13g/dL, 여성은 12g/dL 이하인 경우 빈혈로 정의한다. 특히, 임산부의 경우 체중과 혈장량의 증가를 감안하여 11g/dL 이하로 정의

2. 빈혈의 종류

1) 철결핍 빈혈 : 가장 흔한 빈혈의 형태로, 혈색소의 주요한 구성 요소인 철분이 부족하여 혈색소 합성이 정상적으로 이루어지지 않아 발생한다.

2) 거대 적혈모구 빈혈 : 비타민 B12나 엽산의 결핍으로 DNA 합성 과정에 오류가 일어나서 발생한다.

3) 용혈 빈혈 : 적혈구의 정상 수명은 평균 120일인데, 이 수명이 다하기도 전에 적혈구가 지나치게 많이 파괴되어 발생한다.

4) 재생불량 빈혈 : 골수 안에서 줄기세포를 만들지 못하여 적혈구 수가 줄어들면서 발생한다. 이때는 적혈구 뿐만 아니라 백혈구와 혈소판 수치도 같이 저하된다. 선천질환에 동반되어 나타나거나, 후천성으로 방사선, 벤젠 등의 화학물질이나 바이러스, 자가면역질환 등에 의해 발생할 수 있다.

5) 만성질환 빈혈 : 만성염증질환, 류마티스질환, 감염, 그리고 악성종양 등과 같은 전신염증질환과 연관되어 나타나는 빈혈을 말한다.

2 백혈병(Leukemia)

1. 정의

1) 백혈병은 신체의 조혈 기관인 골수의 정상 혈액 세포가 어떠한 원인으로 인해 암세포로 전환, 증식하면서 발생하는 혈액암이다.

2) 백혈병 세포는 무한 증식하여 정상적인 백혈구, 적혈구 및 혈소판의 생성을 방해하여 정상 혈액세포의 수치를 감소시킴

2. 증상

1) 백혈병에 걸리면, 정상 혈구의 감소로 인한 빈혈, 출혈, 감염

2) 백혈병의 전신 증상으로는 발열, 쇠약감, 피곤함, 체중 감소

3) 백혈구가 장기를 침범한 경우, 뼈의 통증, 잇몸 비대, 간 비대와 비장 비대

4) 중추신경계를 침범한 경우, 오심, 구토, 경련, 뇌신경 마비

3. 치료 방법

1) 백혈병의 치료는 항암화학요법

2) 조혈모세포 이식수술

3 혈우병 (hemophilia)

1. 정의

선천적으로 혈액 응고 인자가 결핍되어 나타나는 선천성 출혈성 질환이다.

2. 증상

외상, 치아 발치, 외과적 수술 이후에 계속 출혈이 나타나는 것

3. 진단

1) 혈액 응고 검사(Coagulation screening test)

2) 분자 유전학적 검사 F8(factor VIII)

4. 치료

혈우병의 근본적인 치료는 없고 출혈을 예방하는 것이 중요하다.

소화기계통의 질환

제1절 　소화기계

1 소화기계 구조

1. 구강내의 소화작용 (Oral digestion)

　1) 고형음식은 저작운동에 의해 잘게 부서지며

　2) 전분 소화효소인 프티알린(ptyalin) 을 함유한 타액과 혼합

　3) 타액의 소화작용은 프티알린이 위산에 의해 파괴될 때 까지 지속된다.

　4) 혀와 인두의 협동운동에 의해 음식물은 구강에서 식도로 운반

2. 식도 (Esophagus)

　1) 수축하거나 팽창해서 음식물을 이동 시킨다.

　2) 식도의 양쪽 끝은 조임근에 의해 닫혀져 있다.

　3) 음식이 인두로 들어오면 상부식도 조임근이 이완되어 음식물이 식도로 들어가며 곧바로 닫혀서 음식물의 역류를 방지한다.

　4) 식도에 발생하는 이상 증상으로는 궤양 형성과 출혈, 위즙이 식도에 올라와 생기는 가슴앓이, 식도벽에 있는 신경말단 파괴로 음식물을 삼키지 못하거나 음식물을 식도에서 위로 보내지 못하는 이완불능증, 식도가 관련된 결합조직에 이상이 생기는 공피증 등이 있다.

3. 위 (Stomach)

　1) 동물의 소화 기관의 일부로, 위 쪽이 불룩한 주머니 모양으로 생겼다.

　2) 윗부분은 식도와 연결되었고, 아랫부분은 작은창자와 연결되어 있다.

　3) 음식물을 창자로 보내기 전에 일시 저장하며 소화 작용도 한다.

　4) 사람의 위는 배의 윗부분에서 약간 왼쪽으로 비스듬히 놓여 있는데, 보통 어른의 경우는 2리터정도의 크기이다.

4. 소장 (Small Intestine)

1) 위에서 대장사이에 위치하면서 대부분의 음식물이 섭취·흡수되는 장기이다.

2) 사람의 소장은 길이가 약 6.7 ~ 7.6m

3) 얇은 막으로 된 장간막이 소장을 지탱하고 매달려있게 한다.

4) 사람이나 기타 포유동물의 경우에는 소장을 십이지장 · 공장 · 회장 3부분으로 구분한다.

5) 소장을 지배하는 신경은 자율신경으로서, 부교감신경은 근육수축을 일으켜 음식물이 관을 따라 움직이게 하고 교감신경은 소장의 운동을 억제한다.

6) 연동운동은 소화중인 물질을 소장을 따라 움직이게 하는 반면, 휘젓는 운동은 음식물을 기계적으로 부수고, 췌장 · 간 · 소장벽에서 나오는 소화효소와 음식물을 완전히 섞으며, 음식물을 흡수표면에 접촉하게 한다.

7) 사람의 경우 음식물이 소장을 통과하는 데 보통 3 ~ 6시간이 걸린다.

5. 대장 (Large Intestine)

1) 소화기 중에 마지막에 위치하며 1.5미터 길이의 관 모양의 장기이다.

2) 대장은 막창자, 결장, 직장으로 분류되며 소화되지 않은 음식물로부터 수분을 흡수하고 찌꺼기는 보관하여 대변 형태로 몸 밖으로 배출하는 역할을 한다.

6. 췌장 (Pancreas)

1) 내분비기관으로서 에너지 대사의 조절에 중요한 역할을 하는 인슐린을 생산한다.

2) 췌장의 무게는 80g 정도로 복부 위쪽에 위치한다.

3) 성인의 췌장에는 약 8㎎ 정도의 인슐린이 있으며 하루에 1.4 ~ 2mg을 혈관으로 분비한다.

4) 인슐린의 결핍은 당뇨병을 일으킨다.

7. 간 (Liver)

1) 복부 오른쪽 위, 횡격막 아래에 위치한 적갈색을 띈 장기이다.

2) 간은 4개의 엽으로 이루어져 있다.

3) 간동맥과 간문맥으로부터 혈액을 공급받는다.

4) 간은 소화작용, 호르몬 대사, 해독작용, 살균작용 등 다양한 기능을 수행하므로 인체의 중요한 장기 중의 하나이다.

8. 담낭 (Gall bladder)

1) 소화 작용을 하는 담즙을 저장하고 농축하는 일을 한다.

2) 사람에게는 간 아래쪽에 있다.

3) 배 모양으로 생겼고 신축성이 있어 50㎖의 담즙을 저장할 수 있다.

4) 담낭 안쪽 면은 소장의 안쪽 면과 비슷한 점막조직으로 덮여 있다.

5) 담낭의 수축은 부교감신경계의 미주신경과 장 윗부분에서 만들어지는 호르몬인 콜레시스토키닌의 자극으로 일어난다.

6) 담낭이 수축하면 담즙이 담즙관을 통해 십이지장으로 들어가 지방의 소화를 돕는다.

7) 담낭에는 보통 여러 질병이 생기기 쉬운데 특히 담석이라고 하는 딱딱한 침전물이 생기기 쉽다.

1 식도질환

1. 식도 정맥류(Esophageal varices)

1) 정의

식도 정맥류는 식도에 있는 정맥이 혹처럼 부풀어 오르는 질환

2) 원인

가. 간 조직에 혈액을 공급하는 혈관(간동맥과 간문맥)이 막혀 발생한다.

나. 문맥압 항진증으로 식도와 위의 혈관이 커지고 파열되어 출혈이 발생

> 문맥압 항진증 : 간경변증이 심해지면 간 조직 내 혈액이 지나가는 통로가 압박을 받고 간문맥에 대한 저항력이 높아지면서 압력이 높아지는 것

3) 증상

가. 식도 정맥류가 생기더라도 출혈이 없으면 증상이 나타나지 않는다.

나. 출혈이 경미하다면 특별한 자각 증상은 없고 대변이 검은색으로 변한다.

다. 속이 메슥거리고 토하고 싶은 느낌이 나며 구토할 때 검거나 붉은 혈액이 나옴

4) 진단

가. 내시경 검사를 시행

5) 치료

가. 출혈이 계속되면 입을 통해 풍선이 달린 고무관을 삽입하고, 공기를 넣어 부풀린 풍선으로 식도의 출혈 부위를 압박하여 지혈한다.

나. 식도 정맥류를 관찰하고 출혈 부위의 정맥을 고무밴드를 이용해 꽈리 모양으로 묶어 준다.

다. 맥압을 낮추어 활동성 출혈을 멈추기 위한 목적으로 terlipressin, somatostatin, octerotide 등을 투여

라. 정맥 간내 문맥전신 단락술(transjugular intrahepatic portosystemic shunt, TIPS)을 시행한다. 간 내에서 간정맥과 간문맥을 연결하는 통로를 만든 후, 이 통로를 넓히고 스텐트를 삽입하여 단락을 형성하는 치료법이다. 이 치료는 스텐트가 막히거나 간성 혼수가 초래되는 부작용을 초래할 수 있다.

2. 바렛 식도 (Barrett esophagus)

1) 정의

바렛 식도는 식도의 정상적인 편평상피세포(납작한 형태)가 원주상피세포(키가 큰 형태)로 바뀌는 것으로 심한 위식도 역류질환의 합병증이다.

2) 원인

역류된 음식물 및 분비물에 의한 식도 방어 기전의 붕괴와 역류를 유발하는 기능적인 이상이다.

가. 위 내용물이 식도쪽으로 역류하는 이유

① 하부 식도 괄약근압이 감소하는 경우

② 위 내용물의 양이 증가된 경우

③ 위 내용물이 위식도 연결부위에 위치할 경우

④ 위압이 증가된 경우

3) 증상

가. 바렛 식도의 증상은 위식도역류질환의 증상과 크게 차이가 없다.

나. 위식도 역류질환의 전형적인 증상인 흉통과 비슷한 가슴쓰림, 속쓰림과 같은 산의 역류 증상이다.

4) 진단

가. 위내시경을 통해 내시경적 소견

나. 조직검사를 통해 현미경적으로 바렛 식도의 조직학적 변화를 확인

다. 바렛 식도 변화가 초기여서 애매할 경우에는 진단의 정확성이 떨어지기 때문에 확대내시경, 자가형광내시경 등 특수검사를 시행해야 진단될 수 있다.

5) 치료

가. 바렛 식도의 치료 목표는 위식도 역류를 감소시키고 점막병변을 치료하는 것

나. 바렛 식도에서 식도 선암으로의 진행을 예방하는 것이다.

다. 약물로는 프로톤 펌프 억제제(Proton pump inhibitor, PPI)인 위산 분비 억제제 사용

1. 급성위염(Gastritis)

1) 정의

병리학적으로 위 점막에 염증 세포의 침윤이 있는 상태를 말한다.

2) 원인

가. 급성 위염의 원인

- 헬리코박터균의 급성 감염
- 세균 감염, 기생충(생선회 섭취 후 아니사키스 감염 등), 진균 감염
- 심한 스트레스(외상, 화상, 패혈증 등)
- 알코올, 약물(아스피린, 진통 소염제(NSAIDs))
- 강산, 강알칼리 용액

나. 만성 위염의 원인

- 헬리코박터균 감염
- 약물(아스피린, 진통 소염제(NSAIDs))
- 흡연
- 담즙 역류

3) 증상

가. 명치 부위의 갑작스러운 통증, 구역, 구토

나. 만성 위염의 경우 아무런 증상이 없기도 하다.

다. 소화불량증과 같은 상복부 동통, 식후 심와부의 그득함, 복부 팽만감, 조기 팽만감, 구역, 속 쓰림 등이 발생할 수 있다.

4) 진단 및 치료

가. 일반적으로 증상에 따른 경험적 약물요법

나. 위내시경 검사를 시행

5) 합병증

만성위염, 부식성 위염, 화농성위염에 있어서는 위천공, 위출혈

2. 위 궤양

1) 정의

위 내벽이 부분적으로 허는 질환을 말한다.

2) 발생 원인

가. 생활 상의 이유로 위에 가해지는 스트레스로 인한 위 점막 방어 체계의 약화

나. 헬리코박터 파일로리 균에 의한 감염

다. 생활습관이 불규칙

라. 정서적으로 스트레스를 많이 받을 때

마. 알코올이나 카페인이 많이 함유된 음식을 섭취

바. 담배를 자주 피우거나, 부신피질호르몬제, 아스피린, 비스테로이드성 등 소염제류의 약물을 사용

3) 증상

가. 20 – 45세의 성인 남녀에서 많이 생기며 어린이한테는 거의 발생하지 않는다.

나. 상복부나 흉골 아랫쪽에 타는 듯한 느낌, 속쓰림, 가슴앓이 등의 통증

다. 제산제나 자극이 없는 음식을 먹으면 일시적으로 없어질 수 있다.

라. 통증은 보통 30분에서 3시간가량 지속되며 식후 수 시간 이내에 시작될 수 있다.

마. 식욕감소, 체중감소, 빈혈, 구토, 배변 시 피가 섞여 나옴

4) 치료

위산분비 억제제 약물치료, 헬리코박터균에 대한 치료

5) 합병증

위내 출혈, 빈혈, 위천공, 악성 궤양 등이 있다

3. 십이지장 궤양(Duodenal ulcer)

1) 정의

십이지장 궤양은 십이지장 부위에 생긴 궤양을 말한다.

2) 원인

가. 십이지장 궤양의 중요한 원인은 위산의 과다 분비

나. 위궤양과 마찬가지로 십이지장 궤양 환자의 90~95%에서 헬리코박터 파일로리균이 발병

다. 흡연은 십이지장 점막세포의 재생과 점막 아래층 조직의 혈액순환 등에 장애를 유발하여 궤양이 생긴다.

라. 심한 스트레스

3) 증상

   가. 공복 시 명치끝에서 느껴지는 통증

   나. 밤에 자다가 속이 쓰려 일어나는 경우가 많다.

   다. 음식이나 제산제를 먹으면 일단 통증이 가라앉았다가 다시 통증이 시작된다.

   라. 장출혈, 토혈, 흑색 변, 빈혈

4) 진단

   가. 위장 조영술

   나. 위 내시경 검사

   다. 십이지장 궤양의 원인 인자인 헬리코박터균의 존재 유무를 확인하기 위해 조직 검사

5) 치료

   가. 궤양에 대한 약물 치료 위산 분비 억제제, 궤양의 치유를 돕는 점막 보호를 위한 약물을 4~8주간 복용한다.

   나. 헬리코박터균에 대한 치료 두 가지 이상의 항생제와 위산 억제제를 1~2주간 복용한다.

   다. 십이지장 궤양의 합병증에 대한 치료 출혈, 장폐색, 장천공 등의 합병증은 내시경적 치료뿐만 아니라 수술적 치료까지 시행해야 할 수도 있다.

6) 합병증

   가. 출혈, 십이지장 천공, 장폐색,

   나. 궤양 부위의 부종과 염증으로 인해 위장에서 음식이 나가지 못하는 위 출구 폐색이 나타남

	십이지장 궤양	위궤양
발생 횟수	흔함	흔하지 않음
연령	청년기, 중년기 초	중년기 이후
성별	남성이 많음	여성이 많음
위산도	위산 과다증	정상보다 낮음
식사 관련	밥을 먹으면 통증이 없어짐	밥을 먹으면 통증이 더 심해짐

4. 위암(Stomach Cancer)

1) 정의

가. 위에 발생하는 악성 종양

나. 위 선암, 림프종, 위 점막하 종양, 평활 근육종 등이 있다.

다. 위 선암이 98%를 차지

라. 위암의 침윤

위의 점막 → 점막하층 → 근육층 → 장막하층 → 장막층

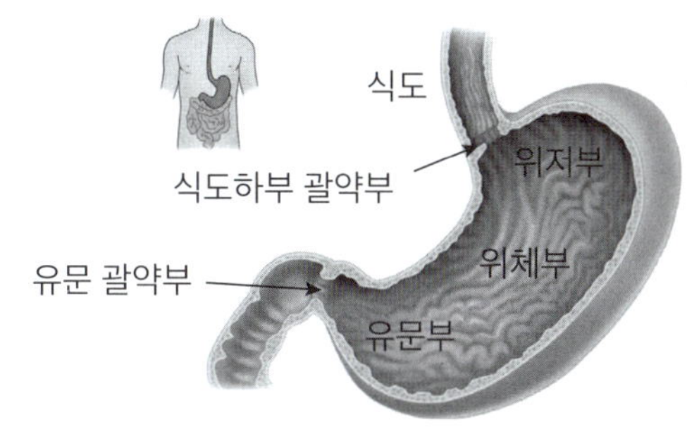

위의 구조

2) 원인

만성 위축성 위염, 장 이형성, 위소장 문합술, 식이 요인, 헬리코박터 파일로리균(Helicobacter pylori) 감염, 유전 요인, 기타 환경적 요인

3) 증상

가. 상복부 불쾌감, 상복부 통증, 소화불량, 팽만감, 식욕 부진 하지만 이러한

나. 위염이나 위궤양의 증세와 유사

다. 구토, 토혈, 하혈, 체중 감소, 빈혈, 복수에 의한 복부 팽만

4) 진단

가. 방사선 검사(위장 조영술)

나. 위 내시경 진단

다. 조직 검사(최종 진단)

5) 치료

가. 1차적인 치료법은 수술로 암 병소를 제거

나. 조기 위암은 내시경 수술을 시행한다.

다. 항암 화학 치료 수술이 불가능한 4기 암 환자에게 항암제를 사용한다.

6) 합병증

가. 위 절제술 후유증 위 절제술 후에는 식사 후 복통, 설사, 식은땀, 현기증 등이 발생

나. 비타민 B12 흡수 결핍에 따른 빈혈과 신경 증상

복수 복강 내 파종에 의해 복수가 발생

> **위 절제 증후군 (=덤핑 증후군)**
> 다량의 위 내용물이 소장으로 급격히 이동하면서 발생하는 증상. 전체적 위 절제술 후 섭취한 음식이 정상적인 소화 과정을 거치지 못하고 급격히 소장으로 유입됨으로써 발생한다. 위 절제술 후 짧게는 6개월, 길게는 1~3년간 이러한 증상이 발생

5. 대장암 (Colon cancer)

1) 정의

가. 대장암과 직장암은 각각 대장과 직장의 점막에서 발생하는 악성 종양을 의미한다.

나. 대장암은 대장 점막이 있는 대장이나 직장의 어느 곳에서나 발생할 수 있지만, S상 결장과 직장에서 가장 자주 생긴다.

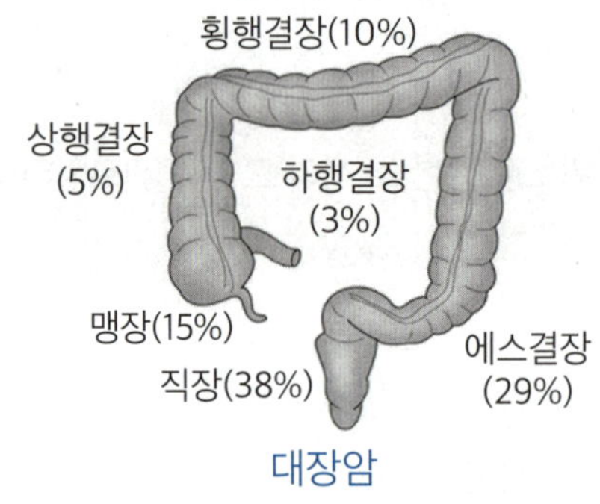

2) 원인

가. 유전성 요인 → 전체 대장암의 약 10~30%를 차지

나. 환경적인 요인

① 과다한 동물성 지방 섭취 및 육류 소비(특히 붉은 고기)

② 비만 환자의 경우 인슐린 저항성이 높아지고 IGF-1이 증가하여 장점막을 자극하므로 대장암 발생의 위험성이 높아진다.

3) 증상

가. 초기 대장암 환자들은 다른 고형암과 마찬가지로 대부분 별다른 자각 증세를 느끼지 못한다.

나. 진행암의 경우 70% 이상의 환자들이 증상을 느낀다.

다. 우측 대장암 : 대장의 단면적이 넓고, 소화물이 머무는 시간이 좌측보다 상대적으로 짧으므로 소화 장애, 혈변(특히 검은색 변), 복통을 느낌

라. 좌측 대장암

    ① 대장이 비교적 가늘고 소화물이 잘 정체되어 배변과 관련된 증상이 빈번하게 나타남

    ② 혈변(핏덩어리 또는 선혈이 섞인 변), 배변 습관의 변화, 잔변감, 변 굵기 감소, 점액 변, 복통 등의 증상

    ③ 체중이 감소할 수 있으며, 직장과 마주하고 있는 방광이 눌리면서 배뇨가 불편해진다.

4) 진단

가. 건강검진 시 분변 잠혈 반응 검사

나. 직장 수지 검사와 에스상결장경검사를 먼저 실시

다. 대장 내시경

5) 치료

가. 암이 점막 내에 국한된 경우에는 내시경을 통해 절제

나. 최근에는 대장암이 점막 하층까지 침범했더라도 내시경을 통해 절제할 수 있다.

다. 잘라낸 면에 잔여 암 조직이 확인되지 않고 림프관이나 혈관에 침범한 증거가 없다면 추가 수술을 하지 않아도 된다.

3 간 질환

1. 간의 기능

1) 소화액인 담즙을 분비한다.
2) 단백질과 탄수화물, 지방을 대사시킨다.
3) 글리코겐과 지용성 비타민 등을 저장한다.
4) 혈액응고 인자를 합성한다.
5) 혈액에서 노폐물과 독성물질을 제거한다.
6) 혈액량을 조절한다.
7) 노쇠한 적혈구를 파괴한다.

2. 간 질환의 종류

1) 간염

가. 정의

간세표 조직에 염증이 생긴 것을 말한다.

나. 원인

① 바이러스, 약물, 알코올, 화학 약물, 독초 등으로 인하여 발병한다.

② 바이러스성 간염은 원인 병원체에 따라 A형, B형, C형, D형, E형, G형으로 구분 됨

③ 자가면역성 간염이나 윌슨병 등도 간염의 원인이 될 수 있다.

다. 종류

가) A형 간염

ㄱ. 잠복기는 2~6주이다.

ㄴ. 주로 분변 경구감염이며 굴 같은 생선 어패류와 관련 있다.

ㄷ. 대부분 만성화하지 않고 발병 후 2개월 정도 지나면 간 기능이 정상으로 돌아온다.

나) B형 간염

ㄱ. 혈액이나 정액 등이 감염원이다.

ㄴ. 성행위에 의한 감염이 주를 이루기 때문에 허니문 간염이라고도 한다.

ㄷ. 잠복 기간은 1 ~ 6개월이고 황달이나 식욕부진 등의 증상이 나타난다.

ㄹ. A형 간염에 비해 발열이 많지 않다.

ㅁ. 대개는 발병 후 2 ~ 3개월이 지나면 간 기능이 좋아지지만 5% 정도는 만성화된다.

다) C형 간염

ㄱ. 잠복 기간은 2 ~ 16주이다.

ㄴ. 간 기능 장애의 정도는 A형, B형보다 가볍지만 만성간염이 될 확률이 높다.

ㄷ. 만성 간염은 시간을 두고 간경변, 간암으로 진행된다.

	A형 감염	B형 감염	C형 감염
감염 경로	경구	혈액	혈액
잠복기	2~6주	1~6개월	2~16주
모자 감염	없다.	있다.	있다.
만성화	거의 없다.	있다.	많다.

라. 증상

가) 지속 기간에 따라서 급성(6개월 이내)과 만성(6개월 이상)으로 구분 됨

나) 급성 간염

ㄱ. 식욕 부진, 오심, 구토 등의 비 특이적인 소화기 증상

ㄴ. 우상 복부 불편감을 느끼면 심한 무력감이 동반

ㄷ. 미열이나 두통, 근육통, 관절통

ㄹ. 눈의 흰자위가 보이고 피부가 노랗게 되고 소변 색이 진해지는 등 황달기가 있다.

ㅁ. 심하면 피부에 가려움증이 생긴다.

ㅂ. 급성 간부전으로 진행되면 복수가 차고 간성 뇌증이 동반되기도 한다.

다) 만성 간염

ㄱ. 만성 간염 환자는 완전히 회복 않는다.

ㄴ. 간내 염증이 계속 지속된다.

ㄷ. 무증상이 대부분이지만 피로감이나 무력감이 쉽게 동반될 수 있다.

마. 진단

가) 가족력, 음주력, 약물 복용력, 음주력, 여행력, 침습적 시술, 생활 방식 등을 자세히 청취하여 간염의 위험 인자를 조사

나) 혈액 검사를 통해 바이러스 상태와 간 기능을 검사

다) 상태와 복부 장기의 상태를 보기 위해 초음파 검사를 시행

라) 간 조직 검사를 시행

바. 치료

가) 급성 간염 환자들은 대부분 특별한 치료 없이 충분한 휴식과 영양 섭취만으로도 회복 가능

나) B형, C형 간염 바이러스로 인한 급성 간염 환자들은 간혹 급성 간부전으로 위험해지거나 만성 간염으로 진행할 수 있으므로 항바이러스 치료가 필요하다.

사. 합병증

가) 급성 바이러스 간염 환자는 90% 회복됨

나) 복수 : 배에 물이 차는 현상

다) 식도 정맥류

라) 간성혼수 : 간경변증으로 인해 간기능이 저하되면 암모니아가 제대로 처리 되지 못해 신경계에 나쁜결과 가져와 혼수 상태가 될 수 있다.

2) 간암 (Hepatocellular Carcinoma, HCC)

　가. 정의

　　원발성 간암과 전이성 간암이 있는데, 간암은 일반적으로 원발성 간암을 말한다. 간암의 가장 중요한 위험요인은 B형간염 바이러스와 간경변이다.

　나. 원인

　　가) B형간염 바이러스(HBV)와 최근 C형간염 바이러스(HCV)

　　나) B형간염 항원의 만성보유자는 그렇지 않은 사람에 비해 간암 발생위험이 94 ~ 200배 가량 높다.

　　다) 아플라톡신(곰팡이에서 생기는 독소)

　　라) 장기간의 피임약 복용

　　마) 단백동화 스테로이드

　　바) 혈중 α-1 항트립신결핍증

　　사) 티로신혈증(tyrosinemia)

　다. 증상

　　가) 쉽게 피곤하다든지 허약감이 들고 구역질이나 식욕감퇴

　　나) 헛배가 부르고 방귀가 자주 나오는 것과 같은 소화불량 증상

　　다) 소변이 진해지며 황달이 나타남

　　라) 잇몸 출혈이 생기거나 코피가 쉽게 나고 성욕이 감퇴된다.

　　마) 여성인 경우에는 월경이 없어지기도 한다.

　　바) 얼굴이 흑갈색으로 거칠어지거나 눈 흰자위에 황달이 나타난다.

　　사) 뺨의 모세혈관이 확장되어 보일 수도 있다.

　　아) 목이나 가슴에는 거미줄 모양의 혈관종(血管腫)이 생긴다.

　　자) 겨드랑이털이 빠지거나 남자의 젖이 여성처럼 부풀어오르기도 하며 고환이 위축되기도 한다.

　라. 진단

　　가) 위에 언급한 증상과 더불어 진찰소견

　　나) 암덩어리가 있어서 복부의 오른쪽 간 부위에 통증이 나타난다.

　　다) 촉진(觸診)해 보면 간경변의 소견과 함께 간 표면에 돌덩이같이 울퉁불퉁하고 딱딱한 암괴가 만져지게 된다.

　마. 치료

　　가) 혈청학적 검사로 α-페토프로테인(α-fetoprotein)을 측정

　　나) 초음파검사 및 전산화단층촬영

　　다) 혈관조영술이나 복강경을 이용한 간조직검사를 시행

　　라) 동위원소를 정맥 내에 주사하면 간암이 있는 부위에는 동위원소에 의한 음영이 나타나지 않는 간주사 검사도 있다.

4 담낭질환

1. 담낭

1) 소화 작용을 하는 담즙을 저장하고 농축하는 일을 한다.

2) 사람에게는 간 아래쪽에 있다.

3) 배 모양으로 생겼고 신축성이 있어 50㎖의 담즙을 저장할 수 있다.

4) 담낭의 수축은 부교감신경계의 미주신경과 장 윗부분에서 만들어지는 호르몬인 콜레시스토키닌의 자극으로 일어난다.

5) 담낭이 수축하면 담즙이 담즙관을 통해 십이지장으로 들어가 지방의 소화를 돕는다.

2. 만성 담낭염(Chronic cholecystitis)

1) 정의

만성 담낭염은 담낭의 만성적인 염증 질환을 말한다.

2) 원인

가. 담석이 담낭을 지속적으로 자극하여 급성 또는 아급성의 담낭염이 반복됨으로써 발생한다.

나. 담석으로 인해 담낭 내벽의 점막이 손상

다. 반복적인 염증 때문에 림프구의 침윤과 섬유화가 진행

라. 담낭벽이 두꺼워지고 석회질의 침착이 생기기도 함

3) 증상

가. 만성 담낭염 환자들은 대부분 아무런 증상을 느끼지 못한다.

나. 갑자기 오른쪽 윗배에 통증이 나타남

다. 과식하거나 지방이 많은 음식을 섭취하면 소화를 잘 못 시킨다.

라. 윗배의 불쾌감과 팽만감이 생기기도 한다.

4) 진단

가. 복부 초음파를 통해 담낭 내의 담석과 담낭벽이 섬유화를 진단

나. 복부 CT나 MRI도 시행

5) 치료

가. 비만인 환자의 경우 체중을 감량

나. 과식을 피하며 기름진 음식을 피한다.

다. 증상이 있다면 담낭절제술을 시행

3. 담석(GB stone)

1) 정의

가. 담즙은 담관과 담낭을 통해 십이지장으로 분비

나. 지방 음식 소화, 콜레스테롤 대사, 독성 물질 배출 등의 생리적 기능을 함

다. 담즙의 성분은 콜레스테롤, 지방산, 담즙산염 3가지로 이루어져 있다.

라. 성분 비율에 변화가 생기면 찌꺼기가 생기고, 이 찌꺼기가 뭉쳐져서 돌처럼 단단하게 응고되는데 이를
담석이라고 한다.

2) 원인

가. 담즙에 콜레스테롤이 과다하게 포함되어 점차 결정화된다.

나. 담낭이 잘 수축하지 않게 됨으로써 조그만 결절이 담관을 통해 장으로 빠져나가지 못해서 생긴다.

다. 갈색 담석 간디스토마(간흡충) 등의 기생충이나 담관의 세균 감염이 있는 사람에게 많이 생긴다.

3) 증상

가. 담석의 60 ~ 80%는 증상이 없다.

나. 명치와 오른쪽 위쪽 배에 발생하는 지속적이고 심한 통증 또는 중압감이며, 우측 견갑 하부(날개뼈
아래)나 어깨 쪽으로 통증이 퍼져 나갈 수 있는 담관 산통이 있다.

다. 오심과 구토가 흔히 동반

4) 진단

가. 담석 진단을 위한 일차적 검사는 복부 초음파 검사

나. 내시경적 초음파 검사는 복부 초음파에서 확인되지 않는 미세한 담석이 의심되거나 동반된 담관 담석을
진단할 때 도움이 된다.

다. 복부 전산화 단층촬영(CT)을 시행

5) 치료

가. 증상이 나타날 때 치료를 하는 것이 원칙

나. 수술치료 수술 치료에는 개복 담낭 절제술과 복강경 담낭 절제술이 있다.

다. 내과적 치료 내과적인 치료 방법에는 경구 용해 요법과 약물 치료 방법이 있다.

4. 담낭암(GB cancer)

1) 정의

가. 담낭암은 담낭(쓸개)에서 생기는 암

나. 담낭세포에서 발생하는 선암종이 거의 대부분을 차지

다. 보통 담낭암이라고 하면 담낭 선암종을 말함

2) 원인

담낭암의 주요 원인은 담석과 용종

3) 증상

가. 초기 담낭암은 보통 증상이 없거나 담석이 있을 때와 비슷한 비특이적인 증상을 호소하는 경우가 많다.

나. 상복부와 우측 늑골 아래에 느껴지는 둔탁한 통증

다. 반복적이고 심한 통증이나 오른쪽 등으로 퍼지는 통증

라. 쇠약감과 체중 감소

마. 담낭암의 30~60%에서 황달이 나타남

바. 간혹 십이지장이나 대장의 폐색이 동반될 수 있다.

4) 진단

가. 초음파 검사나 전산화 단층촬영(CT)

나. 간내 담관이나 총담관의 침범을 알아보기 위해 내시경적 역행성 췌담관 조영술(ERCP)을 실시

다. 가장 흔히 쓰이는 종양 표지자는 CA19-9이지만, 췌장암을 포함한 소화기계의 암에서 이 표지가 모두 상승될 수 있다.

5) 치료

담낭암의 완치를 위해서는 수술이 제일 좋다.

6) 합병증

가. 담낭암의 경우 전체적인 5년 생존율은 5% 정도로 다른 암에 비하여 예후가 좋지않다.

나. 조기 담낭암의 경우에는 절제술 후 5년 장기 생존율이 90~100%이다.

5 췌장

1. 췌장의 정의

1) 내분비기관으로서의 췌장은 에너지 대사의 조절에 중요한 역할을 하는 인슐린을 생산한다.

2) 생산 호르몬

　가. 인슐린 : 포도당의 농도(혈당량) 조절

　나. 글루카곤 : 공복시에는 혈중농도가 높으며, 음식물로 섭취된 포도당은 글루카곤 분비의 강력한 억제제로 작용

　다. 소마토스타틴 : 위장의 운동성, 혈액순환, 위산의 분비, 트리글리세리드의 흡수 등을 억제하는 역할

　라. 췌장성폴리펩티드 : 음식물 섭취 후 이 호르몬의 혈중농도는 올라가며, 혈중지방산의 농도가 증가하면 분비가 억제된다.

2. 관련 질환

1) 급성 췌장염 (Acute Pancreatitis)

　가. 정의

　　급성 췌장염은 담석, 음주, 약물, 종양, 손상 등의 원인에 의해 췌장이 자가 소화되는 급성 염증성 질환을 의미한다.

　나. 원인

　　가) 급성 췌장염의 가장 흔한 원인은 담석과 음주

　　나) 고중성지방혈증이나 고칼슘혈증, 약물, 췌장 기형, 복부 손상, 감염, 유전

　다. 증상

　　가) 반듯하게 누워 있을 때 복부 통증이 심해져서 허리를 앞으로 굽히고 무릎을 끌어당긴 자세를 취하게 된다.

　　나) 왼쪽 배 또는 오른쪽 어깨로 뻗어 나가는 통증이 생긴다.

　　다) 복부 통증은 보통 음식 섭취로 인해 악화된다.

　　라) 담석이 원인인 경우 황달이 나타난다.

　　마) 기름진 음식이 잘 소화되지 않아 회색 변을 본다.

　라. 진단

　　가) 혈액검사상 아밀라아제(정상 : 110U/L이하)와 리파아제(정상 : 13~60U/L)수치가 3배 이상 상승한다.

　　나) 전산화 단층촬영(CT)

　　다) 자기공명영상(MRI)을 시행

　　라) 췌장의 부종, 낭종, 담석을 확인하기 위해 초음파를 시행

마. 치료

　가) 주로 보존적 치료와 합병증 치료

　나) 금식과 적절한 수액 공급

　다) 중증이면 금식 기간이 상대적으로 길고, 합병증이 발생할 가능성이 큰 만큼 이에 대한 적절한 항생제 치료, 수술적치료 등을 동반해야 한다.

바. 합병증

　급성 췌장염의 80%는 합병증 없이 회복되나 20%는 중증 췌장염으로 진행

2) 만성 췌장염 (Chronic Pancreatitis)

가. 정의

　가) 만성적인 췌장의 염증으로 인해 췌장의 외분비 및 내분비 기능이 저하

　나) 섬유화가 진행

　다) 췌관의 불규칙적인 확장이 일어나는 질환을 말한다.

나. 원인

　가) 만성 췌장염의 원인은 대부분 음주이다.

　나) 최근 만성 췌장염의 25% 정도는 흡연이 원인

다. 증상

　가) 특별한 증상 없이 우연히 발견되는 경우가 많다.

　나) 심한 상복부 통증 요통, 복부 통증 및 압통

　다) 인슐린이 부족해지면서 당뇨병이 발생한다.

라. 진단

　가) 혈액 검사에서 아밀라아제(amylase)와 리파아제(lipase) 수치의 증가는 일부 만성 췌장염이 급성으로 악화하는 경우에만 나타난다.

　나) 단순 복부 X-ray

　다) 복부 CT와 MRI

　라) 내시경 역행성 췌담관조영술(ERCP)

마. 치료

　가) 목표는 통증과 흡수 부전을 위해 약물 치료

　나) 음주가 원인인 환자에게는 금주

　다) 내시경적 역행성 담췌관 조영술로 췌관 협착이 있는 부위를 풍선으로 넓혀 주거나, 췌석을 제거하고 배액관을 삽입한다.

　라) 수술 치료로 췌관배액술과 췌절제술 시행

바. 합병증

만성 췌장염은 췌장암으로 발전한다.

3) 췌장암 (pancreatic cancer)

가. 정의

가) 췌장에 발생하는 종양은 인슐린 등 호르몬을 분비하는 내분비 세포에서 발생하는 종양(5~10%)

나) 소화 효소의 분비와 관련된 외분비 세포에서 기원하는 종양(90% 이상)

다) 외분비 세포 기원의 선암종을 췌장암이라 한다.

나. 원인

가) 췌장암은 50세 이상의 고령 남성에서 주로 발생

나) 흡연(30%), 고열량 식이(20%). 만성 췌장염(4%), 유전적 요소(10%)

다. 증상

가) 복통

나) 황달, 식욕 감소, 체중 감소

다) 당뇨병 악화

라. 진단

복부 전산화단층촬영(CT) 또는 자기공명영상술(MRI)

마. 치료

가) 원칙적으로 전이 췌장암은 항암제 투여

나) 국소진행 췌장암은 항암제 또는 항암 및 방사선 치료

다) 절제 가능 췌장암은 수술을 시행

호흡기계통의 질환

제1절 호흡기계

1 구조

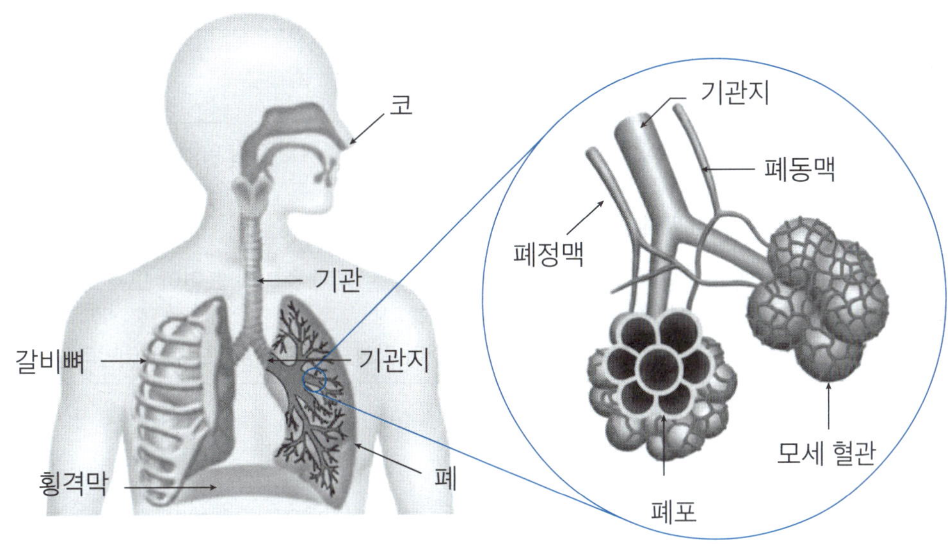

1. 정의

공기를 밖으로부터 폐로 끌어들여 폐에서 가스 교환을 하고, 또다시 폐 밖으로 공기를 내뱉을 때 직접 관계하는 기관을 말한다.

2. 공기의 이동

코 → 기관 → 기관지 → 폐 → 폐포

코	• 공기의 온도와 습도를 조절한다. • 들이 마신 공기의 이물질을 제거한다.
기관	안쪽 벽에 있는 점액과 섬모에 의해 미세 먼지나 세균을 제거한다.
기관지	• 기관에서 나눠져 좌우 폐 속으로 들어간다. • 더 작은 가지로 나눠져 폐포와 연결된다.
폐	• 좌우 한 개씩 위치해 있으며, 갈비뼈와 횡격막으로 둘러 싸인 흉강 속에 있다. • 많은 폐포로 이루워 졌다. • 폐는 근육이 없기 때문에 스스로 운동하지 못한다.
폐포	• 기관지 끝에 포도송이 모양처럼 촘촘히 달려있는 공기 주머니 표면이 모세 혈관으로 둘러싸여 폐포와 모세혈관 사이에 기체 교환이 일어난다. • 많은 폐포는 공기와 접촉하는 면적을 넓혀 주어 기체 교환이 효율적으로 일어난다.

3 진단 및 검사 방법

1. 단순방사선 검사 (X-Ray)

2. 심전도 (EKG)

3. 흉부 CT 및 MRI

4. 폐기능검사 (PFT)

5. 기관지경검사(Bronchoscopy)

1 만성폐쇄성 폐질환 (COPD)

1. 정의

1) 유해한 입자(담배가 대표적)나 가스의 흡입에 의해 발생하는 폐의 비정상적인 염증반응

2) 완전히 가역적이지 않으며 점차 진행하는 기류제한을 특징

2. 증상

1) 대개 장기간 독성 가스나 입자에 노출되어 발생

2) 기관지와 폐포 구조의 영구적인 변화를 초래

3) 약물치료로 호전되지 않으며 영구적인 폐기능의 저하를 유발

4) 만성 호흡곤란, 만성기침, 만성 가래

3. 위험원인

1) 유전자, 기도과민성, 폐성장

2) 흡연, 실내외 대기오염, 호흡기 감염

4. 진단

1) 폐기능 검사(FEV1)

> **FEV1**
>
> '1초간 노력성 호기량'으로 숨을 최대로 들이쉰 다음, 자기의 노력을 다해 내쉴 때 처음 1초간 내쉰 양을 말한다. 얼마나 빨리 숨을 쉴 수 있는지 확인하는 지표이다. COPD의 경우 FEV1이 정상 예측치의 80% 미만, FEV1/FVC가 정상 예측치의 70% 미만 인 상태가 수개월동안 지속되는 경우 진단할 수 있다.
> - FEV1 (1초간 노력성 호기량)
>   → 최대한 숨을 들이쉰 뒤, 1초 동안 강하게 내쉰 공기의 양
> - FVC (강제 폐활량)
>   → 가능한 한 끝까지 내쉴 수 있는 총 공기량
> - FEV1/FVC (%) = (1초간 날숨량 ÷ 전체 날숨량) × 100

폐기능 검사 결과에 따른 COPD 분류	
단계	특징
0기 (위험시기)	• 폐기능 정상 • 만성적인 기침과 가래증상이 있다.
1기 (경증COPD)	• FEV1/ FVC < 70%이고, FEV1 ≥ 80% • 만성적인 기침과 가래가 있거나 없다.
2기 (중등증COPD)	• FEV1/ FVC < 70%이고, 50% ≤ FEV1 < 80% • 만성적인 기침과 가래가 있거나 없다.
3기 (중증COPD)	• FEV1 / FVC < 70%이고, 30% ≤ FEV1 < 50% • 만성적인 기침과 가래가 있거나 없다.
4기 (고도 중증COPD)	• FEV1 / FVC < 70%이고, FEV1 ≤ 30% • FEV1 < 50% 이면서, 호흡부전이나 우심부전의 징후가 있을 때 만성적인 기침과 가래가 있거나 없다.

2) 기관지 확장제 투여 후 가역반응 검사

3) 흉부 X선

5. 치료

1) 흡연

2) 약물치료 : 기관지확장제, 부신피질호르몬제, 인플루엔자 예방접종

2 기관지 천식

1. 정의

천식은 알레르기 염증에 의해 기관지가 반복적으로 좁아지는 만성 호흡기 질환이다.

2. 원인

1) 꽃가루

2) 곰팡이, 집 먼지 진드기

3) 애완견의 털

4) 담배 연기

5) 음식 조리 시 발생하는 냄새, 향수, 각종 스프레이, 방향제, 난방 기구의 냄새

3. 증상

1) 천명 : 숨을 들이쉬고 내쉴 때 나는 휘파람과 비슷한 소리(색색거리는 소리)

2) 기침 : 발작적이고 밤에 더 심하다.

3) 흉부 압박 : 가슴을 조이는 듯한 답답한 느낌

4) 호흡 곤란 : 마치 빨대를 입에 물고 숨을 쉬는 것처럼 숨이 차다.

5) 가래 : 끈끈하고 덩어리가 진 가래

4. 진단

1) 폐 기능 검사 폐활량과 호기 속도를 측정하여 기관지가 좁아진 정도를 확인한다.

2) 기관지 유발 시험 기도 과민증의 정도를 검사하여 천식을 진단한다.

3) 호흡기 검사

5. 치료

1) 환경 관리 원인이 되는 대기 알레르겐과 비특이적 자극원을 차단한다.

2) 약물 치료 (세레타이드, 심비코트, 풀미코트, 후릭소타이드)

3 폐농양 (Lung Abscess)

1. 정의

1) 폐 농양이란 폐에 염증이 생겨 주변 조직이 감염된 상태

2) 폐조직 세포가 죽어 폐 안에 구멍이 뚫리고 거기에 주머니 형태로 고름이 차 있는 상태

2. 원인

1) 폐 농양은 폐렴의 합병증으로 생기는 경우가 많다.

2) 의식이 없는 사람이 호흡할 때 감염된 물질을 흡입하여 생기기도 한다.

3) 구강 위생이 좋지 않은 경우도 폐 농양의 위험 요인이다.

4) 균혈증에 의한 폐 농양은 보통 피부 열상, 연부 조직 감염, 주사제 약물 사용 등을 통해 혈액 내로 침입한
   황색 포도상구균에 의해 발생한다.

3. 증상

1) 폐 농양의 주요 증상은 발열, 체중 감소, 기침, 화농성 가래

2) 가래는 보통 양이 많고 노랗거나 탁한 색을 보인다.

4. 진단

1) 임상 증상과 흉부 X-ray

2) 흉부 CT 촬영

3) 폐 농양을 일으킨 원인균을 찾기 위해서는 객담 배양 검사를 시행

4) 기관지 내시경을 시행

5. 치료

1) 폐 농양의 치료 방법으로는 항생제 투여

2) 초기에는 정맥 주사로 투여

3) 증상이 호전되면 경구 약제로 변경한다.

4) 호전이 없거나 치료가 어려운 경우에는 경피적 배농 혹은 수술적 절제를 시행할 수도 있다.

4 폐렴 (Pneumonia)

1. 정의

폐렴은 세균이나 바이러스에 의해 세기관지 이하 폐조직에 염증이 발생하는 감염성 질환이다. 흉부 X-ray 사진에서 폐렴을 의심할 수 있는 소견이 확인된다.

2. 원인

1) 폐렴의 원인으로는 세균, 바이러스, 곰팡이

2) 드물게는 화학 물질이나 구토물 같은 물질을 흡입

3. 증상

1) 폐렴이 생기면 기침, 가래, 호흡 곤란과 같은 증상이 나타남

2) 가래 색깔이 노랗거나 탁하게 변하는 경우가 많다.

3) 발열, 오한이 동반

4) 피로감, 두통, 설사와 같은 비특이적인 증상이 발생하는 경우도 있다.

4. 진단

1) 폐렴은 증상과 징후 및 배양 검사의 결과를 통해 진단

2) 균 배양이 되면 정확하게 진단이 되지만, 균 배양은 폐렴의 50% 정도에서만 이루어진다.

3) 정확한 진단을 위해 흉부 방사선 검사를 시행

4) 객담 검사, 혈액 검사, 혈청 검사, 흉막액 배양 검사 시행

5. 치료

1) 폐렴의 치료에서는 주사

2) 경구 항생제를 투여

5 흉막염(늑막염 Pleurisy)

1. 정의

늑막염은 늑막에 염증이 생겨 발생하는 질환을 의미한다.

2. 원인

1) 독감 같은 바이러스성 질환에 의해 유발된다.

2) 폐렴이나 혈전, 폐색전증으로 인해 발생한다.

3) 결핵균에 감염

4) 자가면역 질환 : 악성 종양, 류마티스성 관절염, 전신성 홍반성 낭창(루푸스)

3. 증상

1) 숨 쉴 때 날카롭거나 둔한 흉통을 느낀다.

2) 흉막액이 많이 차면 숨쉬기가 힘들다.

3) 기침과 가래

4) 발열, 오한, 권태감

4. 진단

1) 늑막염에 걸리면 청진 시 호흡음이 감소한다.

2) 가슴을 두드려 보았을 때 둔탁한 느낌이 든다.

3) 흉부 X-ray 검사상 흉막액이 관찰된다.

4) 흉수 천자, 늑막 생검

5) 흉강내시경

5. 치료

1) 비스테로이드 소염제를 투약

2) 항응고제를 복용

3) 흉막 박피술을 시행

1. 정의

폐에 비정상적인 암세포가 무절제하게 증식하여 종괴(덩어리)를 형성하고 인체에 해를 미치는 것

2. 원인

1) 흡연은 폐암의 가장 큰 발병 요인이다.
2) 흡연자는 비흡연자에 비해 폐암에 걸릴 위험이 15~80배까지 증가
3) 대기 오염 등의 환경 요인
4) 석면이나 크롬 등의 물질에 노출
5) 유전적 요인, 호흡기 질환의 과거력

3. 증상

1) 폐암은 특이 증상이 없는 경우가 많다.
2) 일반적으로 감기 증상, 기침, 피 섞인 가래 혹은 객혈, 호흡 곤란, 흉부 통증, 목이 쉰 소리

4. 진단

1) 단순 흉부 방사선 검사
2) 컴퓨터 단층촬영(CT)과 자기공명촬영(MRI)
3) 객담 세포진 검사와 조직 검사에서 암세포가 확인되어야 확진된다.
4) 조직 검사 : 기관지 내시경이나 세침흡입 검사

5. 치료

1) 소세포암의 경우 항암제 치료
2) 수술적 치료

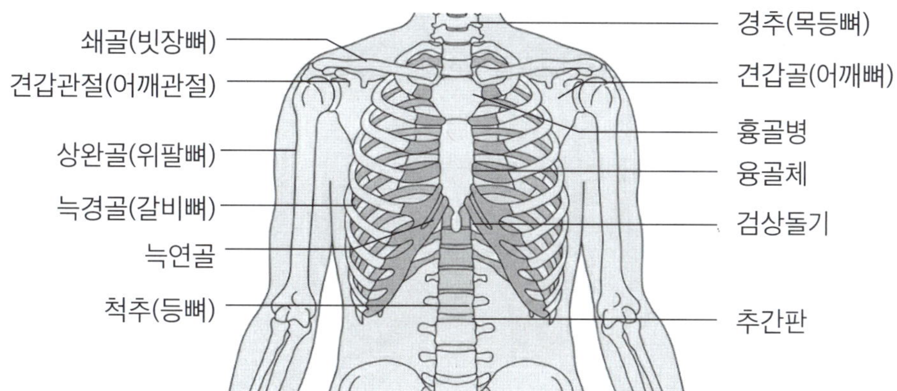

1 늑골골절 (Rib Fracture)

1. 발생원인

1) 외력에 의한 경우가 많다.

2) 교통사고, 추락, 구타 등

3) 골다공증이 있는 고령자의 경우에는 약간의 힘(경미한 넘어짐 등)만 가해도 골절이 발생

2. 증상

1) 흉통, 호흡곤란 (폐손상이 동반된 경우), 무기폐 또는 폐렴, 골절부위에의 연발음 또는 피하기종

2) 호흡이 더 어려워지고 힘들다.

3) 폐 타박상 : 손상된 부위 폐에도 타박상을 입힌다.

3. 진단

1) 흉곽 골절은 특히 숨을 깊게 쉴 때 심한 통증이 있다.

2) 흉부 X-RAY 촬영

횡격막 파열 (diaphragmatic rupture)

1. 횡격막 정의

1) 횡격막은 가슴과 배를 나누는 가로무늬근육을 말한다.

2) 위로는 가슴, 아래로는 배와 구분

3) 수축과 이완을 통해 호흡운동을 돕는다.

2. 증상

호흡곤란, 동통

3. 진단

1) 흉부 X- ray 촬영

2) 초음파 검사

비뇨기계통의 질환

제1절 비뇨기 계통

1 신장 (Kidney)

1. 정의

1) 횡격막의 아래쪽, 배의 뒤에 위치

2) 우리 몸의 노폐물을 제거

3) 체내 수분과 염분의 양, 전해질 및 산-염기 균형을 조절

2. 구조 및 위치

1) 복부의 뒤쪽, 척추의 양 옆에 자리

2) 오른쪽 신장은 간 바로 아래

3) 왼쪽은 가로막 아래, 비장 근처에 위치

4) 오른쪽 신장이 왼쪽 신장보다 아래에 위치

3. 기능

1) 대사 산물의 노폐물을 제거

2) 체내의 수분과 염분의 양을 조절

3) 혈액과 체액의 전해질 및 산염기 균형을 유지

4) 인체의 체액양 조절과 레닌 호르몬을 통해 혈압 조절

5) 비타민 D를 활성화시켜서 인체의 칼슘 섭취와 그 작용에 영향

6) 적혈구형성을 자극하는 호르몬을 분비하여 조혈작용

1. 사구체 신염

1) 정의

가. 사구체는 신장에서 혈액을 여과하는 기본 단위인 모세혈관 덩어리로 이루어진 조직이다.

나. 신장 한쪽에 100만개씩, 모두 200만개

다. 면역 기능 이상에 의해 사구체에 염증 반응이 일어났을 때 그에 따른 증상과 징후가 발생하는 질환을 통칭

2) 원인

가. 면역학적 기전에 의해 발생

나. 대사 장애, 혈류역학적 손상, 독성 물질, 감염 및 유전 등이 사구체신염의 원인이 있다.

3) 증상

단백뇨와 부종

4) 치료

가. 사구체신염을 치료하는 기본 방법은 면역억제제 투여

나. 스테로이드 제제와 면역억제제를 사용

다. 안지오텐신 수용체 차단제 (단백뇨를 줄이고 신기능 저하 속도를 낮추는 데 효과적)

5) 합병증

만성 신부전

2. 급성신부전(Acute Renal Failure, ARF)

1) 정의

가. 급성 신부전이란 신장 기능이 갑자기 떨어진 상태를 의미

나. 신장 기능이 떨어지면 몸 안의 노폐물 배출에 문제가 생겨 요독이 쌓이고 수분과 전해질의 균형이 깨짐

2) 원인

가. 신전성은 신장으로 공급되는 혈액량이 감소하여 발생

나. 신성은 신장 자체에 사구체 질환, 세뇨관 질환, 간질 질환, 신혈관 질환 등이 생겨 발생할 수 있다.

다. 신후성은 소변이 배출되는 길에 문제가 생겨 발생(요로 결석이나 종양 등으로 인해 요로가 막히면 발생)

3) 증상

　가. 급성 신부전의 주요 증상은 소변량 감소(핍뇨)

　나. 오심 및 구토, 부종, 고혈압, 울혈성 심부전, 폐부종, 고칼륨혈증, 산혈증, 경련

4) 진단

　가. 혈액 검사상 요독 수치(주로 크레아티닌)가 갑자기 상승

　나. 다른 혈액 검사, 소변 검사, 초음파 검사를 통해 원인을 진단

　다. 신장 조직 검사

5) 치료

　가. 수분 제한, 전해질 균형, 산-염기 균형, 충분한 칼로리 공급, 합병증 예방 및 치료 등의 방법을 사용

　나. 응급 시에는 혈액 투석을 시행

3. 만성 신부전 (Chronic Renal Failure, CRF)

1) 정의

　가. 신장이 만성적인 기능 부전에 이른 상태

　나. 신장이 제 기능을 못하여 다양한 전신적인 문제를 발생시키는 상태

2) 신장의 기능상태의 검사지표

　가. 혈중 요소질소 농도(BUN : Blood Urea Nitrogen)

　나. 혈중 크레아티닌 농도(Cr : Creatinine)

　다. 사구체 여과율(GFR : Glomerular Filtration Rate)

3) 만성신부전증의 단계(5단계)

　가. 만성 콩팥병 1단계

　　정상 혹은 증가한 사구체 여과율(90mL/분 초과)

　나. 만성 콩팥병 2단계

　　약간 감소한 사구체 여과율(60~89mL/분)

　다. 만성 콩팥병 3단계

　　중등도의 사구체 여과율 감소(30~59mL/분)

　라. 만성 콩팥병 4단계

　　심한 사구체 여과율 감소(15~29mL/분)

마. 만성 콩팥병 5단계(=말기 신부전)

확립된 신부전(사구체 여과율 15mL/분 미만 또는 영구적인 신대체요법이 필요한 상태)

4) 원인 및 위험요소

가. 당뇨병성 신증, 고혈압, 사구체신염

나. 질병이 발생한 병변 따른 분류

a. 혈관성

신장의 혈관이상 또는 혈액공급의 차질로 인해 신장이 손상된 것으로, 다음과 같은 경우들이 원인으로 작용한다.

가) 전신적인 혈액순환 장애에 의해 신장에 혈액공급이 저하되는 경우

저혈압, 쇼크상태, 심한 탈수증 등

나) 신동맥과 신정맥처럼 큰 혈관이 좁아지거나 막힐 경우

양측성 신장동맥협착증 등

다) 신장 내부의 가는 혈관이 좁아지거나 막힌 경우

요독증후군, 혈관염 등

b. 사구체성

사구체를 형성하는 미세한 혈관이나 보먼주머니 등 소변을 걸러 내는 미세조직이 어떤 원인에 의해 파괴되면서 신장 기능이 나빠지는 것

가) 원발성 사구체 질환

사구체 자체의 병적인 변화에 의해 사구체가 파괴된다. 초점성 분절성 사구체경화증, IgA 신염 등이 원인으로 작용한다.

나) 이차성 사구체 질환

전신성 원인에 의해 사구체가 파괴된다. 당뇨병성 신증, 루푸스 신염 등

c. 요세뇨관간질성

세뇨관이나 간질조직이 파괴되어 신장 기능이 나빠지는 것이다. 다낭성신질환, 약물 또는 독소에 의한 만성 요세뇨관간질성 신염, 역류성 신증 등이 원인으로 작용한다.

d. 폐쇄성

소변의 배출 경로가 어떤 원인에 의해 폐쇄되면서 요관이나 신우, 세뇨관 내부의 압력이 높아지면서 신장 기능이 나빠지는 것이다. 양측성 요로 결석, 전립샘 질환 등이 원인으로 작용한다.

5) 증상

　　가. 대사성 산증

　　나. 중추신경계 기능이 저하

　　다. 심부전

　　라. 요소가 축적되어 고질소혈증(azotemia)을 초래

　　마. 궁극적으로는 요독증(uremia) 발생하여 전해질의 농도가 상승

6) 진단

　　가. 사구체 여과율 검사

　　나. 신장 조직검사

7) 치료

　　가. 약물요법 : 안지오텐신 전환효소 억제제, 안지오텐신2 수용체길항제

　　나. 식이요법 : 단백질 섭취 제한, 열량 공급, 칼슘 (Calcium)섭취 제한, 나트륨(Sodium)과 물(Water) 섭취제한

　　다. 혈액투석

1 요실금 (Urinary Incontinence)

1. 정의

본인의 의지와 관계없이 자신도 모르게 소변이 유출되는 것을 말한다.

2. 발생 원인

1) 방광에서 소변의 저장 기능에 문제가 발생한 경우

2) 방광이 여러 가지 원인으로 인해 풍선처럼 잘 늘어나지 못할 경우

3) 방광에서 요의 배출 기능에 문제가 발생한 경우

3. 증상

1) 소변의 저장 기능에 문제에 의해 발생하는 증상

　가. 빈뇨 : 24시간 동안 8회 이상 배뇨 횟수가 증가하는 것

　나. 야간뇨 : 수면 중에 배뇨를 하기 위해 한번 이상 일어나게 되는 것

　다. 요 절박 : 강하고 급작스런 요의 때문에 하던 일을 중단하고 소변을 보기 위해 화장실을 찾게 되는 것

　라. 절박성 요실금 : 소변이 마려운 순간 강하고 급작스런 요의 때문에 소변의 누출이 발생하는 것

2) 소변의 배출 기능에 문제에 의해 발생하는 증상

　가. 약뇨 : 소변줄기가 가늘고 힘이 없어지는 것

　나. 요 주저 : 소변 볼 때 소변이 나오기 시작할 때 까지 시간이 걸리거나 힘을 주어야 소변이 나오는 것

　다. 간헐뇨 : 소변 줄기가 중간에 끊어지는 것

　라. 잔뇨감 : 소변을 보고 나서도 시원하지 않은 느낌이 드는 것

4. 요실금의 분류

1) 복압성 요실금

가. 여성 요실금의 가장 흔한 원인, 전체 요실금의 80-90%에 해당한다.

나. 기침이나 재채기, 줄넘기 등 갑작스럽게 복압이 증가할 때 방광의 수축 없이 소변이 누출되는 현상

다. 분만 후 또는 노화로 골반근육이 약화되어 기침이나 재채기, 줄넘기 등과 같이 복압이 증가할 때 방광과 요도를 충분히 지지해주지 못하거나 소변이 새지 않게 막아주는 요도괄약근이 약해져서 발생

2) 절박성 요실금

가. 요실금의 20-30%를 차지

나. 소변이 마려운 순간 강하고 급작스런 요의 때문에 소변의 누출이 발생하는 것

다. 절박성 요실금이 있는 경우 소변이 몹시 급하여 빨리 화장실에 가지 않으면 소변이 새서 속옷을 적시거나 화장실에서 속옷을 내리면서 소변이 새어 속옷을 적시는 것

라. 요 절박, 빈뇨, 야간뇨를 주증상으로 하는 과민성 방광 증상 중의 한가지

3) 혼합성 요실금

가. 절박성 요실금과 복압성 요실금 증상이 함께 존재하는 경우

나. 복압성 요실금 환자의 약 30%는 절박성 요실금을 동시에 가지고 있다.

4) 신경인성 방광 환자에서의 요실금

가. 뇌와 척수와 같은 중추신경계 및 말초신경계의 이상으로 방광기능에 이상이 발생한 환자 중 배뇨기능 장애를 신경인성 방광이라고 한다.

나. 뇌손상, 척수의 손상, 파킨슨병 등과 같은 질환을 가진 환자에서 발생

다. 뇌와 척수에서 정상적으로 배뇨기능을 조절할 수 없어 발생하며 주로 무의식적인 방광 수축이 요실금을 유발

5) 범람 요실금

가. 방광에 충분한 양의 소변이 채워진 후 방광이 정상 용적보다 커졌을 때 소변이 새서 요실금이 발생한 경우

나. 다른 종류의 요실금과 다른 점은 소변 배출을 제대로 할 수 없어서 발생한다는 것이다.

6) 일과성 요실금

가. 노인들에게 흔한 요실금 형태로 요실금을 일으키는 명백한 원인이 있어 그 원인만 제거해 주면 정상화 된다.

나. 일과성 요실금의 원인으로는 섬망, 요로감염, 위축성요도염 및 질염, 약물, 정신과적 문제가 있을 때, 일상 활동이 제한된 경우, 변비 등이 있다.

5. 진단

1) 병력청취

가. 신경학적 이상 유무 확인

나. 수술 과거력 확인, 특히 골반장기의 수술 과거력이 중요

다. 자궁근종, 자궁암 등의 부인과적 질환에 의한 수술, 직장암 수술

라. 방사선 치료의 과거력

마. 복용하고 있는 약물

바. 폐경 및 여성호르몬 치료 여부

사. 분만 횟수

아. 요실금이 발생하는 상황

2) 이학적 검사

가. 신체검사를 통해 요실금을 유발할 수 있는 해부학적 또는 신경학적 이상 유무를 확인

나. 복압상승 요실금 유발검사

3) 소변검사

4) 요 역동학 검사

가. 신경학적 원인에 의한 요실금이 의심될 때

나. 이전에 요실금으로 수술을 받았으나 증상이 재발한 경우

다. 약물 치료에 반응하지 않는 요실금인 경우

라. 이전에 직장암이나 자궁암으로 수술을 받았던 경우

6. 치료

1) 약물 치료 : 둘록세틴, Duloxetine

2) 수술 치료 : 신경조절술 (Neuromodulation), 방광의 과팽창 (Bladder overdistention), 방광확대성형술

2 방광염 (cystitis)

1. 정의

1) 방광은 점막으로 둘러싸여 있어 잘 감염되지 않는다.

2) 신장, 여자의 질 · 요도, 남자의 요도 · 전립선 등 인접한 장기로부터 염증이 유발되는 것을 말한다.

2. 원인

세균 · 바이러스 · 곰팡이 · 기생충

3. 증상

1) 소변을 볼 때나 소변을 보고 난 직후 타는 듯한 통증

2) 갑자기 소변이 보고 싶어지거나 자주 마려운 증상, 허리 통증

3) 여자의 요도가 남자보다 짧아서 세균이 쉽게 방광에 도달할 수 있기 때문에 여자가 남자보다 잘 걸린다.

4. 치료

1) 간헐적 인공도뇨

2) 화학 요법과 병용

3) 관혈적 수술을 시행

1　전립선염 (prostatitis)

1. 정의

1) Ⅰ형 : 급성 세균성 전립선염: 급성 증상이 있으면서 검사에서 균이 확인된 경우

2) Ⅱ형 : 만성 세균성 전립선염: 3개월 이상의 만성 증상이 있으면서 검사에서 균이 확인된 경우

3) Ⅲa형 : 전립선염 증상이 있으면서 균 검사에서 균은 자라지 않으나, 전립선액이나 정액검사, 전립선 마사지 후 요검사에서 염증이 있는 경우

4) Ⅲb형 : 전립선염 증상이 있으면서 전립선액, 정액, 전립선 마사지 후 요검사 등에서 모두 이상 소견이 없는 경우

5) Ⅳ형 : 전립선염 증상은 없으나 전립선 액이나 조직검사에서 염증이 있는 경우

2. 원인

1) 만성 전립선염이 생기는 가장 흔한 원인으로는 요로계 감염 시 세균이 요도를 통해 직접 감염이 되는 경우

2) 장내 세균, 장구균, 임질균, 유레아플라즈마, 클라미디아 등이 있으며 바이러스, 원충류의 감염과 자가면역, 정신적 요인(스트레스, 피로, 우울증) 또한 원인이다.

3. 증상

1) 회음부의 불쾌감

2) 심한 작열감 및 압박감, 통증

3) 전신무력감, 피로, 빈뇨, 배뇨곤란, 긴박뇨, 잔뇨감, 야간뇨, 요도구 끝의 통증이나 불쾌감, 사정 시의 통증이나 이상 분비물, 발기부전이나 조루

4) 소변이 탁하고 간혹 우윳빛이나 혈성 분비물이 보이기도 한다.

4. 진단

1) 항문을 통해 직장 수지 검사를 실시

2) 배양검사에서 균이 자라면 세균성으로 진단

3) 혈액검사

4) 영상의학 검사

5) 내시경 검사

5. 치료

1) 약물 용법 : 메트로니다졸과 항진균제를 사용

2) 전기자극치료 및 바이오 피드백 치료 : 통증을 완화하고 긴장된 외요도 괄약근을 이완시킴

3) 충분한 휴식을 취하고 음주와 흡연을 피하고, 좌욕이나 반신욕

2 전립선 비대증(Benign Prostate Hyperplasia, BPH)

1. 정의

전립선 내부를 지나가는 요도를 눌러서 각종 증상을 일으키는 것을 말한다.

2. 발생 원인

1) 노화 (연령 증가)

2) 남성호르몬 : 연령이 증가하면 고환에서 생산되는 남성호르몬의 양이 줄어들지만 남성호르몬 전환효소의 활성도가 증가하여 활동형 남성호르몬의 양이 늘어나 전립선비대증이 발생

3. 주요 질환

1) 만성 전립선염

전립선 염증으로 인해 나타나는 증상군을 의미

2) 전립선암

초기에는 특별한 증상을 느끼지 못하는 경우가 대부분이지만 암이 커지면 요도를 압박하여 전립선비대증과 유사한 증상이 나타 남

4. 증상

1) 전립선 비대증의 주요 증상

가. 소변줄기가 가늘고 힘이 없어지며, 중간에 소변줄기가 끊어지기도 한다.

나. 소변을 보고 나서도 시원하지 않은 느낌이 든다.

다. 소변 볼 때 소변이 나오기 시작할 때까지 시간이 걸리거나 힘을 주어야 소변이 나온다.

라. 소변이 자주 마렵거나 갑자기 소변이 마렵고 참기 힘들다.

마. 밤에 잠을 자다가 일어나서 소변을 보아야 한다.

5. 진단

1) 문진과 함께 환자의 증상을 평가

2) 직장수지검사 등 신체검사를 시행

3) 소변검사와 혈액검사, 요속검사, 초음파검사

6. 치료

1) 약물요법

   (1) 알파 – 교감신경차단제

   (2) 남성호르몬전환효소 억제제

2) 최소침습적 치료법 : 국소마취 하에 입원하지 않고 외래에서 시행

3) 전립선레이저치료법

4) 수술적 치료법

1 신세포암 (hypernephroma)

1. 정의

1) 신세포암종은 신장에서 생기는 악성 종양 중 하나이다.

2) 신세포암은 신장에서 발생하는 암의 85%를 차지

3) 신장암이라 하면 대부분 신세포암을 말한다.

2. 발생 원인

1) 흡연, 고혈압

2) 치료 약제, 진통제 남용, 비만, 발암 물질 노출

3) 유전적 요인

3. 증상

1) 신세포암종 초기에는 특이한 증상이 없다.

2) 혈뇨, 옆구리 통증

3) 암이 전이되면 전이 부위에 따라 호흡 곤란, 기침, 통증이 나타남

4. 진단

1) 초음파 검사

2) 흉부 X-ray 촬영

3) MRI 촬영

4) CT 촬영

5. 치료

1) 신동맥 색전술

2) 신동맥을 인공적으로 폐색시켜 암으로 혈액이 흐르지 않게 하는 방법

3) 면역 요법 : 암이 전이된 병소에 대해서는 일반적으로 자기의 면역력을 높이는 치료

 방광암(bladder cancer)

1. 정의

방광암은 소변을 저장하는 장기인 방광에 악성 세포가 생긴 질환을 의미한다.

2. 발생 원인

1) 이행세포암의 원인으로는 담배 연기, 주변의 화학물질과 같은 발암물질
2) 흡연자들은 일반적으로 담배를 피우지 않는 사람보다 2 ~ 4배 더 많이 방광암에 걸린다.
3) 화학 약품에 대한 직업적인 노출, 커피, 진통제, 감염, 결석, 인공 감미료, 방사선 조사, 항암제 등이 원인이다.

3. 증상

1) 소변의 혈액(혈뇨)
2) 배뇨 시 발생하는 통증 (배뇨통)
3) 빈번한 배뇨
4) 절박뇨(갑자기 소변이 마려운 느낌)
5) 방광암에 의해 요관 폐색(소변 길이 막힘) : 측복부 통증, 하지 부종, 골반에 덩어리가 만져지기도 한다.

4. 진단

1) 요세포 검사, 방광경 검사를 시행
2) X-ray 검사
3) 전산화 단층촬영(CT)

5. 치료

1) 표재성 방광암의 치료는 경요도 절제술 시행
2) 조직학적 징후, 종양의 개수, 크기, 재발 기간 등을 고려하여 방광 내 BCG, 항암제 등을 주입하는 치료를 고려한다.
3) 방광 적출술

3 전립선암 (prostate cancer)

1. 정의

1) 전립선은 남성에게만 있는 장기로, 정액의 일부를 생산하는 역할을 한다.

2) 전립선암은 이러한 전립선에 암세포가 발생한 것을 말한다.

2. 원인

1) 고령

2) 아프리카계 미국인 혈통

3) 가족력, 생활양식 요인(비만과 고지방 식사, 특히 동물 지방이 많은 식사)

3. 증상

1) 배뇨 곤란(소변이 잘 나오지 않음)

2) 빈뇨(소변 횟수가 잦음)

3) 잔뇨감(배뇨 후에도 소변이 남은 듯한 느낌이 나는 것)

4) 야간 다뇨

5) 요의 절박(화장실에 가고 싶다고 느낀 후부터 화장실에 갈 때까지 소변을 참지 못하는 상태)

6) 하복부 불쾌감

7) 소변을 볼 수 없는 상태(요폐)

4. 진단

1) 직장 수지 검사

2) 직장 경유 초음파

3) 단순 X선 촬영, CT촬영, MRI촬영

4) 혈액검사 : 혈중 PSA는 전립선암인 경우 전립선의 크기에 비해 수치가 상승

5) 전립선의 생검 : 최종적으로 감별

여성생식기 질환

제1절　여성생식기의 감염성 질환

1 골반염 (Pelvic Inflammatory Disease, PID)

1. 정의

골반 염증성 질환은 질과 자궁 경관을 통해 세균이 침입하여 자궁 및 난관, 난소, 복강 내에 염증을 일으켜 발생하는 질환을 의미한다.

2. 원인

1) 임질균, 클라미디아, 그람 음성 구균 등 세균의 감염
2) 산후 감염, 소파 수술

3. 증상

1) 골반통, 복통을 동반한 아랫배를 누르는 듯한 통증
2) 치골 윗부분이 아픈 증상
3) 질 분비물의 악취, 질 분비물 증가, 38도 이상의 고열

4. 진단

1) 골반 염증성 질환은 내진
2) 복부 진찰을 통해 확인한 아랫배의 통증, 자궁 주위와 자궁 경부의 반발통 등을 통해 진단
3) 혈액 검사를 실시하여 염증 수치가 증가한 것을 확인
4) 난소 난관 주위에 농양이 생긴 경우에는 초음파를 통해 진단

5. 치료

1) 골반 염증성 질환의 원인이 되는 세균을 없애기 위해 항생제를 경구 투여 및 정맥에 주사
2) 골반 내에 고름 주머니가 형성되거나 고름 주머니가 터져 복막염으로 진행된 경우 수술이 필요

6. 합병증

1) 복막염으로 진행할 위험이 있다.

2) 난관의 염증으로 인해 난관이 막혀 불임이 생길 수 있다.

3) 유착 등이 발생하여 만성 골반통을 겪는다.

2 질염(vaginitis)

1. 정의

세균이나 호르몬 부족으로 인하여 여성의 외부생식기인 질에 염증이 생긴 것을 말한다.

2. 증상

1) 분비물의 증가

2) 분비물의 색깔 변화(노란색, 흰 우유 같은 색깔의 분비물)

3) 지독한 냄새

4) 주변의 가려움

3. 종류

1) 세균성 질염

→ 냉, 대하증과 함께 생선 비린내가 나는 것이 특징

2) 트리코모나스 질염 (Trichomonas Vaginitis)

→ 물처럼 흐르는 다량의 냉, 질입구가 따끔거리거나 가려울시에는 트리코모나스 질염을 의심

3) 칸디다성 질염 (Mycotic, Monilial Vaginitis)

→ 흰색의 걸쭉한 냉과 심한 가려움증, 장기간 항생제를 사용하거나 임산부나 당뇨병 환자에게 잘 생김

4) 염증성 질염

→ 질과 외음부의 화끈거림, 관계시 느끼는 통증, 냉의 양이 많음

5) 위축성 질염

→ 폐경 이후의 여성 ,에스트로겐의 결핍

4. 원인

1) 가임 여성의 경우 몇몇 미생물이 질염을 초래

2) 미생물로는 효모균인 칸디다 알비칸스, 세균인 클라미디아 또는 가르드네렐라, 원생동물인 트리코모나스질염균

3) 에스트로겐 분비의 감소로 질의 표면막이 얇고 건조하며 약해져서 감염

3 자궁내막증 (Endometriosis)

1. 정의

자궁내막증은 자궁내막 조직(자궁선과 기질)이 자궁 밖에 존재하여 질환을 유발하는 상태를 말한다.

2. 원인

월경 시 난관으로 역행성 월경이 일어나고, 이에 따라 월경혈에 포함된 자궁내막 세포가 골반 내로 이동하여 이 질환이 발생한다.

3. 증상

1) 월경 전에 시작되어 월경 기간 중 지속되는 월경통

2) 요통과 복통

3) 월경 전후 배변 이상, 설사, 배뇨 곤란, 광범위한 골반 통증

4) 불임증이 발생

4. 진단

1) 병변을 직접 육안으로 관찰

2) 조직 병변에 대한 조직학적 검사를 시행

3) 초음파 검사, 전산화 단층촬영(CT), 자기공명영상(MRI)

4) 혈액 검사 CA - 125

5. 치료

1) 내과적 치료 내과적 치료에는 진통제, 경구피임제, 황체호르몬, 다나졸, 성선자극호르몬 분비호르몬을 투여하는 방법

2) 외과적 치료 : 임신 및 가임력을 보존하기 위해 복강경 또는 개복술로 자궁내막증의 병소만을 제거하는 방법

3) 근치적 수술(자궁 절제술 및 양측 난소난관 절제술)

4 자궁근종 (Myoma)

1. 정의

1) 자궁 평활근에서 유래되는 양성종양

2) 여성에게 발생하는 종양 중에서 가장 흔한 종양

3) 자궁근종은 35세 이상의 여성 중 약 20%가 가지고 있다.

2. 종류

자궁근종은 발생부위에 따라 자궁외층으로부터 장막 하 근종 → 근층 내 근종

1) 점막 하 근종(Submucous myoma)

　가. 가장 예후가 나쁘다.

　나. 합병증이 가장 많다.

　다. 작은 크기로도 출혈의 원인이 되기 쉽다.

　라. 육종변성의 위험이 크고, 감염, 화농, 괴사가 되기 쉽다.

　마. 방사선 치료에 내성이 있다.

2) 근층 내 근종(intramural myoma)

　가. 자궁근층 내 깊숙히 위치

　나. 자궁의 크기 자체가 커짐으로써 자궁내막의 면적이 증가

　다. 월경량이 증가

　라. 자각증상이 없다.

3) 장막 하 근종(subserous myoma)

　가. 자궁을 덮고 있는 복막 바로 아래에서 발생

　나. 근종이 늘어져서 줄기를 형성

　다. 대부분 자각증상이 없다.

3. 원인

1) 유전, 호르몬

2) 연령(40세 이상), 가족 중에 자궁근종이 있었던 가족력, 임신경험이 없는 여성, 비만 여성, 흑인

3) 5회 이상 임신을 경험한 경우

4) 폐경된 여성

5) 장기간 피임약을 사용한 경우

4. 증상

월경 과다, 골반통, 불임, 초기 유산

5. 진단

1) 초음파검사

2) 자기공명 촬영

3) 자궁경이나 초음파 자궁 조영법

6. 치료

1) 수술적

→ 요법자궁내막소파술(D&C), 근종절제술(myomectomy), 자궁절제술,근종용해술(Myolysis), 방사선
치료(radiotherapy)

2) 호르몬 요법프로게스테론

가. LHRH(Lutenizing hormone releasing hormone)길항제

나. 항에스트로겐제제

다. 프로게스테론제제

라. GnRH(Gonadotropin-releasing hormone)길항제

1 자궁경부암(cervical cancer)

1. 정의

1) 자궁의 약 4분의 3을 차지하는 몸 부분(체부)과 질로 연결되는 목 부분(경부)

2) 자궁경부암은 자궁의 목 부분인 자궁경부에 발생하는 암을 의미

2. 원인

1) 인유두종 바이러스(HPV : Human Papilloma Virus)

2) 인간 면역 결핍 바이러스

3) 헤르페스 바이러스 감염

3. 증상

1) 비정상적 출혈

2) 악취가 나는 분비물 또는 출혈성 분비물

3) 배뇨 곤란

4) 아랫배와 다리의 통증

4. 진단

1) 질확대경 검사를 통한 생검

2) 자궁경관 내 소파술

3) 자궁경부 원추생검

4) 배설성 요로 조영술

5) 방광경 검사

6) 복부와 골반의 자기공명영상(MRI) 검사

7) 복부와 골반의 양전자 단층촬영(PET)

5. 치료

1) 원추 절제술만 시행하고 자궁을 보존한다.

2) 근치적 자궁 절제술과 골반 림프절 절제술

3) 방사선 치료

4) 항암제 치료를 시행

 난소종양 (Ovarian Tumors)

1. 정의

난소에는 다양한 종류의 종양이 발생할 수 있는데 크게 암에 해당하는 악성 종양과 암이 아닌 양성 종양으로 나뉜다.

2. 원인과 증상

1) 성난소종양과 마찬가지로 지속적인 배란

2) 외부 자극에 의해 상피세포가 난소 내부로 함몰되면서 낭종이 형성

3) 액체가 고여 크기가 점점 커진다.

3. 진단

1) 골반신체검진

2) 초음파 촬영

3) 골반신체검사

4) 혈액검사

5) CT / MRI 촬영

4. 치료

1) 보존적 요법

2) 수술적 요법

　　→ 개복 수술과 내시경을 이용한 복강경 수술

 자궁내막암 (Endometrial Carcinoma)

1. 정의

자궁내막에 악성 종양이 생기는 것을 말한다.

2. 증상

1) 월경 과다

2) 질분비물에 혈액이 섞여나옴

3) 통증이나 체중감소 · 전신쇠약

3. 진단

자궁내막 소파술(endometrial curettage)

4. 치료

수술이 널리 사용

4 유방종양 (Breast Cancer)

1. 정의

유방에 생긴 모든 덩어리를 유방 종양

2. 원인

1) 식생활이 많이 서구화
2) 젊은 여성들이 고지방, 고칼로리 음식을 많이 섭취
3) 체형이 커지고 초경이 빨라지는 등 여성호르몬에 노출되는 빈도가 높아짐

3. 증상

1) 유방에 멍울이 만져진다.
2) 피부에 주름이나 함몰과 같은 변화
3) 유두에서 분비물이 나오면 양성 종양일 가능성이 큼
4) 가슴에서 통증이 없는 멍울이 만져지거나, 한쪽 가슴이 비정상적으로 커지고, 유두에서 분비물이 나오면 악성의심

4. 진단

1) 전문의의 진찰과 유방 촬영술
2) 유방 초음파 검사
3) 조직 검사를 시행

5. 치료

1) 수술을 통한 치료가 일반적
2) 유방전절제술과 암성 종괴와 주위 정상 조직 일부를 제거하는 유방 보존술
3) 수술 후에는 방사선 치료, 화학 요법, 호르몬 치료 등의 보조 치료

근골격계 질환

제1절 근골격

1 선천성 고관절 탈구(Congenital Hip Dislocation)

1. 정의

고관절 이형성증은 선천적 또는 발달성으로 비구의 발육 부진으로 인해, 고관절 내 공모양의 대퇴골 머리가 부분적으로 빠져있는 상태를 말한다.

2. 원인

1) 엉덩이 관절의 관절염
2) 유전적인 원인
3) 가족력
4) 어머니 자궁이 작거나, 양수가 적거나, 둔위 태향(뱃속에서 거꾸로 자리잡은 아이) 등에서 병에 걸릴 확률이 높다.

3. 증상

1) 양쪽다리가 잘 벌어지지 않는다.
2) 다리의 길이가 다르다.
3) 허벅지 안쪽의 피부 주름이 비대칭
4) 한쪽만 고관절이 형성일 경우 걸을 때 절뚝거리며 걷는다.
5) 양쪽으로 발생한 경우에는 오리걸음으로 걷는다.

4. 진단

의사는 출생 직후에 아기의 고관절이 정상적인지 살펴보고 이상이 있으면 초음파 검사로 확진할 수 있다.

5. 치료

1) 생후 3 ~ 6개월 미만 : 보조기로 치료가 가능

2) 6개월 이상 2세 이하 : 탈구된 것을 복원시킨 후 석고붕대로 고정하여 치료

3) 2세 이후의 어린이 : 대개 탈구 상태가 심하기 때문에 수술을 한다.

4) 4 ~ 5세 이후에 발견된 어린이들은 수술로도 치료가 매우 힘들고, 또 합병증 가능성이 높으며 완전하게 치료되지 않는 경우가 흔하다.

2 골다공증 (osteoporosis)

1. 정의

1) 뼛속에 구멍이 많이 생긴다는 뜻

2) 골다공증은 뼈의 양이 줄어들어 뼈가 얇아지고 약해져 잘 부러지는 질환을 의미

2. 원인

1) 칼슘의 흡수 장애 위를 잘라내는 수술, 장에 발생한 만성적인 염증성 질환, 쿠싱병, 신경성 식욕 저하증 등으로 칼슘을 적게 먹거나 먹더라도 흡수가 제대로 안 되면 골다공증이 생긴다.

2) 비타민 D 결핍

3) 폐경으로 에스트로겐이 감소

4) 약물 항응고제(헤파린), 항경련제, 갑상선호르몬, 부신피질호르몬, 이뇨제 등의 치료제

5) 가족력 어머니나 자매가 골다공증일 경우 골다공증이 발병할 확률이 높다.

6) 과음, 과다한 음주

3. 증상

1) 척추뼈가 약해져서 척추가 후만 변형되거나 압박되어 신장이 줄어든다.

2) 경미한 외력에도 골절의 위험이 높다.

3) 50 ~ 70세 여성의 골절은 주로 손목에서 먼저 발생

4. 진단

1) 골밀도 검사를 통해 확인되는 티 수치(T-scores)로 판단

2) 수치가 -1 이상이면 정상이며

3) -1 ~ -2.5 사이면 골감소증

4) -2.5 이하일 경우 골다공증

5) X-ray 검사를 진행

구분	정상범위
정상(Nomal)	정상 성인 골밀도의 1.0 표준 편차 이내의 감소(BMD > -1.0 SD)
골 결핍증(Osteopenia)	정상 성인 골밀도의 1.0~2.5 표준 편자 이내의 감소(-1.0 SD > BMD > -2.5 SD)
골다공증(Osteoporosis)	정상 성인 골밀도의 2.5 표준 편차 이하의 감소(BMD < -2.5 SD)
고도 골다공증 (Severe osteoporosis)	정상 성인 골밀도의 2.5 표준 편차 이하이면서 이미 골절이 있는 경우 (BMD < -2.5 SD & 골절)

5. 치료

1) 칼슘 제제 : 적절한 칼슘은 골량을 유지해 주며 골량의 소실을 지연한다.

2) 비타민 D : 장관에서의 칼슘 섭취를 증가시키고, 골 흡수와 골 소실을 감소시킨다.

3) 칼시토닌 : 골다공증에 사용하면 통증이 감소하는 효과가 있다.

4) 에스트로겐 : 폐경기 여성의 급격한 골 소실을 줄일 수 있다. 장기간 복용할 경우 유방암, 정맥혈전증, 뇌졸증 등이 발생할 가능성이 있다.

5) 골흡수억제제(비스포스포네이트) : 골밀도를 증가시키고 골절률을 낮춘다.

6) 불화나트륨(NaF) : 골량을 골절 한계치 이상, 또는 정상 범위까지 증가시킬 수 있다.

7) 부갑상선호르몬 : 골량을 증가시킨다.

8) 스트론튬 : 골 형성을 증가시키는 반면 골 흡수는 억제한다.

3 류마티스 관절염 (Rheumatoid Arthritis, RA)

1. 정의

1) 류마티스 관절염은 관절 주위를 둘러싸고 있는 활막이라는 조직의 염증으로 인해 발생하는 질환

2) 활막이 존재하는 모든 관절, 즉 움직일 수 있는 거의 모든 관절에서 발생

3) 수개월에서 수년에 걸쳐 진행되는 만성 질환

2. 원인

1) 정확한 원인은 알려지지 않았다.

2) 외부의 나쁜 균에 대해 방어 역할을 해야 하는 인체의 면역체계가 자신의 신체 조직을 공격하는 자가 면역 질환의 일종이다.

3. 증상

1) 초기 증세는 주로 손마디가 뻣뻣해지는 것

2) 아침에 자고 일어난 직후에 이 증상이 심하게 나타남

3) 1시간 이상 관절을 움직여야만 뻣뻣한 증세가 풀림

4) 손마디가 붓고 통증이 느껴져 손을 쓸 수 없다.

5) 관절염이 무릎이나 팔꿈치, 발목, 어깨, 발까지 침범하는 경우도 흔하다.

4. 진단

1) 류마티스 관절염은 주로 문진과 진찰을 통해 진단

2) 최소한 6주 이상 지속적인 증상이 있는 경우에만 진단

3) 혈액 검사, X-ray 검사

4) 류마티스 관절염 진단기준(2010년 미국 류마티스학회/유럽류마티스학회 ACR/EULAR) 다음 4가지 분류 항목 점수를 합산하여 진단한다.

　가. 관절침범 : 큰관절 및 작은관절 침범 개수

　나. 혈청검사 : 류마티스 인자(RF), 항CCP 항체 음,양성 여부

　다. 혈청 염증반응 물질 : ESR, CRP 음성 또는 양성

　라. 증상 발생기간 : 6주 기준

　　→ 신규 환자에서 다른 질환으로 설명할 수 없는 임상적으로 명백한 1개 이상의 관절윤활막염을 가진 경우, 항목 합산 점수가 6점 이상인 경우에 류마티스 관절염으로 조기 진단이 가능하다.

5. 치료

1) 비스테로이드 소염제

2) 수술 요법 : 관절 운동을 증진하거나 억제하고, 관절 변형을 교정하며, 관절의 안정성을 증진하고, 근력을 효과적으로 증가 시킨다.

3) 관절 고정술, 관절 성형술, 인공관절 치환술

4 골관절염(퇴행성 관절염, Osteoarthritis, OA)

1. 정의

1) 골관절염은 뼈의 관절면을 감싸고 있는 관절 연골이 마모되어 연골 밑의 뼈가 노출

2) 관절 주변의 활액막에 염증이 생겨서 통증과 변형이 발생하는 질환

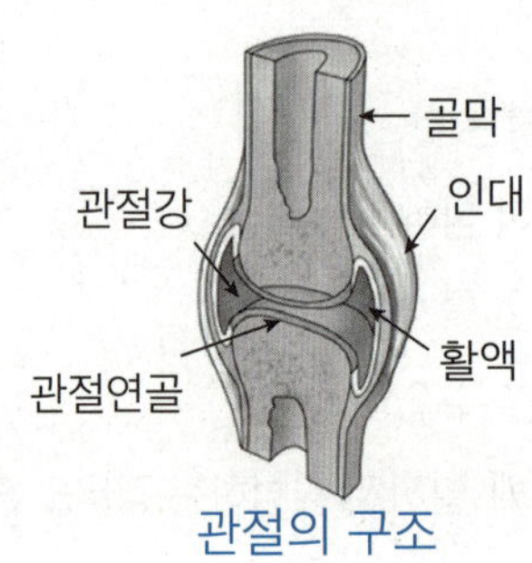

관절의 구조

2. 원인

1) 골관절염은 뼈와 뼈 사이에서 완충 작용을 하는 부드러운 연골이 어떤 원인으로 인해 손상되어 발생한다.

2) 유전적 요인, 비만, 관절의 외상, 염증으로 인한 연골 손상

3. 증상

무릎이 붓고 물이 차며 하루 종일 통증이 있다.

4. 진단

1) 대부분은 간단한 문진과 진찰으로 진단

2) 혈액검사

3) X-ray 촬영

> **X-ray 촬영 소견**
> ① 내외측 및 슬개 대퇴 구획의 관절간격 협소
> ② 연골하골 경화
> ③ 연골하골 낭
> ④ 관절면 가장자리 골극
> ⑤ 불규칙한 관절면

5. 치료

1) 약물 요법 : 연골 성분 제제(글루코사민, 콘드로이틴)

2) 물리 요법, 수술 치료

3) 인공관절 치환술

5 통풍성 관절염(Gout)

1. 정의

1) 요산이 빠져나가지 못하고 쌓이면 통풍이 생긴다.
2) 요산은 비늘처럼 날카로워 모든 장기에 침착할 수 있다.
3) 요산이 관절 주변 조직에 쌓여 염증을 일으키는 것을 통풍성 관절염이라 한다.

2. 원인

1) 술, 기름진 음식, 고기 등 퓨린이 함유된 음식을 많이 섭취하여 몸 안에 요산이 축적되어 통풍성 관절염이 발생한다.
2) 간과 신장의 기능이 약화되어 노폐물을 배설하는 기능이 약해지면 통풍성 관절염이 발생한다.
3) 혈액 순환과 림프 순환이 잘 되지 않는 경우, 환절기에 큰 일교차로 몸의 저항력이 떨어진 경우에 주로 발병한다.

3. 증상

1) 통풍성 관절염은 약 85 ~ 90%가 한 군데의 관절, 특히 엄지발가락, 발목, 무릎 등에서 급성으로 나타남
2) 증상이 오래 지속되면 팔꿈치, 손가락과 같은 상지 관절과 팔꿈치 주위의 활액낭(관절의 운동을 부드럽게 해주는 미끄럽고 끈끈한 액체가 들어있는 주머니)까지 침범할 수 있다.
3) 대부분 바람만 불어도 아프다고 할 정도로 격심한 통증이 있다.

4. 진단

1) 혈액 검사를 통해 요산 수치가 7 이상 나올 경우 의심한다.
2) X-ray 촬영

5. 치료

1) 약물 요법 : 콜키친, 비스테로이드성 소염제, 스테로이드 호르몬제 관절 주사
2) 식이 요법은 요산의 재료가 되는 퓨린이 많이 함유된 식품의 섭취를 줄이는 것
3) 비만

6 유착성관절낭염 (오십견, 동결견)

1. 정의

1) 특별한 외상 없이 어깨에 통증이 발생
2) 통증으로 인하여 어깨의 움직임에 지장이 생기는 질환

2. 원인

1) 노화 및 운동 부족

2) 어깨관절을 사용하지 못한 경우

3. 증상

1) 심한 통증 및 야간 통증

2) 능동적, 수동적 관절 운동 제한

4. 진단

1) X-ray 촬영에는 대부분 정상으로 나옴

2) 임상 증상, 간단한 운동 검사로 진단

5. 치료

1) 진통소염제, 국소 주사, 물리치료 등을 이용해 통증과 염증을 감소

2) 운동 요법으로 굳어진 어깨관절의 운동 범위를 회복시킴

7 골종양 (Bone tumors)

1. 정의

뼈에 신생물이 비정상적으로 증식한 것을 말한다.

2. 원인

1) 유전적 요인

2) 방사능을 많이 쬐면 세포에 돌연변이가 일어나서 골육종이 생긴다.

3. 증상

1) 활동을 하면 통증이 더 심해짐

2) 고열, 식은땀이 날 수도 있다.

4. 진단

X-ray촬영, CT촬영, 자기공명영상(MRI) 촬영 시행

안과질환

제1절 · 눈

1 · 눈의 구조

1. 눈은 동물이 빛을 느끼거나 물체의 밝기나 모양 또는 색깔 등을 구별할 수 있는 감각 기관이다.

2. 눈은 눈썹 · 눈동자 · 홍채 · 수정체 · 모양체 · 유리체 · 망막 · 시신경 등의 매우 복잡한 구조이다.

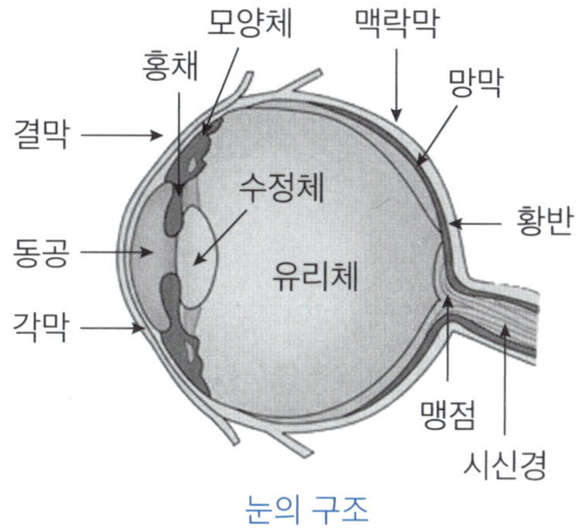

눈의 구조

1 백내장 (cataract)

1. 정의

백내장은 사물이 안개가 낀 것처럼 흐려 보이는 증상이 나타나는 안과 질환을 말한다.

2. 원인

1) 노인성 백내장, 산모가 임신 초기에 앓은 풍진
2) 유전적인 요인
3) 외상, 당뇨병, 포도막염, 피부 질환, 자외선 과다 노출, 부신피질호르몬과 같은 약물의 과용, 비타민 E 결핍증, 과음이나 지나친 흡연

3. 증상

1) 백내장이 진행되면서 굴절률이 증가하여 근시가 된다.
2) 혼탁이 점차 심해져 전혀 보이지 않게 된다.
3) 백내장이 발생하면 시력 저하가 나타난다.
4) 낮이나 밝은 곳보다는 어두운 곳이나 밤에 잘 보이기도 한다.
5) 간혹 한쪽 눈을 가려도 물체가 두 개로 보이는 증상(단안 복시)이 나타난다.

4. 진단

세극등현미경 검사(일종의 현미경 검사로, 눈을 최대 40배까지 확대하여 자세히 볼 수 있는 검사 방법)

5. 백내장의 구분

1) 노인성 백내장
2) 선천성 백내장
3) 외상성 백내장
4) 당뇨병성 백내장
5) 후천성 백내장

🔎 2026년 기출

1) 후천성 백내장의 종류

① 노인성 백내장 (=노년 백내장) : 시력감소, 서서히 진행하며 안개 낀 것처럼 뿌옇게 보임. 눈부심 증상 발생

② 외상성 백내장 : 열, 방사선 등으로 수정체가 파열되거나 외력(타박상 등)으로 수정체가 혼탁해짐. 타부위(망막 등)의 손상을 동반하기도 함

③ 당뇨병성 백내장 : 당뇨로 인한 고혈당으로 수정체에 침전물이 쌓이고 혈내 글루코오스 농도가 상승해 수정체가 혼탁해짐

④ 합병성 백내장 : 만성 각막염, 망막박리, 녹내장, 포도막염, 유리체 변성과 출혈 등 눈의 질환과 합병되어 발생되는 백내장

⑤ 중독성 백내장 : 약물이나 화학 약품 때문에 발생되는 백내장, 주로 장기간 부신피질호르몬제 사용으로 발생

⑥ 후발성 백내장 : '백내장이 재발'하는 것

백내장 수술 시 혼탁이 생긴 수정체를 제거하는데 이 때 후낭은 남겨두고, 이 후낭 앞에 인공 수정체를 넣어 고정시킨다. 이때 후낭에 다시 혼탁이 생기는 것을 후발성 백내장이라고 한다. 대개 백내장 수술 몇 개월 후 발생되며 백내장 수술을 받은 사람의 90%이상에서 발생하며 주 로 후낭하 백내장이 발생된다.

6. 치료

백내장 수술 : 혼탁한 수정체를 제거하고 인공수정체로 치환

2 녹내장 (glaucoma)

1. 정의

녹내장은 눈에서 받아들인 시각 정보를 뇌로 전달하는데 중요한 역할을 하는 시신경에 병증이 생겨서 특징적인 형태학적 변화와 그에 따른 시야 결손의 기능적 변화를 보이는 질환

2. 원인

1) 고안압 녹내장 : 방수 배출 부위의 저항이 증가하여 안압이 상승하면서 녹내장성 손상이 진행되는 경우

2) 급성 폐쇄각 녹내장 : 방수의 배출구가 갑자기 막히면서 안압이 급격히 증가하고, 심한 안구통, 충혈, 시력 저하, 두통 및 구역질 등의 증상이 나타나는 질환

3) 만성 폐쇄각 녹내장 : 방수의 배출구가 막혀서 안압이 올라간다는 점에서는 급성 폐쇄각 녹내장과 같지만, 이러한 변화가 서서히 나타나기 때문에 만성 개방각 녹내장처럼 증상이 없는 경우가 많다.

3. 증상

1) 시야가 먼저 손상되고 중심 시력은 말기까지 보존

2) 이른 아침이나 밤늦게 한쪽 눈 또는 양쪽 눈의 안압이 상승하여 일시적으로 시력이 저하되고 두통이나 안통(눈 통증) 등을 호소한다.

3) 시신경 손상이 진행되면 시야가 매우 좁아져서 주변 사물과 돌발 상황에 대한 대처 능력이 떨어진다.

4. 진단

1) 시야 검사

2) 시신경 입체 촬영 검사

3) 망막신경 섬유층 촬영 검사

4) 광간섭 단층 촬영 검사(OCT 검사)

5) 광간섭 단층 혈관 조영(OCT angiography)

5. 치료

1) 약물 치료

2) 레이저 치료

3) 최소 침습 녹내장 수술(MIGS)

3 망막 박리 (retinal detachment)

1. 정의

망막이 안구 내벽으로부터 떨어져 뜨게 되는 질환을 말한다.

2. 원인

대부분 망막에 구멍이 생긴 상태인 망막 열공에 의해 발생한다.

3. 증상

날파리증(비문증), 광시증, 시야 장애(위, 아래, 좌우에서부터 시야가 커튼을 친 것 같이 가려 보이는 증상), 사물이 찌그러져 보이는 증상

4. 진단

1) 정밀 산동 안저 검사로 진단

2) 초음파 검사, 망막 기능 검사(망막전위도 검사), 망막빛간섭 단층촬영, 안저 촬영 검사

5. 치료

1) 레이저 응고술, 냉응고술

2) 수술적방법 : 공막돌융술이나 유리체절제술

4 안검 내반증

1. 정의

눈꺼풀 가장자리가 안쪽, 즉 눈으로 말려 들어가 속눈썹이 각막과 접촉함으로써 지속적으로 눈을 자극하는 상태

2. 원인

1) 트라코마나 외상 때문에 결막에 생긴 반흔으로 인한 반흔성 내반
2) 아래 눈꺼풀의 경련이나 안대의 압박으로 생긴 경련성 내반
3) 나이가 들어 아래 눈꺼풀이 늘어지면서 생긴 노인성 내반
4) 속눈썹이 안쪽으로 향해 있는 선천성 내반

3. 증상

1) 눈을 깜박일 때마다 까만 눈동자에 상처를 입혀서 눈을 자주 비비고 눈물을 잘 흘리며 눈이 부시다.
2) 증세가 지속되면 각막염, 각막 궤양이 발생
3) 시력 장애

4. 치료

1) 눈꺼풀 가장자리가 눈을 조금 찌를 때 → 속눈썹을 뽑기
2) 각막 손상이 있으면 → 수술을 고려
3) 수술 → 눈꺼풀 아래쪽 피부를 반달 모양으로 잘라 다시 봉합

5 안검하수 (ptosis)

1. 정의

안검하수(눈꺼풀처짐)는 윗눈꺼풀이 아래로 처져 눈꺼풀 틈새가 작아진 상태를 의미한다.

2. 원인

1) 윗눈꺼풀 올림근이 잘못 발육하여 그 힘이 약해져서 발생한다.
2) 외상으로 윗눈꺼풀 올림근을 다친 경우
3) 눈꺼풀을 올리는 신경이 손상된 경우
4) 중증 근무력증과 같은 신경 근육계 질환
5) 노인성 질환으로 나이가 들어 윗눈꺼풀이 처지면 안검 성형술을 받아야 한다.

3. 진단

안검하수가 있는지 알아보려면 양 눈썹을 엄지로 세게 누른 후(눈썹을 고정시킨 후)

→ 최대한 아래를 본 상태에서

→ 다시 최대한 위를 보게 한다.

→ 이때 눈꺼풀이 이동하는 거리를 측정

→ 정상인의 눈꺼풀은 14mm 이상 이동

→ 14mm 이하로 떨어지면 안검하수 진단

6 결막염 (Conjunctivitis)

1. 정의

눈(안구)을 외부에서 감싼 점막 조직으로서 안구와 안검을 결합하는 결막에 염증이 발생한 것

2. 원인

1) 세균, 클라미디아, 바이러스, 리케챠, 진균, 기생충, 아토피, 화학제품, 자외선,

2) 먼지 세균성 결막염, 바이러스성 결막염, 알레르기성 결막염, 단순포진바이러스 결막염, 클라미디아 결막염, 임질 구균성 결막염

3. 진단

문진, 세극등현미경 검사, 배양 검사로 진단

4. 치료

1) 세균성 결막염 : 점안 항생제 사용

2) 바이러스성 결막염 : 차가운 수건으로 환부를 눌러 준다. 세균성 결막염과 식별되지 않는 경우 항생제를 사용한다.

3) 알레르기성 결막염 : 항히스타민, 항충혈 효과 안약을 점안

4) 단순포진바이러스 결막염 : Herpesid 안연고를 하루 5번 점안, 아시클로버(Acyclovir)를 경구 투여

이비인후과 질환

제1절 코

1 코의 위치와 구조

1. 얼굴의 가운데에 돌출되어있는 기관으로 호흡과 후각기능을 담당

2. 얼굴의 중앙에 돌출된 형태로 위치

2 부비동

1. 정의

1) 콧구멍과 연결되어 얼굴 뼈 안에 있는 빈 공간을 말한다.

2) 머리뼈 안에 있는 뇌를 외부의 충격으로부터 보호해 주는 역할

3) 종류 : 상악동, 전두동, 사골동 및 접형동

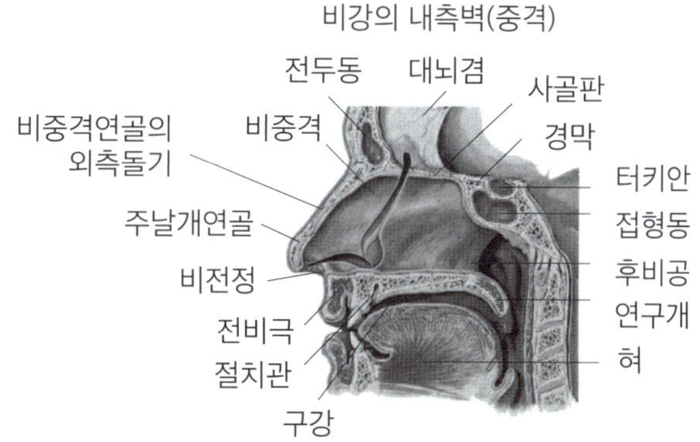

1 부비동염 (축농증)

1. 정의

부비동이라는 빈 공간에 세균, 바이러스가 침투하여 염증이 발생한 질환나. 부비동염은 흔히 축농증이라 한다.

2. 증상

1) 급성기 : 권태감, 두통, 미열과 함께 코 막힘, 콧물과 안면 통증

2) 만성기 : 코막힘, 지속적인 누런 콧물, 코 뒤로 넘어가는 콧물 등의 증상 후각 감퇴, 두통, 집중력 감퇴 등의 증상

3) 어린이의 부비동염 증상

　가. 10 ~ 14일 이상 지속되는 감기(때로는 열이 동반됨)

　나. 끈적끈적한 황록색의 비강 분비물

　다. 코가 목뒤로 넘어감, 인후통, 기침, 구역, 구토

　라. 두통(6세 이하에서는 드문 증상임)

　마. 보채거나 축 늘어짐

　바. 눈 주변에 나타나는 부종

3. 진단

1) 만성 세균성, 진균성이라면, 배양과 조직 검사

2) 단순 부비동 촬영 검사와 부비동 전산화 단층촬영(CT 촬영)

3) 전비경 검사

4. 치료

1) 약물 치료 : 경구용 항생제, 스테로이드제제

2) 수술적 요법

2 알레르기 비염(Allergic rhinitis)

1. 정의

어떤 물질(원인 항원)에 대하여 코의 속살이 과민 반응을 일으켜 발작적이고 반복적인 재채기, 맑은 콧물, 코막힘, 코 가려움증 등의 증상이 나타나는 질환

2. 발생 원인

1) 집먼지, 진드기
2) 개와 고양이 같은 동물의 몸에서 떨어져 나온 비듬은 아주 작은 입자
3) 꽃가루

3. 증상

재채기, 코막힘, 콧물, 코나 입천장, 목, 눈, 귀의 가려움, 코막힘, 후각 감소

4. 진단

1) 검진
2) 피부 반응 검사
3) 혈액검사

5. 치료 및 예방

1) 약물 요법 : 항히스타민제 알약과 항히스타민 코 분무기, 스테로이드 코 분무기
2) 예방

　가. 공해나 먼지가 많은 환경은 가급적 피한다.

　나. 수시로 환기하여 실내 공간을 청정하게 유지한다.

　다. 봄철 황사에 외출할 때에는 마스크를 착용한다.

　라. 차가운 얼음이나 음료수는 비강 내 빈혈 상태를 초래하여 비염을 악화시키기 때문에 피한다.

　마. 정신적인 피로와 육체적인 과로는 면역력을 떨어뜨려 몸의 기능을 저하시키므로, 충분한 휴식을 취한다.

1. 정의

잠자는 동안에 숨쉬기를 멈추는 증상을 말한다.

2. 발생 원인

1) 비강에서 시작되어 인후두까지 이어지는 상기도의 공간이 좁아져서 발생
2) 비만
3) 턱이 비정상적으로 작거나 목이 짧고 굵은 사람에게 코골이 및 수면 무호흡이 나타난다.

3. 진단

1) 검진 : 얼굴, 비강, 구강, 인두, 후두과 목의 모양을 관찰한다.
2) 수면 다원 검사를 시행 : 수면 중 10초이상 숨을 쉬지 않는 수면무호흡이 한시간에 5회이상 발생하면 수면무호흡증이 있다고 진단한다.
   뇌파, 안구운동, 근육의 움직임, 호흡, 심전도 등을 측정한다

4. 수면 무호흡증의 세가지 유형

1) 폐쇄성 수면무호흡 : 상부기도의 막힘, 즉 코나 목의 막힘으로 일시적으로 혹은 완전히 호흡이 멈추게 되는 증상을 의미한다.
2) 중추성 수면무호흡 : 상기도가 실제로 열려 있지만 호흡을 위한 노력이 없는 현상을 말한다. 뇌에서 호흡하라는 신호를 보내지 않아 나타나게 되는 증상이다.
3) 혼합성 수면무호흡증 : 폐쇄성 수면무호흡증과 중추성 수면무호흡증이 혼합된 증상이다.

5. 치료

1) 호흡 보조 장치(양압 호흡(CPAP))
2) 수술 : 레이저에 의한 구개 성형술(LAUP/Laser-assisted uvuloplasty)

제3절 귀

1 귀의 정의

1. 청각을 받아들여 소리를 듣는 기관

2. 외이, 중이, 내이로 구성

3. 외이는 소리를 고막까지 전달

4. 중이는 고막에서 내이 사이의 공간으로 고막의 진동을 달팽이관까지 전달

5. 내이는 소리를 직접 느끼는 달팽이관이 있는 부분

2 귀의 구조

1. 외이 : 귓바퀴 + 외이도

1) 귓바퀴 : 연골로 구성되어 있으며 소리를 모으는 기능

2) 외이도 : 귓바퀴에서 고막까지 이르는 길로 이물질이 침입하는 것을 막아주며 S자 모양으로 공명기의 역할

2. 중이 : 고막, 이소골, 고실, 이내근, 이관으로 이루어져 있으며 외이도를 통해 들어온 진동을 고막과 이소골을 통해 내이에 전달

1) 고막 : 중이를 보호하는 방어벽이며 음의 전도에 중요한 역할

2) 이소골 : 3개의 작은 뼈인 추골, 침골, 등골이 포함되며, 이들은 고막에 도착한 진동을 내이의 난원창으로 전달

3) 고실 : 외이와 내이 사이에 위치하는 공기로 가득찬 공기강으로 중이강이라 한다.

4) 이내근 : 고실반사를 통해 내이를 보호하는 역할

5) 이관 : 유스타키오관이라고 하며, 중이의 환기와 분비물을 배출

3. 내이

1) 구성 : 전정기관, 세반고리관, 달팽이관
2) 소리를 감지하고 몸의 평형을 유지하는 역할
3) 달팽이관 : 중이에서 전달된 음파를 신경 흥분으로 전환하여 소리를 인식하는 역할
4) 전정기관 : 평형감각을 감지하고 수용하는 역할
5) 반고리관 : 평형감각을 감지하고 수용하는 역할

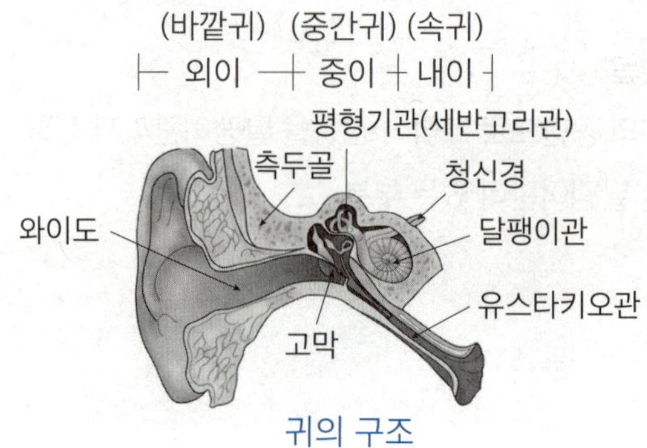

귀의 구조

3 귀의 검사 방법

1. 이경검사(Otoscopy)

1) 밝은 조명과 확대경을 이용하여 외이도와 고막의 상태를 관찰하기 위한 검사방법
2) 외이도를 확대시키고 수평이 되도록 하여 고막이나 외이도 깊은 곳을 관찰할 수 있다.
3) 비디오 이경검사는 검사하는 이미지를 모니터로 확상시켜 미세한 병변을 조기에 발견할 수 있다.

2. 순음청력검사 (PTA, Pure tone audiometry)

1) 순음청력검사(Pure tone audiometry, PTA)
   가. 하나의 주파수를 갖는 전기적 순음을 발생시켜 각 주파수에 따라 음의 강도를 조절하여 청력을 검사
   나. 청력의 가장 기본적인 검사 방법
   다. 기도청력검사와 골도청력검사를 시행하여 비교하는 방법
   라. 검사실에서 소리가 들리면 버튼을 누르고, 들리지 않으면 버튼을 누르지 않는 방법
   마. 25Hz, 250Hz, 500Hz, 1,000Hz, 2,000Hz, 4,000Hz, 8,000Hz의 단일 주파수 검사
2) 어음청력검사(Speech audiometry, SA) : 일상적인 의사소통능력을 알아보기 위한 검사로, 언어의 청취능력 및 이해능력을 평가

3) 임피던스 청력검사(Immittance auditometry, IA)

　　가. 소리가 외이를 통해 내이로 전달되는 과정에서 고막과 중이의 기능을 평가하는 검사

　　나. 귀마개를 통해 한 가지 주파수의 음자극을 준 뒤 고막으로부터 반사되는 음 에너지를 측정하는 방법으로 검사를 진행한다.

4) 전기와우도검사(Electrocochleography, ECoG) : 전극을 외이도에 삽입하거나 고막을 통해 중이 내로 삽입하여 음 자극에 따른 달팽이관의 전기적 반응을 기록하는 검사

5) 뇌간 유발 반응 청력검사(Auditory brainstem response threshold test, ABR) : 음 자극에 따라 청신경계의 반응을 기록하는 검사 방법으로, 유소아 난청의 선별검사 등에 사용되는 방법

6) 유발 이음향 방사 검사(Evoked otoacoustic Emission Test, EOAE) : 외유모세포의 소리를 밖으로 방출하는 이음향 방사 기능을 검사하는 방법으로, 유소아 난청의 선별검사, 이독성의 조기 진단 등에 유용하게 사용되는 방법

7) 유소아 청력검사 : 순음청력검사를 할 수 없는 유소아에서 조기에 청력 소실을 발견하여 치료하여 언어, 사회적 지체를 막기 위해 시행하는 검사

1 난청 (hearing loss)

1. 정의

말, 소리를 듣는 데 어려움이 있는 증상을 말한다.

2. 발생 원인

1) 외이도 염증, 귀지로 인한 막힘, 고막의 손상, 삼출성 중이염, 만성 중이염, 귓속뼈의 기능 이상
2) 선천성 난청
3) 강력한 소음에 의해 신경세포가 손상된 소음성 난청
4) 별다른 원인 없이 갑자기 청력이 크게 감소하는 돌발성 난청
5) 서서히 청력이 감퇴하는 노인성 난청
6) 달팽이관 신경세포를 파괴하는 약물에 의한 약물 독성 난청
7) 메니에르병이나 만성 중이염에 의한 합병증
8) 뇌종양에 의한 신경 손상

3. 증상

1) 시끄러운 곳에서 소리를 알아듣기 어려워 진다.
2) 소리의 방향을 알아채기가 어려워 짐
3) 귀울림(이명)
4) 어지럼증, 귀의 통증, 분비물이 동반

4. 진단

1) 외이도와 고막의 상태를 진찰
2) 특수 청력 검사, 측두골 CT, 측두골 MRI촬영

5. 치료

1) 약물 치료 (항생제)
2) 보청기
3) 인공와우 수술

2 중이염 (Otitis Media)

1. 정의

귀의 고막 안의 공간인 중이(중간 귀)가 감염되어 염증이 발생한 것을 말한다.

2. 원인

상기도 감염 → 감기

3. 증상

1) 통증, 고열
2) 심한 경우 고막이 터지면서 고름이나 피가 흐른다.

4. 진단

1) 귀안을 볼 수 있는 이경
2) 귀 내시경으로 고막 및 주변을 관찰

5. 치료

1) 항생제와 진통제를 투여
2) 고막을 절개하여 염증을 배출

3 이명(귀울음, tinnitus, ear ringing, ear noises)

1. 정의

외부 소리 자극이 없는데도 귓속에서 소리가 나는 현상을 말한다.

2. 원인

1) 청각 기관의 손상으로 인한 청각성 이명
2) 근육, 혈관 같은 청각 기관의 주위 구조물의 원인
3) 노인성 난청
4) 소음성 난청
5) 메니에르병, 만성 중이염, 약물로 인한 청각 손상, 뇌신경 종양
6) 고혈압, 동맥경화, 심장 질환, 혈관의 기형, 혈관성 종양, 빈혈 등

3. 증상

1) 윙~~~ 하는 소리가 계속 들린다.

2) 주위가 조용할 때 심해진다.

3) 신경이 예민할 때 심해진다.

4) 이명과 함께 청력 저하나 어지럼이 동반

4. 진단

1) 검진

2) 순음 청력 검사와 이명도 검사

3) 뇌간 유발 반응 검사

4) 측두골 CT, 측두골 MRI

5. 치료

1) 약물 치료

2) 소리발생기, 보청기 사용

4 메니에르 증후군(특발성 내림프수종, Meniere's disease)

1. 정의

어지럼증, 청력 감소, 귀울림, 귀 먹먹함 등의 증상이 갑작스럽고 반복적으로 생기는 질병을 말한다.

2. 원인

1) 속귀 안에는 관 모양 구조물인 내림프관이 있다.

2) 속귀의 기능인 청각 및 평형 기능에 중요한 역할을 한다.

3) 내림프관 안에 존재하는 액체인 내림프액이 비정상적으로 많아져서 내림프관이 부어오른다.

4) 부어오른 내림프관 때문에 속귀 기능의 문제가 발생하는 것을 말한다.

3. 증상

1) 반복적인 어지러움, 청력 저하, 귀울림, 귓속의 먹먹함

2) 메스꺼움, 구토 및 두통 발생

4. 진단

1) CT촬영, MRI 촬영

2) 어지럼증 및 청력 감소의 양상과 청력 검사 결과로 진단

3) 특수 청력 검사, 온도안진 검사

5. 치료

1) 식사 조절 → 소금의 양을 조절

2) 약물요법 : 진정제, 항히스타민제, 이뇨제

5 편도선염(Tonsillitis)

1. 정의

편도 내 세균으로 인해 급성 감염으로 일어나는 질환을 말한다.

2. 원인

1) 몸의 저항력 저하

2) 포도상구균, 폐렴구균, 헤모필루스(Haemophilus) 및 다양한 혐기성 균주

3) 인플루엔자바이러스(influenza virus),파라인플루엔자바이러스(parainfluenza virus), 단순헤르페스바이러스(herpes simplex virus), 콕사키바이러스(coxsackievirus), 에코 바이러스(echovirus), 리노 바이러스(rhinovirus), 호흡기 세포융합 바이러스(respiratory syncytial virus)

3. 증상

1) 고열, 오한, 인후통

2) 두통, 전신 쇠약감, 관절통

3) 경부임파선 비대

4. 진단

1) 검진

2) 세균 배양 검사, 인두 도말 검사

3) 컴퓨터 단층 촬영(CT)

5. 치료

1) 충분한 휴식, 수분 섭취, 증상 조절을 위한 소염진통제 복용

2) 편도 절제술

6 후두암(laryngeal cancer)

1. 정의

호흡 및 발성과 관련된 기관인 후두에 암이 발생한 경우를 말한다.

2. 원인

1) 흡연, 과음

2) 성대에 주로 발생하는 백반증, 각화증, 만성 염증, 만성 자극, 방사선과 공기 오염

3. 증상

1) 목소리가 잘 안 나온다(쉰목소리)

2) 종양이 궤양이나 염증을 형성해서 통증을 유발

3) 피를 토하거나, 목의 임파선에 전이가 되어 목에 딱딱한 혹이 만져짐

4) 연하 시 통증이나 연하 곤란

5) 지속적인 인후통

피부계통 질환

1 피부의 구조

1. 정의

피부는 겉으로부터 표피, 진피, 지방 조직의 3부분으로 나뉜다.

2. 표피

1) 표피에는 혈액이 흐르지 않아 벗겨 내도 출혈하지 않는다.

2) 표피의 맨 위쪽은 평평한 핵이 없는 상피 세포들이 겹쳐 있다.

3) 맨 바깥 세포충은 단단한 각질 → 투명한 세포층 → 다각형의 세포층 → 세포를 만드는 발아층 으로 구성되어 있다.

3. 진피

1) 신경 · 혈관 · 샘 등이 복잡하게 모여 있다.

2) 표피와 접한 곳은 물결 모양으로 되어 표피 밑에 들어 있다.

3) 땀샘 · 피지선 · 털 · 입모근 포함된다.

4. 지방 조직

1) 내부 기관을 보호하는 충격 흡수 장치의 역할

2) 체온을 유지시켜 주는 절연체로서의 역할

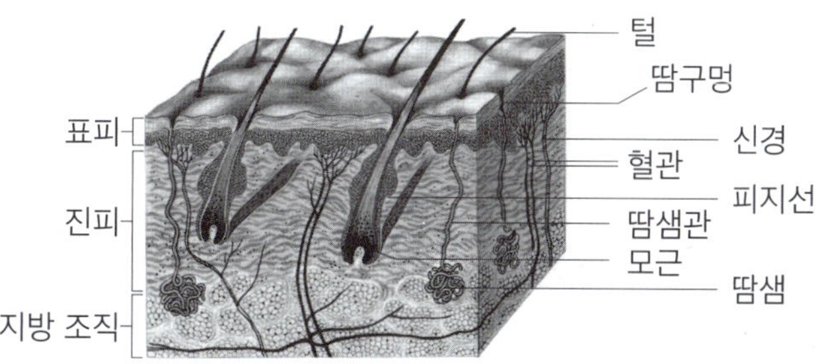

1 아토피성 피부염 (Atopic dermatitis)

1. 정의

천식, 알레르기 비염, 만성 두드러기와 함께 대표적인 알레르기 질환 중 하나이며 심한 가려움증을 동반하고 만성적으로 재발하는 피부 습진 질환을 말한다.

2. 발생 원인

1) 유전적인 요소
2) 환경적인 요소
3) 환자의 면역학적 이상
4) 피부 보호막의 이상

3. 증상

1) 참을 수 없는 가려움증
2) 외부의 자극이나 알레르기 유발 물질에 대한 매우 민감한 반응

4. 진단

1) 검진 : 환자가 가지고 있는 특징적인 증상을 토대로 진단
2) 혈액 검사
3) 단자 검사 : 소량의 항원을 피부에 살짝 바늘로 찔러 넣어 두드러기 양상 발진이 발생하는 정도를 보고 알레르기 반응을 판단하는 방법
4) 음식물 알레르기 검사

5. 치료

1) 유발인자 제거
2) 청결 유지
3) 약물요법 : 국소 스테로이드제, 국소 칼시뉴린억제제, 항히스타민제, 면역조절제, 항바이러스제
4) 자외선 치료
5) 면역 억제제 → 인터페론 감마, 사이클로스포린,
6) 면역글로불린을 정맥주사하는 치료

2 대상포진(Herpes zoster)

1. 정의

수두 - 대상포진 바이러스(varicella - zoster virus, VZV)가 소아기에 수두를 일으킨 후 신경 주위에 무증상으로 남아 있다가, 수두 - 대상포진 바이러스에 대한 면역력이 떨어질 때 신경을 타고 나와 피부에 발진을 일으키면서 심한 통증을 유발하는 질환을 말한다.

2. 원인

고령, 면역 저하제 사용, 이식, 에이즈 등으로 인해 면역력 저하

3. 증상

1) 신경이 있는 부위이면 얼굴, 팔, 다리 모든 신체에서 생긴다.
2) 심한 통증, 발열, 수포
3) 대상포진의 수포는 신경을 따라 발생(발진, 수포, 농포, 가피의 여러 단계가 산재한 양상)

4. 진단

1) 피부 병변의 모양을 확인
2) 현미경적 검사, 바이러스 배양 검사, 분자 유전자 검사를 시행

5. 치료

항바이러스제, 진통제를 사용

3 전신성홍반성 낭창 (루푸스)

1. 정의

전신 홍반성 낭창의 정확한 이름은 전신성 홍반성 루푸스이며, 주로 가임기를 포함한 젊은 여성에 주로 발병하는 대표적인 만성 자가면역 질환을 말한다.

2. 원인

1) 면역 체계에 호르몬
2) 유전적, 환경적 요인
3) 약물의 사용 : 하이드랄라진(고혈압 치료제)과 프로카인아마이드(부정맥 치료제)
4) 과로, 스트레스, 자외선

3. 증상

1) 뺨의 발진, 원반성 발진, 광 과민성, 구강 궤양

2) 뺨의 발진 : 양쪽 볼에서 콧등에 걸쳐 나비 모양의 붉은 반점

3) 근골격계 증상, 관절통과 관절염

4) 신경 증상 우울증, 불안, 주의력 결핍, 집중력 저하, 기억력 장애, 두통

4. 진단

특수 혈액검사 (자가항체 검사, 일반혈액 검사, 간 기능 검사, 신장 기능 검사)

5. 치료

약물 요법 : 비스테로이드성 소염제, 항말라리아제, 소량의 스테로이드제

4 가와사끼병(피부점막 임파절 증후군)

1. 정의

영아와 소아에게서 발생하는 급성 혈관염이다.

2. 원인

1) 유전적 요인

2) 세균이나 바이러스에 감염

3. 증상

1) 고열

2) 양측성 결막 충혈

3) 다양한 형태의 발진

4) 구강과 인두 점막의 홍반

5) 딸기혀, 붉고 균열된 입술

6) 설사, 구토, 복통, 담낭 수종, 마비성 장폐쇄, 경도 황달, 간염(AST, ALT상승)

4. 진단

1) 심전도와 심초음파

2) 관상동맥조영술

3) 뇌척수액 검사

4) 편광현미경검사

5) 혈액검사

5. 치료

약물용법 : 고용량 면역글로불린과 아스피린을 사용

5 베제트병(Behcet's disease, Behcet syndrome)

1. 정의

전신의 혈관에 염증이 발생하는 질환

2. 원인

유전적 소인이 있는 사람의 임파구 및 백혈구에 기능 이상으로 발생

3. 증상

1) 구강 궤양, 성기 궤양

2) 여드름 모양의 피부염, 모낭염, 혈관염이 동반된 구진성 발진

3) 실명으로 이어짐

4) 관절염의 특징은 관절이 지속적으로 아프지 않고, 일시적 혹은 반복적으로 통증이 발생한다.

5) 신경계 증상 : 무균성 뇌수막염, 뇌실질

6) 장딴지가 붓고 통증이 발생하며 혈전이 심할 경우 복부에 있는 대정맥이 막힐 수 있다.

4. 진단

혈액 검사, 피부 생검, 자극성 항진 검사(pathergy Test)

5. 치료

1) 생활 습관개선

2) 외용제, 경구약 복용

 천포창 (pemphigus)

1. 정의

피부와 점막에 수포를 형성하는 만성 물집 질환을 말한다.

2. 원인

정상적으로 외부 항원을 공격해야 할 항체들이 자신의 점막과 피부를 외부물질로 잘못 인식하여 공격하여 파괴하여 수포를 유발하는 질병을 말한다.

3. 증상

1) 피부와 점막에 이완성 수포가 형성
2) 이후에 파열되면서 딱지 형성
3) 사마귀 모양의 병변이 생김
4) 점점 자라 작은 종양으로 발전
5) 목, 서혜부, 겨드랑이에 계속해서 수포발생

4. 진단

1) 조직검사
2) 면역형광 검사
3) 정크검사(Tzanck test) → 터지지 않은 온전한 수포를 터트린 후 수포의 바닥을 긁어서 내용물에서 극세포 해리성 세포가 보이면 천포창을 의미한다.

5. 치료

1) 전신 스테로이드제
2) 면역억제제 싸이클로포스파마이드(싸이톡산), 아자치오프린(이뮤란), 쎌셉트
3) 정맥 내 감마 글로블린 주입

7 　건선(Psoriasis)

1. 정의

피부에 경계가 뚜렷하며 다양한 크기의 은백색의 비늘로 덮여 있는 홍반성 구진 및 판이 형성되는 질환을 말한다.

2. 원인

1) 유전적 요인, 환경적 악화 혹은 유발 요인, 면역학적 요인
2) 피부 외상, 감염, 겨울 같은 차고 건조한 기후, 건조한 피부, 스트레스, 약물

3. 증상

1) 사지의 폄 쪽(특히 정강이), 팔꿈치, 무릎, 엉치뼈, 두피에 대칭적으로 발생
2) 초기에는 피부에 붉은색의 작은 좁쌀알 같은 발진(구진) → 계란 크기로 커짐 → 그 위에는 하얀 비늘과 같은 인설이 겹겹이 쌓인다.

4. 진단

1) 신체검진 : 피부와 손톱의 특징적인 변화를 관찰
2) 피부 병리 조직 검사

5. 치료

1) 부신피질호르몬제, 비타민 D 유도체, 보습제
2) 자외선을 이용해 건선을 치료하는 방법

 피부암(Skin cancer)

1. 정의

피부암은 피부에 발생하는 악성 종양을 말한다.

2. 발생 원인

1) 햇빛에 의한 손상 → 햇빛의 자외선은 DNA에 손상을 입혀서 세포 성장과 분화에 영향을 줌
2) 바이러스 감염
3) 장기 이식 환자, 에이즈 환자와 같이 면역이 억제된 환자

3. 진단

1) 피부 생검 검사
2) X-ray촬영, 복부 초음파 검사
3) 방사성 동위원소 검사, CT 촬영, MRI 촬영

4. 치료

1) 외과적 절제술
2) 소파 및 전기 소작술, 냉동 치료, 방사선 치료
3) 화학 요법, 면역 요법, 방사선 치료

PART 2

예상문제 풀이

01. 신체부위의 방향에 따른 용어를 5개이상 서술하시오.

답

내측(Medial)	정중면 중심으로 가까운 쪽
외측(lateral)	정중면에 중심으로 먼 쪽
근위(proximal)	심장에 가까운 쪽
원위(distal)	심장에 먼 쪽
장측(palmar)	손바닥 쪽
저측(plantar)	발바닥 쪽
배측(dorsal)	손등 또는 발등 쪽

02. 해부학적 위치, 방향에 관한 용어를 서술하시오.

답

굴곡 (flexion)	각을 이루며 굽히는 것
신전 (extension)	굴곡의 반대운동으로 펴는 것
내전 (adduction)	정중면(시상면)쪽으로 오는 것
외전 (abduction)	정중면(시상면)에서 멀어지는 것
회내(pronation)	해부학적 위치에서 손바닥이 몸쪽으로 돌리는 것
회외(supination)	회내의 반대방향으로 돌리는 것
배측굴곡(dorsi-flexion)	손등이나 발등 쪽으로 굴곡 되는 상태
저측굴곡(plantar flexion)	손바닥이나 발바닥 쪽으로 굴곡 되는 상태
내번(inversion)	발목을 움직여 발바닥이 몸 쪽을 향하도록 하는 운동
외번(eversion)	발목을 움직여 발바닥이 바깥쪽을 향하도록 하는 운동

03. 다음을 설명하고 있는 용어는?

> 골단을 싸고 있는 연골의 얇은 층으로 관절을 형성하는 곳에 뼈의 말단을 감싸고 있는 작은 고무 쿠션과 같은 기능을 수행한다.

📋 관절연골(articular cartilage)

04. 다음은 골을 성장과정을 설명한 것이다. (   )안에 들어갈 용어와 특징을 서술하시오

> 골조상세포 → (가   ) → 골세포 → 파골세포

📋 가. 골모세포
1. 골조상세포로부터 분화
2. 유기질은 석회화가 되기 전 단계
3. 유골형성(얇은 기질층을 형성)
4. 골조직 생성에 필수적인 역할
5. 파골세포자극인자를 분비
6. 골조직을 흡수하는 것을 조절

05. 두개골은 뇌두개골 (6종 8개)와 안면두개골 (9종 15개)로 이루어져 있다. 뇌두개골의 종류를 서술하시오.

📋 후두골(1개), 전두골(1개), 두정골(2개)
측두골(2개), 접형골(1개), 사골(1개)

06. 사지를 구성하는 뼈 중 수근골의 종류를 서술하시오

답 주상골, 월상골, 삼각골, 두상골 이 한 줄을 이룬다.
대능형골, 소능형골, 유두골, 유구골

07. 사지를 구성하는 뼈 중 족근골의 종류를 서술하시오.

답 거골, 종골, 주상골, 입방골, 설상골 3개(외측, 중간, 내측)

08. 병적 골절의 호발부위를 서술하시오.

답 1. 척추(골다공증)
2. 대퇴경부, 고관절부위
3. 요골 원위부

09. 피로골절의 호발부위를 서술하시오.

답 ① 경골
② 중족골
③ 종골
④ 대퇴골

10. 골의 치료단계 중 다음을 설명하고 있는 것은?

> 1. 파골세포의 흡수 과정
> 2. 성숙골이 만들어 지는 시기
> 3. 통증을 느끼지 않는다.
> 4. 산소의 농도가 정상으로 돌아오며 6주 정도에서 서서히 일어난다.

답 재형성기

11. 부목을 하는 이유를 서술하시오.

답 1) 추가적인 연부조직 손상을 예방하고 폐쇄성 골절이 개방성 골절로 전환되는 것을 방지
2) 동통을 경감
3) 지방색전증 및 쇼크 발생을 감소
4) 골절 확인을 위해 X-ray촬영을 용이하게 한다.
5) 환자 이동을 용이하게 한다.

12. 다음을 설명하고 있는 치료방법과 치료가 필요한 골절을 서술하시오.

> 골절된 사지를 장축으로 잡아당겨 골절부의 연부조직에 긴장력이 가해져 골편들을 해부학적 위치로 이동 시키는 방법

답 견인치료
1. 소아의 대퇴골 골절
2. 경추골절 및 탈구
3. 비구분쇄골절을 동반한 중심성 고관절 골절
4. 부종 및 연부 조직손상으로 환부고정을 할 수 없는 경우
5. 수술을 하지 못하는 성인의 대퇴골 분쇄골절
6. 혈관손상이 동반된 골절

13. 다음이 설명하고 있는 질환은?

> 1. 다발성 골절 환자에서 사망률이 가장 큰 원인 중 하나로 급성호흡곤란증후군의 중요 원인
> 2. 골수에서 떨어져나간 지방 미립자가 파열된 정맥을 통해 혈류에 진입한 후 폐, 뇌, 심장 및 신장과 같은 장기에 색전증을 일으켜 급격한 호흡장애를 비롯한 심각한 증상을 유발하며 심할 경우 사망하기도 한다.
> 3. 주요증상 : 호흡곤란, 뇌증상, 점상출혈반(흉부, 액와부, 경부, 결막부위)
> 4. 예방 : 부상 발생 초기에 견고한 고정이 제일 중요하다.

답 지방색전증

14. 다음이 설명하고 있는 질환은?

> 부상부위가 광범위한 외상성 근육 손상 또는 지혈대를 장시간 부상부위에 사용하면 근육에 괴사가 일어나며 결국 급격한 쇼크 상태가 발생한다.
> ① 원인
> 　원인을 알 수 없지만 괴사된 근육에서 떨어져 나온 마이오글로빈이 신세뇨관을 폐쇄 하거나 신동맥 수축에 의한 세뇨관 세포의 괴사로 급성 신부전을 일으킨다는 학설도 있다.
> ② 치료
> 　부상부위에 지혈대의 장기간 사용으로 인한 근육괴사가 발생하는 경우에는 지혈대 절단을 시행한다. 소변량 유지 하면서 폐부종 발생하지 않도록 수액조절을 한다.
> ③ 예후
> 　사망률이 매우 높으며 신기능이 1주 이내 회복되면 생존가능성이 있지만 대부분 2주 이내 증상이 악화되어 사망할 수 있다.

답 압궤증후군(크러쉬 증후군)

15. 슬관절 손상 후 심한 통증을 호소하고 X-ray촬영 상 골절은 관찰되지 않았다. 환자의 슬관절 상태가 잠긴현상이 있고, 무릎이 앞으로 전위되는 경향이 있다.

(1) 상기 환자의 의심 소견에 대한 대표적인 신체검진 방법을 서술하시오.

(2) 상기 환자의 진단을 위해 필요한 영상학적 검사방법을 서술 하시오.

[(1) 정답]
1) 반월상 연골 손상 검진
   McMurry test : 누운 자세에서 무릎을 90도 굴곡시킨 후 발과 하지를 내외측으로 회전시켜 손상부위를 확인하는 검사 방법
2) 전방십자인대 손상 검진
   Lachman test : 슬관절을 0~20도 정도 굴곡 시킨 후 슬관절을 전방으로 전위시켜보는 검사 방법
[(2) 정답]
가. 영상의학적 검사 CT촬영, MRI 촬영
나. 동요정도를 측정하기 위해 전방 스트레스 뷰 검사와 외반 스트레스 뷰 검사를 시행. 건측과 함께 촬영하여 환측과 비교한다.

16. 설명하고 있는 골절에 대하여 서술하시오.

> 다음은 상지 골절의 종류이다.
> 가. 요골골두 탈구와 척골근위부 골절이 동반된 손상
> 나. 요골원위부 골절로 주로 손을 짚은 손목관절에서 팔꿈치 쪽으로 발생하는 골절
> 다. 상완골 간부 또는 원위부골절과 요골신경이 동반된 손상
> 라. 제1경추골절
> 마. 무지 관절내 골절로 중수골 원위부가 요배부로 전위된 골절

가. 몬테지아 골절
나. 콜레스 골절
다. Holstein-Lewis 골절
라. 제퍼슨 골절
마. 베네트 골절

17. 다음이 설명하고 있는 질환은?

외부의 압력으로 막힌 근막 내 공간에 압력이 증가되어 모세혈관의 혈액순환이 저하된 상태를 말한다.

[호발부위 및 증상]

1. 탄력이 별로 없는 골과 근막으로 단단히 싸여있는 골격근에서 발생
2. 정상 구획내의 조직압은 0mmHg인데, 30mmHg이상으로 올라감
3. 조직혈류량이 부족해져 상대적 국소빈혈상태가 됨
4. 조직의 괴사가 발생하면 변형 및 기능소실이 심각(신경손상,근육괴사, 허혈성구축, 염증과 감염)
5. 발생 12시간이 지나면 비가역적인 손상이 발생
6. 빠른 진단과 치료가 매우 중요하다.
5. 5p 증후
   동통 → 무맥 → 창백 → 이상감각 → 마비

탑 구획증후군

18. 무혈성괴사(Avascular Necrosis, AVN)의 호발부위에 대하여 서술하시오.

탑 고관절 대퇴골두, 주상골(수부), 거골체부

19. 다음이 설명하고 있는 질병은?

> 사지의 외상 후, 그리고 드물게는 중추신경손상(뇌졸중, 척수손상)이나 심근 경색 후 발생하는 질병이다. 통증과 함께 감각이상, 자율신경계의 기능부전, 운동기능장해, 영양이상 등 여러 증상을 동반하는 신경병성통증 병변을 말한다.
> 2. 분류.
>   가. 제1형
>   반사성 교감 신경이영양증이라고하며 신경손상의 직접적인 손상이 없이 발생하며 주로 외상이나 장기간의 고정 혹은 뇌손상이나 척수 손상같은 중추신경의 손상 후에 발생한다.
>   나. 제2형
>   작열통이라고 하며 말초신경의 직접적인 손상에 의해 발생하며 나타나는 증상과 징후는 제1형과 같다.

🗒 복합부위통증증후군(CRPS)

20. 다음은 화상에 대하여 설명한 것이다. 몇도 화상에 대한 설명인가?

> 피하조직까지의 손상, 화염, 뜨거운 물체, 화학약품, 고압전류 등으로 발생 전 층의 손상은 감각이 없어지며, 피부 이식이 필요하다. 감염의 예방, 탈수증상 예방이 필수이다.

🗒 3도 화상

21. 뇌막을 둘러 싸고 있는 막에 대하여 서술하시오.

🗒 (1) 경막 (Dura mater)
    경막은 뇌를 싸고 있는 막 중 가장 바깥층에 위치해 있으며 두개골 내측에는 주로 수막이 위치하고 혈관이 손상되면 두개골과 경막사이에 혈액이 축적되어 경막외 혈종이 발생한다.
  (2) 지주막 (Arachnoid membrane)
    경막의 아래에는 지주막이 위치하며 경막과 지주막사이의 공간을 경막하공간이라고 한다. 경막하공간에는 많은 교정맥이 분포하며 이 혈관이 손상되어 출혈되면 경막하혈종을 유발한다.
  (3) 연막 (Pia mater)
    연막은 뇌를덮고 있는 얇은막으로 지주막과 연막사이의 공간을 지주막하공간이라고 한다. 이 공간은 척수액으로 채워져 있으며 이 공간의 출혈을 지주막하 출혈이라고 한다.

22. 다음이 설명하고 있는 것은?

> 1. 뇌와 척수를 둘러싸고 있으며 윤활작용을 하고 물리적인 충격을 막아준다.
> 2. 뇌척수액은 주로 뇌실에서 만들어져 대뇌와 척수를 연결하는 뇌간에 있는 통로를 통해 척수 쪽으로 내려가며, 주위 조직에 스며들어 중추신경계 밖으로 나간다.
> 3. 뇌의 무게를 지탱하는 데 도움을 준다.
> 4. 뇌 및 척수와 주위를 싸고 있는 뼈가 만나는 면의 마찰을 줄여준다.
> 5. 머리를 맞았을 때 충격을 줄여주는 완충 역할을 한다.
> 6. 두개골 속의 압력을 일정하게 유지시켜준다.
> 7. 요추천자를 통해 채취한 뇌척수액을 분석하여 뇌내의 감염성 질환, 출혈, 종양 등 중추신경계의 다양한 질환을 진단한다.

답 뇌척수액(Cerebro Spinal Fluid, CSF)

23. 다음은 상완신경총 중 어느 신경에 대한 설명인가?

> 전완과 손의 내방 내측 1/3의 근육 담당,손목관절의 굴곡, 수지관절의 굴곡 및 제4~5수지관절 신전운동, 제4수지 내측손바닥과 제5수지의 손등 감각 담당, 손상 시 독수리손(갈퀴손) 원인

답 척골신경

24. 12개의 뇌신경에 대하여 서술하시오.

답 (1) 후신경 (olfactory nerve)

　　가. 후각소실 (Anosmia)

　　　두개저 골절로 후신경이 파열 된 경우는 냄새를 맡지 못한다.

　　나. 후각이상과 착각후각

(2) 시신경 (optic nerve)

　　1) 시신경염 (papillitis)

　　2) 2차적 시신경위축 (Secondary optic atropic)

(3) 동안신경 (oculomotor nerve)

　　가. 안구를 움직이는 6개의 근육 중에서 4개인 상직근, 하직근, 내직근, 하사근을 담당

　　나. 눈꺼풀(안검)을 위로 올려 눈을 뜨게 하는 상안검거근을 담당

　　다. 동공의 확장(방사형근육 radial muscle)과 동공축소(윤상근육 circular muscle)을 담당

(4) 활차신경 (trochlear nerve)

　　안구운동을 지배하는 6개근육중 상사근을 담당

(5) 삼차신경 (trigeminal nerve)

　　안면의 전반적인 감각(이마, 안면피부, 결막, 누선, 연구개, 경구개)을 담당하며 안신경, 상악신경, 하악신경으로 나누어진다.

　　가. 안신경 : 이마, 안구, 위눈꺼풀, 코피부, 결막, 누선

　　나. 상악신경 : 코 외측, 아래눈꺼풀, 윗입술, 연구개, 경구개

　　다. 하악신경 : 혀, 아래치아의 감각, 저작근, 하악설골근, 이목근, 고막긴장근, 구개긴장근

(6) 외전신경 (abducens nerve)

　　안구운동을 지배하는 6개근육 중 외측직근을 담당한다.

(7) 안면신경 (facial nerve)

　　가. 외이와 귀의 피부의 통각, 온도감각을 담당

　　나. 혀의 앞 2/3의 미각

　　다. 누선의 눈물분비기능과 하악선, 설하선, 안면의 표정근, 광경근, 경돌설골근을 담당

(8) 청신경 (vestibulocochlear nerve)

　　소리를 듣는 청각과 평형감각을 담당한다.

(9) 설인신경 (glossopharyngeal nerve)

　　가. 중이, 편도, 인두, 연구개, 경동맥동등의 내장감각을 지배

　　나. 혀 뒤쪽 1/3의 미각

　　다. 귓바퀴와 외이도, 고막의 감각, 인후두부의 근육의 움직임, 구역반사, 구개반사의 중추이다.

(10) 미주신경 (vagus nerve)

　　가. 내장기관 중 호흡기의 평활근, 소화기관 중 식도부터 대장의 가로결장까지의 평활근, 구강, 인후두, 심장, 경동맥, 소화기관(식도, 위, 소장, 대장, 간, 담낭, 췌장), 후두개의 미각, 외이도와 고막의 감각을 담당

(11) 부신경 (accessory nerve)

　　흉쇄유돌근, 상부승모근, 구개근, 후두근을 담당

(12) 설하신경 (hypoglossal nerve)

　　혀의 내재성, 외재성근육의 혀운동과 모양을 조절

25. 다음 중 (   )안에 들어갈 말은?

	심장박동	소화운동	동공	혈관(혈압)	방광	침분비
교감 신경	(가)	억제	(다)	수축(상승)	이완	(마)
부교감 신경	(나)	촉진	(라)	이완(강하)	수축	(바)

답 가. 촉진
　 나. 억제
　 다. 확대
　 라. 축소
　 마. 억제
　 바. 촉진

26. 다음을 설명하고 있는 반사는?

> 정상인에서는 족저부의 외측을 족종부에서 전방으로 자극하면 표재성 반사인 족지의 족저부 굴곡을
> 이루는 족저반사가 나타나나 뇌손상 시에는 이와 반대 되는 족지를 쭉 펴는 현상이 나타난다.

답 바빈스키 반사

27. 고혈압의 위험인자에 대하여 서술하시오.

답 1) 고혈압
　　수축기 혈압이 160~180mmHg인 사람은 160이하인 사람에 비하여 뇌졸중의 발생 위험이 4배가 높다.
　 2) 흡연
　　흡연은 뇌졸중의 위험율을 50%가량 증가시킨다. 니코틴성분은 말초혈관을 수축시켜 고혈압을 발생시킨다.
　 3) 당뇨
　　당뇨환자에서 뇌졸중의 발생 빈도를 증가된다.
　 4) 관상동맥경화증
　 5) 심장질환 : 심장질환이 있는 환자는 정상인 보다 뇌졸중의 발생률이 높다.

28. 다음이 설명하고 있는 질병은?

> 1. 정의 : 양측 내경동맥의 형성 장애로 뇌동맥조영상이 뿌연 담배연기모양과 비슷하다고 하여
>   일본말로 "puff of smoke"란 의미로 불리고 있다
>   가. 일과성 허혈성발작, 뇌경색, 뇌내출혈 등 다른 뇌내혈관 이상 질환과 유사한 증상들을 나타 낸다.
>   나. 소아는 운동마비, 언어장애 및 지능 저하 등이 주로 발생한다.
>   다. 성인에서는 뇌출혈(특히 여성)으로 인한 두통, 의식장애 등이 나타난다.
> 2. 검사방법
>   중요한 검사는 뇌혈관조영술이다.
> 3. 치료방법
>   확실한 원인이 밝혀지지 않았기 때문에 치료방법은 정확히 없지만 약물치료법과 외과적 수술치료
>   법이 있다.

📋 모야모야병 (moyamoya disease)

29. 다음이 설명하고 있는 질병은?

> 망가져 가는 신경세포 안에서 발견되는 단백질 덩어리로써 파킨슨병 환자의 주요 병변 부위인 뇌간의
> 흑질부위에서 잘 관찰되며 진행 양상이 알쯔하이머병과는 다르고 인지 능력장애의 심한 변화를
> 보이면서 간혹 의식장애도 나타날 수 있다.

📋 루이소체 치매 (Diffuse Lewy body dementia)

30. 뇌사 진단의 선행조건에 대해 서술하시오.

📋 (1) 원인질환이 확실하고 치료될 가능성이 없는 기질적인 뇌병변이 있어야 할 것
   (2) 깊은 혼수상태로서 자발호흡이 없고 인공호흡기로 호흡이 유지되고 있어야 할 것
   (3) 치료 가능한 약물중독 (마취제 · 수면제 · 진정제 · 근육이완제 또는 독극물 등에 의한 중독)이나 대사성 또는
       내분비성장애 (간성혼수 · 요독성혼수또는 저혈당성뇌증 등)의 가능성이 없어야 할 것
   (4) 저체온상태(직장온도가 32℃ 이하)가 아니어야 할 것
   (5) 쇼크상태가 아니어야 할 것

31. 제5경추 신경근에서 제1흉추 신경근까지(C5~T1) 5개의 신경근이 모여 상지를 지배하는 5개 신경 (근피, 액와, 요골, 정중, 척골신경)으로 이루어져 있다. 다음을 설명하는 부위와 손상원인에 대해 서술하시오.

답 1. 상완신경총
   2. 손상원인
      가. 교통사고, 낙상, 총격
      나. 낙상 사고 시에 어깨와 측두부로 착지하여 손상
      다. 안전벨트에 쇄골골절이 일어나거나, 견관절 탈구가 일어나는 등의 원인
      라. 태아 출생 시 신경총이 견인손상 되어 발생한다.

32. 다음을 설명하고 있는 신경은?

2. 손상원인
   1) 상완골 간부, 과상부 골절 시 생긴 날카로운 골절편에 손상
   2) 골절수술 시에 발생한다. (Holstain-Lewis syndrome) : 상완골간부골절 + 요골신경마비 동반하는 경우)
   3) 수면시 팔베개를 하여 외부의 오랜 압박으로 일시적인 손상이 있을 수 있다.
3. 증상
   1) 주관절, 손목관절, 중수수지 관절의 신전근과 전완주의 회외근을 능동적으로 신전할 수 없는 장애가 발생한다.
   2) 완관절 하수 (wrist drop)를 초래하여 무지와 시지의 신전이 불가능하게 된다.
   3) 감각소실은 손등의 엄지손가락 부근의 제1물갈퀴 공간 (first web space) 후방에 나타난다.

답 요골신경

33. 다음을 설명하고 있는 신경은?

> 가. 제6, 7, 8 경추와 제1흉추 신경근으로 구성되며 손목과 손가락의 굴곡을 담당한다.
> 나. 주관절보다 근위부에서 손상되면 전완부의 회내기능과 손목의 굴곡 기능이 약화 되고, 제1, 2, 3
> 수지의 굴곡이 안 되며, 제4, 5 수지의 굴곡이 불완전해진다.
> 다. 손상 시 바이올린 연주 시 손모양과 유사하다 (유인원의 손, ape hand)

답 5. 정중신경 (Median Nerve)

34. 다음을 설명하고 있는 신경은?

> 가. 제8경추 신경근과 제1흉추신경근으로 구성되며 상완신경총 중 내삭(medial cord)에서 분지된다.
> 나. 상완골 외과골절 후 부정유합으로 인한 주관절의 외반변형이나 재발성 신경이탈에 의한 신경이완
> 및 마찰로 진구성 신경마비 초래 된다.
> 다. 증상이 지속되면 근위축 및 갈퀴손변형 초래 (구수변형 : 독수리손)

답 척골신경

35. 다음을 설명하고 있는 신경은?

> 가. 정중신경의 압박되어 발생하는 증후군으로 중년(40～60세)여자에서 호발하며, 새끼손가락을
> 제외한 손에 쑤시거나 저린 감각이상이 주된 증상이다.
> 나. 반복적인 손동작, 뜨개질, 걸레질, 설거지, 운전, 페인팅 등 과 화상, 잠복 요골동맥, 임신이나 비만
> 다. 손을 터는 동작을 하면 통증이 가라 앉는다.

답 수근관 증후군 (carpal tunnel syndrome)

36. 다음을 설명하고 있는 신경은?

> 가. 경골내과의 후면과 종골의 내측면이 바닥을 이루며 , 이것을 연결하는 굴근 지대가 천장을 이루는
>   구조로 이 터널을 지나가는 후경골신경이 포착되어 장애를 일으킨다.
> 나. 족저와 발가락 끝에 통증이나 저린감을 호소
> 다. 서있거나 걸을 때 통증이 심해지는 양상을 보임
> 라. 진단은 족저근 위축은 뚜렷하지 않은 경우가 많다.

답 족근관증후군 (Tarsal tunnel syndrome)

37. 추간판 탈출증의 종류를 서술하시오.

답 ① 팽윤 (bulging) – 퇴행성 변화에 의해서 섬유륜이 추간판의 정상범위 바깥쪽으로 3mm이상 밀려나온 것
 ② 돌출 (protrusion) – 추간반이 후방으로 탈출되었으나 후종인대를 넘어서지 않는 정도
 ③ 탈출 (extrusion) – 후종인대를 넘어서 탈출하여 척추관 또는 신경근관 내로 전위된 정도
 ④ 격리(sequestrated) – 탈출된 수핵이 모체와 완전히 단절되어 격리된 상태로, 격리된 추간판은 수핵, 섬유륜,
 연골 등으로 구성되어 있다.

38. (   )안에 들어갈 말은?

부위	골절명	손상원인
요골 원위부 골절	(가)	손을 짚어 넘어지면서 생긴 골절로 손목과 연결된 골절편(원위 요골 골절편)이 뒤로 밀려나 마치 손목이 포크모양의 변형(silverfork deformity) 정중신경손상
	(나)	역콜레스 골절
요골, 척골 원위부 골절+탈구	(다)	요골 중, 하 1/3부의 골절과 척골원위단의 탈구가 합병된 것
척골 근위 골절+탈구 (주관절 부위)	(라)	• 요골두 탈구와 척골근위1/3골절이 동반된 경우이며, 전방탈구가 가장 흔하다. • 합병증 – 요골신경손상
요골원위 관절내 골절	(바)	손을짚고 넘어졌을 때 발생되며 원위골편이수근골과 함께 후방쪽으로 옮겨간 것

답 가. 콜레스 골절
나. 스미스 골절
다. 갈레아찌 골절
라. 몬테지아 골절
바. 바톤씨 골절

39. 다음을 설명하고 있는 질병은?

1. 엄지쪽에 지나가는 힘줄의 협착으로 인한 염증이 통증이 유발된다.
2. 손목이나 손가락을 과도하게 사용하는 반복적 활동에 의해 발생
3. 이차적으로 주변조직(지대, 지지띠)이 섬유화로 인하여 두꺼워져서 협착이 발생
4. 핀켈스테인검사 (Finkelstein씨 검사)

답 드꾀르벵 병 (De Quervain' disease)

40. 견관절 탈구의 검사방법을 서술하시오.

답 가. Stimson 방법
나. Hippocrates 방법
다. Kocher 방법
라. X-ray 촬영, CT촬영, MRI촬영

41. 회전근개를 이루는 근육의 종류를 서술하시오.

답 극상근, 극하근, 소원근, 겹갑하근

42. 반월상연골의 손상 시 나타나는 증상과 검사방법을 서술하시오.

답 가. 증상
- 동통 및 압통
- 운동 제한
- 잠김(locking)
- 불안정(giving way)
- 대퇴사두근 위축(quadriceps atrophy)

나. 검사방법
- 맥머레이(McMurray) 검사
- 아플레이 (Apley) 검사
- MRI 혹은 관절경 검사
- 웅크리기 검사
- 관절경 검사

43. 십자인대 검사방법을 서술하시오.

답 가. 전후방 또는 회전 불안정성을 신체 검진을 통해 확인한다.
나. 전방 전위 징후, Lachman 검사, 전외측방 동요검사
다. 스트레스 방사선 검사, 자기공명영상(MRI), CT촬영을 한다.

44. 다음을 설명하고 있는 질병은?

> 가. 원인은 다양하나, 대퇴골과 경골 사이에서 완충 장치 역할을 하는 반월상연골(meniscus)이 파열된 경우가 주요 원인이다.
> 나. 선천적으로 반월상연골이 원판형인 경우
> 다. 슬내장은 무릎관절의 양 측면에서 무릎관절의 좌우 움직임을 조절하는 측부인대(collateral ligament)가 손상된 경우
> 라. 물리적 신체검사와 관절경 검사, 엑스선 검사, MRI 촬영 등을 통해 진단한다. 이후 슬내장의 원인과 무릎관절의 상태에 따라 국소안정, 투약, 재활프로그램 등 비수술적 치료를 선택하거나 수술로 원인 질환을 치료한다.

답 슬내장증(Internal Derangement Knee, IDK)

45. 아킬레스건을 이루는 건과 골을 서술하시오.

답 가. 비복근(Gastrocnemius muscle)과 가자미근(Soleus muscle)의 원위부
　　나. 종골에 부착

46. 홍길동(45세)은 농구경기 중 발목에서 뚝하는 느낌(둔탁한 느낌)과 함께 넘어졌으며, 우측 발목 통증이 심하게 느껴졌다고 한다. MRI 검사상 아킬레스건 완전 파열 소견이었다.

> 가. 아킬레스건 파열 진단을 위한 대표적인 신체검진 방법에 대하여 서술하시오.
> 나. 치료방법에 대하여 쓰시오.

답 가. 톰슨 압착검사 : 엎드린 자세에서 종아리의 가장 굵은 부분을 압착하면 족저굴곡이 나타나지 않는다면 양성
　　 소견으로 아킬레스건 파열을 의미한다.
　　나. 환자 상태가 완전파열이므로 수술적 방법인 아킬레스건 봉합술을 시행한다.

47. 홍길동 (45세)은 놀이터에서 아이와 놀아 주던 중 미끄럼틀에서 떨어져 하퇴부 골절상을 입어 병원에 내원하였다.

> [증상]
> - 녹슨 쇠에 찔려 개방창으로 10cm 정도로 봉합술을 시행하고 입원하였다.
> - 병원 입원 후 발열, 오한 등의 증상이 있고 상처 주변이 욱씬거리면서 근육떨림 증상이 있으며,
>   점차로 목과 턱 근육의 심한 수축으로 인하여 삼키지 못하는 증상이 나타났다.

(1) 상기 환자에게 예상되는 질병은?

답 파상풍이 예상된다.
　파상풍균은 흙 이나 녹슨 쇠등에 많이 서식하며 이 균이 개방창의 혈류로 통하여 신경독소가 신경세포에 작용하여 근육의 경련성 마비와 동통을 동반한 근육수축을 일으키는 감염성 질환이다.

48. 의식수준을 평가하는 방법 중 객관적인 검사방법으로 GCS(Glasgow coma scale)이 있다. 이 평가항목에 대하여 서술하시오.

답 첫째 개안반응(Eye opening : E)으로 4점
둘째 언어반응(Verval Response : V)으로 5점
셋째 운동반응(Motor Response : M)으로 6점, 총 15점 만점으로 평가하며, 점수별 의식단계는 청명은 15점, 기면은 13~14점, 혼미는 8~12점, 반혼수는 4~7점, 혼수는 3점이하 이며 각 항목별로 2-3회 반복하여 가장 좋은 점수를 기준으로 한다.

49. 연골의 종류에 대하여 서술하시오.

답 가. 초자연골 : 관절연골이 대표적이고 호흡기계통을 형성하는 연골 대부분 즉, 늑연골, 비연골, 후두연골, 기관지연골이 이에 속한다.
나. 탄성연골 : 외이, 이관, 후두개 등에서 볼수 있으며 초자연골보다 황색을 띄며 불투명하고 탄성력이 크다
다. 섬유연골 : 인대나 건이 관절 인접부에 부착하는 부위, 추간판, 치골결합부, 원형인대 등에서 볼 수 있다.
라. 골단판 : 성장판이라고도 하며 이차골화중심에 의해 형서된 골단과 일차 골화중심에 의해 형성된 골간단 사이에 위치하는 연골이며 장관골의 길이 및 직경을 성장시키는 중요한 역할을 한다.

50. 다음 중 (   )안에 들어갈 말을 쓰시오.

슬관절은 인체에서 가장 큰 (가)으로 낙상 또는 교통 사고와 같은 직접 외상에 의한 골절이 많이 발생하지만 (   ) 의 강한 수축과 함께 갑작스럽게 슬관절이 굴곡되면서 과도한 인장력에 의한 간접적인 외상에 의해 (   ) 골절이 초래될 수 있다.

답 가. 종자골
나. 대퇴사두근
다. 견열 골절

01. 다음 (   )안에 들어 갈 말을 쓰시오.

	양성종양	악성종양
세포의 특성	• 분화가 잘 되어 있다. • 세포가 성숙하다.	• 분화가 잘 되어 있지 않다. • 미성숙세포(역분화, 탈분화)
성장속도	성장속도가 (　가　) (성장이 멈추는 휴직기를 갖는다)	성장속도가 (　나　)
성장양식	주변조직에 대한 침윤이 (　다　)	침윤하면서 성장 한다.
피막형성 여부	피막이 있어 종양이 주변으로 침윤하는 것을 방지한다.	피막이 없어 주변조직으로 침윤이 잘 일어난다.
전이여부	(　라　)	(　마　)
재발여부	수술로 제거 시 재발이 거의 없다	초기를 제외하고 재발가능성 높다
예후	좋다.	종양의 크기, 림프절의 침범여부, 전이여부에 따라 달라진다

답 가. 느리다.
　나. 빠르다.
　다. 없다.
　라. 없다.
　마. 있다.

02. 종양이 번진 정도에 근거하여 분류하는 방법으로 TNM 병기분류법이 있다. TNM의 정류를 서술하시오.

답 • "T" → 종양의 크기와 국소적으로 전파된 정도
　• "N" → 종양의 침범을 받은 주변 림프절의 수 (nodes)
　• "M" → 종양세포의 전이(metastases. 멀리 떨어진 부위로의 전파) 여부

03. 골다공증은 뼈의 양이 줄어들어 뼈가 얇아지고 약해져 잘 부러지는 질환을 의미한다. 골밀도 검사의 티 수치(T-scores)로 판단하는 기준에 대하여 서술하시오.

> 답 나. 수치가 -1 이상이면 정상이며
>   다. -1 ~ -2.5 사이면 골감소증
>   라. -2.5 이하일 경우 골다공증

04. 다음을 설명하는 질병은?

> 가. 초기 증세는 주로 손마디가 뻣뻣해지는 것
> 나. 아침에 자고 일어난 직후에 이 증상이 심하게 나타남
> 다. 1시간 이상 관절을 움직여야만 뻣뻣한 증세가 풀림
> 라. 손마디가 붓고 통증이 느껴져 손을 쓸 수 없다.
> 마. 관절염이 무릎이나 팔꿈치, 발목, 어깨, 발까지 침범하는 경우도 흔하다

> 답 류마티스 관절염 (Rheumatoid Arthritis, RA)

05. 2차성 고혈압의 원인이 되는 질환과 위험요인을 5가지 이상 서술하시오.

> 답 가. 2차성 고혈압의 원인
>   1) 만성신질환
>   2) 만성당뇨병
>   3) 갑상선 질환(갑상선기능항진증)
>   4) 부갑상선 질환
>   5) 쿠싱증후군(부신피질기능 항진증)
>   6) 폐쇄성 수면 무호흡증
>   7) 신혈관성 질환
>   나. 고혈압의 위험요인
>   1) 고지혈증, 당뇨병, 심장질환의 가족력
>   2) 염분섭취
>   3) 나이(고령)
>   4) 운동부족
>   5) 흡연
>   6) 스트레스
>   7) 비만

06. 홍길동(60세)은 다음과 같은 증상이 있어 병원에 내원하였다.

> 가. 화를 참지 못하고 신경질적
> 나. 기다리줄 모르고 조급함
> 다. 식사를 많이 해도 체중감소가 일어남
> 라. 가슴이 빨리 뛴다.
> 마. 땀을 많이 흘린다.
> 바. 안구 돌출 현상

(1) 상기환자의 예상되는 진단명은?

(2) 상기 환자의 예상되는 진단의 가장 흔한 발생원인?

- (1) 정답 : 갑상선기능항진증
  (2) 정답
       1) 자가면역질환인 그레이브스병 혹은 바제도씨우병
       2) 뇌하수체선종의 경우 갑상선자극호르몬(TSH) 분비촉진으로 인해 갑상선호르몬의 과잉 분비로 인한 경우

07. 아토피 피부염은 주로 유아기 혹은 소아기에 시작되는 만성 재발성의 염증성 피부 질환으로 소양증(가려움증)과 피부건조증, 특징적인 습진을 동반한다.

(1) 아토피 피부염의 진단기준을 서술하시오.

(2) 아토피 피부염의 원인 및 위험요인에 대하여 서술하시오.

- (1) 정답
       가. 가려움증
       나. 특징적인 피부염의 모양과 부위
            • 2세 미만은 얼굴, 몸통, 팔다리의 펴지는 부위의 습진
            • 2세 이상은 얼굴, 몸통, 팔다리의 접히는 부위의 습진
       다. 아토피질환의 기왕력 (아토피피부염, 천식, 알레르기비염 등) 혹은 가족력
  (2) 정답
       가. 유전적인 요인
       나. 환경적인 요인 : 실내외 공해로 인한 알레르기 물질의 증가, 이외 환경공해물질 및 가공식품의 식품첨가물질 등과 집먼지 진드기, 애완동물 등을 들 수 있다.
       다. 면역학적 이상요인 : 혈액 내 면역글로불린(IgE항체)이 증가
       라. 피부장벽의 이상

08. 조혈모세포이식술이란 혈액종양 환자에서 항암 화학 요법 및 방사선 요법으로 암 세포와 환자 자신의 조혈모세포를 제거한 다음 새로운 조혈모세포를 이식해 주는 치료법을 말한다.

(1) 조혈모세포이식의 시술방법(분류)에 대하여 서술하시오.

(2) 조혈모세포이식술의 치료 질병의 종류에 대하여 서술하시오.

답 (1) 정답
  1) 동종이식 : 가족이나 타인의 골수 또는 말초혈액 조혈모세포를 이식하는 방법
  2) 동형이식 : 쌍둥이 간의 조혈모세포를 이식하는 방법
  3) 자가이식 : 자신의 골수 또는 말초혈액 조혈모세포를 이식하는 방법
  4) 제대혈조혈모세포 이식 : 분만 시 태반이나 탯줄에 존재하는 조혈모세포를 이용하는 방법
 (2) 정답
  1) 다발성 골수종
  2) 재생불량성빈혈
  3) 악성림프종
  4) 만성골수성 백혈병

09. 홍길동(60세)은 다음과 같은 증상이 있어 병원에 내원하였다.

> 가. 밤에 화장실을 가기 위해 자주 깨는 증상
> 나. 간헐적으로 혈뇨
> 다. 배뇨 시 통증은 없다.

(1) 상기 환자를 진단할 수 있는 비뇨기계 병명은?

답 비뇨기계 질병은 많지만 배뇨시 통증이 없다는 진술로 방광암이 의심된다. 혈뇨의 감별진단으로 방광의 염증, 요로결석, 신장질환 검사가 필요함.

10. 2010년 미국 류마티스 학회의 '류마티스 관절염 진단기준'에서 제시한 4가지 항목에 대하여 서술하시오.

답 1) 관절침범 양상(대관절, 소관절인지, 몇 개의 관절이 포함되었는지 여부)
 2) 혈청검사(류마티스인자 검사, 항CCP항체 검사) 상 양성 소견 여부
 3) 염증반응검사(적혈구침강검사인 ESR, C - 반응단백검사)
 4) 증상지속 기간(6주 이상인지, 6주 미만인지 여부)
 4가지 항목에서 총 10점 만점에 6점 이상이면 류마티스 관절염 진단

11. 심전도(EKG) 검사의 장점을 서술하시오.

답 1) 심전도는 정확하고 간단하다.
　2) 쉽게 반복하여 기록할 수 있다.
　3) 검사 비용이 비싸지 않다

12. 다음이 설명하는 질병은?

> 가. 가장 일반적인 형태의 협심증으로 환자들의 흉부 불편감은 대개 예측이 가능
>
> 나. 계단을 오르거나 달리기 등 운동이나 심한 감정적 스트레스를 받는 상황에서 초래
>
> 다. 휴식이나 니트로글리세린 같은 약물에 의해 호전

답 안정형 협심증

13. 다음이 설명하는 질병은?

> 가. 대개 휴식 중에 발생하며 전형적인 협심증의 양상과는 차이가 있다.
>
> 나. 운동이나 스트레스에 의해 발생하는 것이 아니고 일시적인 관상동맥의 경련에 의해 유발된다.
>
> 다. 협심증의 양상이 매우 고통스럽고 대개 늦은 밤부터 이른 아침 사이에 발생한다.
>
> 라. 여자보다는 남자에게서 발생 빈도가 높다.
>
> 마. 흡연이 중요한 위험 요소이며 하루에 2~3회 이상 연달아 발생한다.
>
> 바. 흉통은 니트로글리세린 설하정에 매우 잘 반응한다.
>
> 사. 환자의 2/3는 적어도 한 개 이상의 관상동맥에 유의한 동맥 경화증을 가지고 있다.

답 이형성 협심증(변이형 협심증)

14. 관상동맥의 벽에 콜레스테롤이 쌓이면서 이를 둘러싸는 섬유성 막(fibrous cap)이 갑작스럽게 파열되면 안쪽에 있던 콜레스테롤이 혈관 내로 노출되고, 이곳에 갑작스럽게 혈액이 뭉쳐서 관상동맥이 완전히 막히게 되어 심장 근육이 죽어가는 질환을 무엇이라 하는가?

답 심근경색증

15. 각종 심장질환으로 인해 심장의 고유 기능이 악화되어 전신에 충분한 혈류를 보내지 못하는 상태를 무엇이라 하는가?

답 심부전

16. 선천성 심질환(tetralogy of Fallot 청색아증후군)은 대개 생후 4주 뒤에 나타나는 청색증 · 무산소발작(호흡 곤란과 함께 갑자기 청색증이 나타나며 의식이 흐려짐) · 곤봉지(손가락·발가락 끝이 뭉툭해지는 것) · 심잡음등 4가지 증상이 특징인 선천성심장질환이다. 이 질병의 증상 중 4가지 심장결손이 함께 생기는 것을 서술하시오.

답 1) 심실중격결손(심장의 좌심실과 우심실을 분리하는 벽의 결손)
2) 폐동맥판협착증(폐동맥 입구가 좁아짐)
3) 대동맥의 확장 및 전위(정상적으로 좌심실에서 나오는 대동맥이 늘어나거나 심실중격 위에서 나오는 것)
4) 우심실비대(우심실 벽 근육이 두꺼워짐)

17. 다음은 당뇨병에 관한 설명이다. (   )안에 들어갈 말은?

> 가. 식사 시간과 관계없이 측정한 혈당이 (가) 이상임.
> 나. 8시간 동안 열량 섭취가 없는 공복 상태에서 측정한 공복 혈당이 (나)이상
> 다. 경구 당부하 검사에서 75mg의 포도당을 섭취한 뒤 측정한 2시간째 혈당이 (다)이상 위의 세 가지 조건 중 어느 한 조건만 만족하면 당뇨병으로 진단할 수 있다.

답 가. 200mg/dL
나. 126mg/dL
다. 200mg/dL

18. 다음이 설명하는 질병은?

> 가. 고중성지방혈증, 낮은 고밀도콜레스테롤, 고혈압 및 당뇨병을 비롯한 당대사 이상 등 각종 성인병이 복부 비만과 함께 발생하는 질환을 말한다.
> 나. 발병 원인은 명확하지 않지만 인슐린 저항성(insulin resistance)이 근본적인 문제라고 추정됨
> 다. 인슐린 저항성은 혈당을 낮추는 호르몬인 인슐린에 대한 신체의 반응이 감소함으로써, 근육 및 지방세포가 포도당을 잘 섭취하지 못하게 되고, 이를 해결하고자 더욱 많은 인슐린이 분비되어 여러 문제를 유발한다.
> ① 허리둘레 : 남자 90cm, 여자 80cm 이상
> ② 중성지방 : 150mg/dL 이상
> ③ 고밀도 지방 : 남자 40mg/dL 미만, 여자 50 mg/dL 미만
> ④ 혈압 : 130/85 mmHg 이상, 혹은 고혈압약 투약 중
> ⑤ 공복 혈당 : 100mg/L 이상, 혹은 혈당조절약 투약 중

답 대사 증후군

19. 다음이 설명하는 질병은?

> 가. 혈중 칼슘 농도가 감소
> 나. 신경 근육의 흥분성이 증가하여 근육 경련이 발생하는 강직(Tetany)증세
> 다. 강한 경련, 조임 현상, 입술과 손가락에 발생하는 저린 증상, 얼굴, 손, 팔, 인후, 발 등의 근육 경련이 나타남
> 라. 정신적 증상으로는 우울증, 불안감
> 마. 젊은 환자에게는 지능 저하가 발생할 수 있다.
> 바. 발육 이상(소아의 치아 발육 부전), 정신 지체, 탈모, 칸디다 감염 등의 증상이 나타날 수 있다.

답 부갑상선기능저하증 (Hypoparathyroidism)

20. 간 조직에 혈액을 공급하는 혈관(간동맥과 간문맥)막혀 발생하며 문맥압 항진증으로 식도와 위의 혈관이 커지고 파열되어 출혈이 발생하는 질병을 무엇이라 하는가?

답 식도 정맥류(Esophageal varices)

21. 다음이 설명하는 증후군은?

> 다량의 위 내용물이 소장으로 급격히 이동하면서 발생하는 증상으로 전체적 위 절제술 후 섭취한 음식이 정상적인 소화 과정을 거치지 못하고 급격히 소장으로 유입됨으로써 발생한다. 위 절제술 후 짧게는 6개월, 길게는 1~3년간 이러한 증상이 발생한다.

답 위 절제 증후군 (=덤핑 증후군)

22. 다음이 설명하는 질병은?

> [원인]
> 가. 인유두종 바이러스(HPV : Human Papilloma Virus)
> 나. 인간 면역 결핍 바이러스
> 다. 헤르페스 바이러스 감염

답 자궁경부암(cervical cancer)

23. 눈에서 받아들인 시각 정보를 뇌로 전달하는데 중요한 역할을 하는 시신경에 병증이 생겨서 특징적인 형태학적 변화와 그에 따른 시야 결손의 기능적 변화를 보이는 질환으로 다음과 같은 증상이 있다.

> 가. 시야가 먼저 손상되고 중심 시력은 말기까지 보존
> 나. 이른 아침이나 밤늦게 한쪽 눈 또는 양쪽 눈의 안압이 상승하여 일시적으로 시력이 저하되고 두통이나 안통(눈 통증) 등을 호소한다.
> 다. 시신경 손상이 진행되면 시야가 매우 좁아져서 주변 사물과 돌발 상황에 대한 대처 능력이 떨어진다.

답 녹내장 (glaucoma)

24. 다음이 설명하는 질환은?

> 1. 발생 원인
>   가. 비강에서 시작되어 인후두까지 이어지는 상기도의 공간이 좁아져서 발생
>   나. 비만
> 2. 진단
>   가. 검진 : 얼굴, 비강, 구강, 인두, 후두과 목의 모양을 관찰한다.
>   나. 수면 다원 검사를 시행
> 3. 치료
>   가. 호흡 보조 장치(양압 호흡(CPAP))
>   나. 수술 : 레이저에 의한 구개 성형술(LAUP/Laser - assisted uvuloplasty)

🔖 수면무호흡 증후군(코골이)

25. 내이를 구성하는 구조물을 서술하시오.

🔖 전정기관, 세반고리관, 달팽이관

26. 어지럼증, 청력 감소, 귀울림, 귀 먹먹함 등의 증상이 갑작스럽고 반복적으로 생기는 질병으로 다음과 같은 원인으로 발생한다. 다음을 설명하고 있는 질병은?

> [원인]
> 가. 속귀 안에는 관 모양 구조물인 내림프관이 있다.
> 나 속귀의 기능인 청각 및 평형 기능에 중요한 역할을 한다.
> 다. 어지럼증 및 청력 감소의 양상

🔖 메니에르 증후군(특발성 내림프수종, Meniere's disease)

27. 다음이 설명하는 질병은?

> 가. 신경이 있는 부위이면 얼굴, 팔, 다리 모든 신체에서 생긴다.
>
> 나. 심한 통증, 발열, 수포
>
> 다. 신경을 따라 발생(발진, 수포, 농포, 가피의 여러 단계가 산재한 양상)

답 대상포진(Herpes zoster)

28. 30세의 여성이 다음과 같은 질병으로 내원하였다. 예상되는 질병은?

> 가. 뺨의 발진, 원반성 발진, 광 과민성, 구강 궤양
>
> 나. 뺨의 발진 : 양쪽 볼에서 콧등에 걸쳐 나비 모양의 붉은 반점
>
> 다. 근골격계 증상, 관절통과 관절염
>
> 라. 신경 증상 우울증, 불안, 주의력 결핍, 집중력 저하, 기억력 장애, 두통

답 전신성홍반성 낭창 (루푸스)

29. 혈장에 대하여 서술하시오.

답 가. 혈액의 대부분을 이루며, 적혈구와 혈소판, 백혈구를 운반한다.

나. 약 90%가 물이며 7%는 단백질, 나머지는 지질·염·포도당·아미노산·호르몬

다. 혈장의 물은 세포 안에 있는 물이나 세포 밖에 있는 물과 자유롭게 교환되기도 하며 생명체의 존재에 필수적인 요소

PART 3

기출문제 풀이

제48회 손해사정사 제2차 시험문제
(2025년도 시행)

📝 | 의학이론

01. 한 환자가 팔, 다리를 내리고 바른 자세로 누운 상태에서 팔꿈치를 구부려 양측 팔(상지)을 들어 올릴 수는 있으나 1 kg 아령을 손에 쥔 상태에서는 팔을 들어올릴 수 없었다. 양측 다리(하지)는 힘을 주어도 근육의 수축만 약간 있을 뿐 능동적인 관절 운동은 불가한 상태였다. 위 환자의 근력 등급을 평가하시오.(10점)

(1) 상지 (5점)

답 Grade 3 Fair 50% : 중력을 이길 수 있는 완전범위의 운동수행

(2) 하지 (5점)

답 Grade 1 Trace 10% 근육의 수축이 가능하나 관절운동은 안 됨

02. 두부 외상 환자가 어떠한 자극에도 눈을 뜨지 않으며, 언어에 대한 반응이 전혀 없고, 통증 자극을 주어도 전혀 움직이지 않는다. 이 환자의 의식상태를 무엇이라고 표현하며, Glasgow Coma Scale (GCS) 평가 척도로는 몇 점에 해당하는가?(10점)

(1) 의식상태 (   ) (5점)

답 혼수

(2) GCS(   ) (5점)

📝 3점
- 개안반응(E) 1점 : 어떠한 자극에도 눈을 뜨지 않는다.
- 언어반응(V) 1점 : 언어에 대한 반응이 전혀 없다
- 운동반응(M) 1점 : 통증 자극을 주어도 전혀 움직이지 않는다.
  → E1+V1+M1 = GCS 총 3점에 해당한다.

03. 신경학적 검사 중 건강한 성인에서는 나타나지 않고 병적인 경우에만 양성으로 나타나는 반사를 병적 반사라고 한다. 병적 반사의 종류를 2가지 이상 적고, 각각의 양성 소견에 대해 기술하시오.(10점)

📝 1. 바빈스키 반사 : 정상 성인은 발바닥을 문지르면 발가락이 족저로 굽게 되나 추체로 장애 환자는 족지를 쫙 피게 되며 단 1년 이내 신생아에서 나타나는 발가락 신전 현상은 정상임
2. 주둥이 반사 : 위 또는 아랫입술 주위를 검진용 해머 등으로 가볍게 두드리면 정상 성인은 무반응이지만 입술을 오므리면서 내밀면 양성이다.
3. 호프만 반사 : 가운데 손가락 말단 굴곡 후 급격히 떼었을 때 병적 경우 엄지손가락 포함, 다른 손가락의 굴곡 발생
4. 미간 반사 : 미간을 가볍게 두드리면 정상 성인의 경우 초기 몇 번은 깜빡일 수 있으나 반복되면 적응해서 깜빡이지 않음 자극을 반복해도 지속적으로 계속 깜빡이는 상태는 양성이다.

04. 뇌사의 판정 기준을 3가지 이상 기술하시오.(10점)

📝 1. 외부자극에 전혀 반응이 없는 깊은 혼수상태
2. 자발호흡이 되살아날 수 없는 상태로 소실
3. 두 눈의 동공이 확대, 고정될 것
4. 뇌간반사가 완전히 소실
5. 자발운동, 제뇌경직, 제피질경직, 경련 등이 나타나지 않을 것
6. 무호흡검사 결과 자발호흡이 되살아날 수 없다고 판정

05. 심부 정맥 혈전증의 증상, 진단, 치료 및 예방법 각각에 대해 1가지 이상 기술하시오.(10점)

답 1) 증상 : 종아리나 대퇴부의 통증, 감각 이상, 한 다리의 부종, 압통, 온기, 홍반 증세,
　　2) 진단 : 초음파 검사(가장 효율적), 정맥 조영술, CT정맥 조영술
　　3) 치료 및 예방법 : 항응고제 투여, 조기보행 시도(장비 및 기구 이용), 혈전 절제술 시행

06. 성인에서 발생하는 골절과 차별되는 소아 골절의 특징적인 골절 형태를 2가지 이상 나열하시오.(10점)

답 1) 소성변형(plastic deformation)
　　2) 융기골절(Torus or buckle fracture)
　　3) 녹색줄기골절(green stick fracture)
　　4) 성장판 손상(골단판 손상)

07. 53세 남성 환자가 수년간 지속된 만성 기침과 가래를 주소로 내원하였다. 과거력상 흡연력이 30갑년이며, 최근 활동 시 숨참 증상이 악화되었다. 환자는 폐쇄성 폐질환이 의심되어 기관지 확장제 투여 후 폐기능 검사를 시행하였고, 다음과 같은 결과를 보였다. 다음을 답하시오.(10점)

> - FEV_1/ FVC : 63%
> - FEV_1 : 45%

(1) 만성 폐쇄성 폐질환의 가장 흔한 원인을 기술하시오.(5점)

답 흡연

📁 폐기능 검사 관련

FVC = Forced Vital Capacity (강제폐활량)
- 폐 기능을 평가할 때 사용하는 지표
- 의미 : 가능한 한 빠르고 깊게 숨을 내쉴 때 나오는 최대의 공기 양(리터 단위)
- 폐질환 진단에 사용되며, 천식, 만성 폐쇄성 폐질환(COPD), 폐섬유화증 등의 진단 시 활용됨
- 일반적으로 FEV1 (1초간 날숨량)과 함께 비교하여 폐질환 종류를 파악한다.
- 예 FVC 감소 + FEV1/FVC 감소 → 폐쇄성 질환 (예 COPD)
　　FVC 감소 + FEV1/FVC 정상 → 제한성 질환 (예 폐섬유화증)

(2) 이 환자의 폐기능 검사 결과에 따른 COPD 분류를 기술하시오.(5점)

답 ① FEV1이 예측치의 80% 미만
② FEV1/FVC가 70% 미만
상기 ①, ②가 수개월동안 원상회복되지 않으면 COPD로 진단이 가능하다.
환자의 경우 FEV1/FVC가 63%이고, 기관지 확장제를 투여했음에도 불구하고 FEV1이 45%이므로 비가역적인 폐쇄성 폐질환에 이른 것으로 볼 수 있다. 이를 '폐기능검사 결과에 따른 COPD 분류'에 대입하면 '제3기(중증 COPD)'에 해당한다.

폐기능 검사 결과에 따른 COPD 분류	
단계	특징
0기 (위험시기)	• 폐기능 정상 • 만성적인 기침과 가래증상이 있다.
1기 (경증COPD)	• FEV1/ FVC < 70%이고, FEV1≥ 80% • 만성적인 기침과 가래가 있거나 없다.
2기 (중등증COPD)	• FEV1/ FVC < 70%이고, 50% ≤ FEV1 < 80% • 만성적인 기침과 가래가 있거나 없다.
3기 (중증COPD)	• FEV1/ FVC < 70%이고, 30% ≤FEV1 < 50% • 만성적인 기침과 가래가 있거나 없다.
4기 (고도 중증COPD)	• FEV1/FVC < 70%이고, FEV1 ≤ 30% • FEV1 < 50% 이면서, 호흡부전이나 우심부전의 징후가 있을 때 만성적인 기침과 가래가 있거나 없다.

08. **2형 당뇨병의 위험인자 10가지를 기술하시오.(10점)**

답 ① 과체중 또는 비만 (BMI 23 이상)
② 복부비만(허리둘레 남 90㎝, 여 85㎝ 이상)
③ 직계가족 중 당뇨병
④ 공복혈당장애, 내당능장애 과거력
⑤ 임신 당뇨병 or 4.1㎏ 이상 거대아 출산
⑥ 고혈압(140 / 90) 혹은 고혈압 약제 복용
⑦ HDL콜레스테롤 35㎎/㎗ 미만 or 중성지방 250㎎/㎗ 이상
⑧ 인슐린저항성 : 다낭성 난소증후군 등
⑨ 심혈관질환 : 뇌졸중, 관상동맥질환 등
⑩ 약물 : 글루코코티코이드 (당류코르티코이드 혹은 스테로이드 장기간 과량 복용) 등

09. 만성 신부전증은 신장 질환의 원인과는 상관없이, 신장 손상 또는 신장 기능 감소가 3개월 이상 지속되는 상태를 말한다. 다음을 답하시오.(10점)

(1) 만성 신부전증 환자에서 신장 기능 감소의 정도에 따른 5단계의 사구체여과율 (단위 : ml/분/1.73m²) 정의를 기술하시오.(5점)

답 1) 만성 콩팥병 1단계 : 정상 or 증가한 사구체 여과율(90mL/분 초과)
2) 만성 콩팥병 2단계 : 약간 감소한 사구체 여과율(60~89mL/분)
3) 만성 콩팥병 3단계 : 중등도의 사구체 여과율 감소(30~59mL/분)
4) 만성 콩팥병 4단계 : 심한 사구체 여과율 감소(15~29mL/분)
5) 만성 콩팥병 5단계(=말기 신부전) : 확립된 신부전(사구체 여과율 15mL/분 미만)

(2) 신대체요법을 시작하는 단계를 기술하시오.(2점)

답 5단계

(3) 신대체요법 3가지 종류를 기술하시오.(3점)

답 복막투석, 혈액투석, 신장이식

10. 심장은 총 4개의 판막으로 이루어진다.(10점)

(1) 판막의 역할을 설명하시오.(2점)

🔲 혈액의 흐름을 일정하게 하고 혈액의 역류 방지

(2) 판막 4개의 명칭(4점)과 각 판막의 위치(4점)를 기술하시오.(8점)

🔲 [판막의 종류]
　 1) 방실 판막 : 심방과 심실 사이 위치
　　 (1) 삼첨판막 : 우심방과 우심실 사이 위치
　　 (2) 승모판막 : 좌심방과 좌심실 사이 위치
　 2) 반달 판막 : 심실과 대혈관 사이 위치하며 반달 모양임
　　 (1) 대동맥 판막 : 좌심실과 대동맥 사이 위치
　　 (2) 폐동맥 판막 : 우심실과 폐동맥 사이 위치

📝 | **의학이론**

01. 50세 성인 남자가 교통사고로 우측 대퇴골의 간부에 분쇄 골절이 있어 수술적 치료를 하였다. 치료가 적절하지 않아서 골 변형이 생겼다. 어떤 변형이 예상 되는지 5가지를 기술하시오. (10점)

답 ① 각형성 변형
- 전후방 각변형 : 주로 장요근 부착된 근위 골편이나 비복근 견인에 의한 굴곡변형이 발생된다.
- 내외반 각변형 : 내전근 부착부위에서 내반변형, 외전근이 부착된 근위 골편에서 외전 변형을 일으킨다.
② 회전 변형 : 주로 장요근이 부착된 근위 골편이 외회전 변형된다.
③ 단축 : 분쇄골절로 인한 골편 소실, 골미네랄 감소, 감염 등으로 인해 지단축이 발생될 수 있다.
④ 감염 : 수술 초기에 주로 발생, 골절부위에 국한될 수도 있으나 골감염으로 인해 골흡 수 방해, 골위축, 골다공증이 발생될 수 있다.
⑤ 지연유합 및 불유합 : 개방성 골절, 수술 시 연부조직의 과도한 박리, 불안정한 고정, 감염, 과도한 흡연에 의해 발생된다.

02. 파행(limping gait)이란 비대칭적 보행을 말한다. 원인을 5가지 열거하시오. (10점)

답 ① 골절 및 탈구
② 관절염
　　→ 고관절 및 슬관절 관절염, 대퇴골두 무혈성 괴사 등
③ 근육이나 힘줄, 인대의 손상
　　→ 슬관절 십자인대 파열, 슬관절 측부인대 파열, 반월상 연골 손상 등
④ 척추 질환 및 신경손상
⑤ 출생 시 결손 또는 선천적, 후천적 기형
⑥ 그 외 뇌, 중추신경과 관련된 파행
　　→ 뇌성마비(뇌의 손상으로 인해 근육 조절과 운동에 영향을 미치는 신경학적 장애), 뇌졸중(편마비가 발생되는 경우 파행이 발생됨), 뇌종양, 다발성 경화증, 파킨슨병, 헌팅턴병, 루게릭병 등

03. 퇴행성 관절염의 단순 방사선 소견을 5가지 기술하시오. (10점)

답 ① 내외측 및 슬개 대퇴 구획의 관절간격 협소
　② 연골하골 경화
　③ 연골하골 낭
　④ 관절면 가장자리 골극
　⑤ 불규칙한 관절면

04. 다음 질환이나 외상에 의해 흔히 손상되는 말초 신경은? (10점)

(1) 상완골 간부 골절

답 요골신경

(2) 비골 경부 골절

답 비골신경

(3) 수근관증후군(carpal tunnel syndrome)

답 정중신경

(4) 주관증후군(cubital tunnel syndrome)

답 척골신경

(5) 지각이상대퇴신경통(meralgia paresthetica)

답 대퇴신경

05. 30세 남자 환자가 요통과 좌측 하지로 방사통을 호소하면서 내원하였다. 이학적 검사상 장족무지 신근(extensor hallucis longus)의 근육 약화와 제1족지 배부에 감각 이상을 보였다. 일반적으로 어느 부위의 추간판 탈출이 의심되며, 압박된 신경근은 무엇인가요?

(1) 이환된 부위 (5점)

🔳 제 4-5 요추간 추간판탈출증 (L4-5 추간판탈출증)

(2) 압박된 신경근 (5점)

🔳 제5요추신경근

06. 정형외과적 손상 중 응급 처치 및 수술을 요하는 경우를 열거하시오. (10점)

🔳 ① 도수정복으로 치료가 불가능한 골절
　② 전위된 관절 내 골절
　③ 소아 골절 중 Salter-Harris 제3, 4형 골절
　④ 불유합된 경우
　⑤ 혈관손상 및 사지가 절단된 경우
　⑥ 구획증후군으로 근막절개술이 필요한 골절
　⑦ 갈레아찌, 몬테지아 골절
　⑧ 근육이나 인대의 파열을 동반한 견열골절
　⑨ 전위된 병적 골절
　⑩ 전위된 대퇴 경부 골절

07. 경부 초음파를 시행하는 의료기관의 증가에 따라 갑상선암의 조기진단이 급격히 증가하였다. 갑상선암의 종류를 조직학적 형태에 따라 5가지 이상 열거하시오. (10점)

답 ① 유두암(papillary thyroid cancer)
: 갑상선암 중 가장 흔한 암으로 예후가 좋다. 30-50대, 여성이 호발하고, 요오드 섭 취량이 많은 나라에서 더 빈번하게 발생된다.
② 여포암(follicular thyroid cancer)
: 유두암 다음으로 많다. 갑상선의 혈관들을 침범하는 경향이 있고, 혈류를 통해 폐, 뼈, 뇌 등 다른 장기로 전이 된다.
③ 수질암(Medullary thyroid cancer)
: 칼시토닌 호르몬 분비세포인 C세포에서 발병하는 암이다. 갑상선 수질암은 RET라 는 돌연변이 유전자가 있는데 이는 부모에게 물려받아 발병하는 경우가 있다.
④ 미분화암(= 역형성암, Anaplastic thyroid cancer)
: 갑상선암 중 가장 빨리 자라는 암으로 가장 악성도가 높고 예후가 좋지 않다.
⑤ 혼합형 갑상선암 (Mixed Thyroid Carcinoma)
: 두 가지 이상의 갑상선암 형태가 혼합된 형태이다.(예 유두암과 여포암이 혼합된 형태)

08. 류마티스 관절염의 많은 증상들은 활액막의 염증반응으로 생긴다. 1987년 미국 류마티스학회의 진단기준과 달리 2010년 미국 류마티스학회/유럽류마티스학회 (ACR/EULAR)의 류마티스 관절염 진단기준은 4가지 분류 항목의 점수를 합산 하여 진단한다. 아래 질문에 답하시오.

(1) 4가지 분류 항목들을 열거하시오. (8점)

답 ① 관절침범 : 큰관절 및 작은관절 침범 개수
② 혈청검사 : 류마티스 인자(RF), 항CCP 항체 음,양성 여부
③ 혈청 염증반응 물질 : ESR, CRP 음성 또는 양성
④ 증상 발생기간 : 6주 기준

(2) 신규 환자에서 다른 질환으로 설명할 수 없는 임상적으로 명백한 1개 이상의 관절윤활막염을 가진 경우, 항목 합산 점수가 몇 점 이상인 경우에 류마티스 관절염으로 진단할 수 있는지 쓰시오. (2점)

답 6점 이상이면 조기진단이 가능하다.

09. 후천적으로 뇌의 기질적 장애에 의하여 사람의 정신능력과 사회적 활동을 할 수 있는 능력의 소실이 있어 일상생활의 장애를 가져올 정도로 심할 때 치매라고 한다. 치매의 대표적 원인질환들을 5가지 이상 열거하시오. (10점)

답 ① 알츠하이머 치매 : 진행적 뇌세포 퇴화, 대뇌피질 위축으로 사고능력, 계획, 기억 손상을 일으키는 질환으로 해마의 크기가 현저히 감소되고, 뇌의 노인성 반점 침착이 원인이다.
② 루이체 치매 : 파괴된 신경세포 속 단백질인 루이체가 뇌에 침착되어 인지기능의 심한 변동, 환청, 환시, 파킨슨 증상 등을 일으킨다.
③ 혈관성 치매 : 외상, 뇌혈관질환에 의해 뇌조직이 손상받아 발생되는 치매이다.
④ 알코올성 치매 : 알코올 과다 섭취로 해마의 손상이 발생되어 블랙아웃, 폭력적 성격변화, 기억장애 등이 발생된다.
⑤ 가역적 치매 : 정신질환(우울증), 약물, 영양결핍, 내분비이상, 뇌수두증, 감염에 의한 치매는 원인 질환을 치료하면 호전이 가능하다.

10. 다음은 급성관동맥증후군에 대한 설명이다. 아래의 질문에 답하시오.

(1) 불안정형 협심증의 특징적인 흉통을 2가지 이상 나열하시오. (4점)

답 ① 새로 발생한 흉통 : 하루 3번 이상 나타나는 심한 흉통이 최근 2개월 이내 발생
② 점강성 흉통 : 원래 있었던 흉통의 빈도나 정도가 현저히 악화된다.
③ 안정시 흉통 : 주로 20분 이상 지속된다

(2) 전형적인 Q파 심근경색의 특징적인 심전도 소견 3가지를 시간 순서대로 서술하시오. (6점)

답 • ST분절 상승 → T파 역위 → 병적 Q파 출현
전형적인 Q파 심근경색이란 심근괴사가 전층에 발생된 심근경색을 말한다.
1) ST-segment elevation (ST 분절 상승)
: 심근경색 초기에는 심근세포의 전기적 변화로 인해 ST 분절이 상승한다. 상승된 ST 분절은 심근 세포의 국소적인 이상을 나타내며, 일반적으로 심근경색의 초기 단계에서 관찰된다.
2) T-wave inversion (T 파 역위)
: ST-segment elevation 이후, T 파가 역위된다. 이는 심근세포의 회복 과정에서 나타나는 전기적인 변화와 심근세포의 병적 변화를 의미한다.
3) Q-wave formation (Q 파 출현)
: Q 파는 심근경색 후에 나타나는 특징적인 변화이다. 심근세포의 국소적인 파괴로 인해 Q 파가 생성되고, 이는 심근경색의 후기 단계에서 관찰된다.

CHAPTER 03

제46회 손해사정사 제2차 시험문제
(2023년도 시행)

📝 | **의학이론**

---

01. 슬관절 내 구조물중 하나인 반월상연골판의 기능을 서술 하십시오(5개). (10점)

답 ① 체중전달 : 대퇴골과 경골 관절면 사이에 위치하여 체중을 경골 이하로 전달한다.
　　직립시 슬관절에 부하되는 체중은 약 40-60%가 반월상 연골판에 의해 전달되고, 90도 이상 굴곡 시에는 85%가 전달된다.
② 외력의 분산 : 경골 근위 관절면은 대퇴골 원위부 관절면과 일치하지 않아 관절연골의 일부분에서만 접촉된다. 관절연골에 가해지는 체중 부하가 적절한 범위내로 유지되려면 외력 분산이 필수적인데, 이를 반월상 연골판이 하고 있다.
③ 관절연골 보호 : 대퇴골 및 경골의 접촉면을 증가시켜 관절면에 가해지는 스트레스를 분산시키고 관절연골을 보호한다.
④ 관절의 안정성 유지 : 관절 운동 시 활액막이 관절 사이에 끼이는 것을 방지한다.
⑤ 윤활기능 : 활약을 관절에 골고루 분산시켜 윤활기능을 촉진시킨다.

02. 대퇴 골두 괴사는 대퇴골 경부 골절의 합병증으로 일어 날 수 있다. 그 밖에 비외상성으로 대퇴 골두 무혈성 괴사를 일으킬 수 있는 것은 무엇이 있는 가요? 5개 기술 하시오 (10점)

답 ① 과도한 음주, 알코올 중독
② 고용량, 장기간의 스테로이드 투약 (= 부신피질호르몬 과다 복용)
③ 잠수병 (caisson disease, 주로 이압증(dysbarism)에 의해 발생)
④ 골수증식성 장애
⑤ 크론병
⑥ 만성간질환
⑦ 악성 종양 방사선 치료 후 (주로 생식기암)
⑧ 혈색소 질환 (겸상구 빈혈증)
⑨ 고셔병(Gaucher병) 등

03. 다음 그림은 연부 조직에 손상 없이 제 4 중수골 골절 후 유합이 되었으나 손가락을 굽힐 때 손가락이 교차 하게 되었다. 원인은 무엇인가? (10점)

🔲 중수골 골절 후 회전변형(rotational deformity)은 사선골절 또는 나선골절에서 흔히 발생하며, 손을 폈을 때는 문제가 되지 않지만, 수지를 굴곡하면 골절된 수지가 인접 수지 위로 겹치게 된다. 이 변형은 주먹 쥐는 동작에 장애를 유발하기 때문에 교정 절골술이 필요할 수 있다.

04. 골절치유에 영향을 미치는 치유인자에 대해 설명 하십시오. (10개이상) (10점)

🔲 ① 골절의 종류 : 폐쇄성 골절, 단순골절, 선상골절, 비전위 골절, 불완전골절
　② 연부조직 손상이 적을수록
　③ 골질환, 감염, 괴사가 없는 상태
　④ 골절 부위에 풍부한 혈액 공급
　⑤ 환자의 나이가 젊을수록
　⑥ 영양공급(특히 칼슘, 비타민D)이 좋은 상태
　⑦ 골절치유 촉진 호르몬 : 성장호르몬, 갑상선호르몬, 칼시토닌, 인슐린
　⑧ 해면골 손상이 치밀골 손상보다 치유가 빠르다.
　⑨ 골절부위의 견고한 고정과 골편의 부가(＝골이식)
　⑩ 적절한 체중부하와 운동

05. 외상으로 급성구획 증후군이 발생하였다. 전형적인 증상 5개를 기술하세요. (10점)

🔲 ① 통증(pain)
　② 창백(pale)
　③ 감각이상(paresthesia)
　④ 마비(paralysis)
　⑤ 무맥(pulseless)

06. 골다공증 골절은 작은 외상에 발생하는 골절을 의미한다. 흔히 발생하는 부위는 어디인가요? 4군데를 기술하시오. (각 2.5점)

답 ① 척추
② 대퇴 경부 및 전자부
③ 요골 원위부
④ 상완골 근위부

07. 동맥의 죽상경화증(죽상동맥경화증)은 혈관의 내피세포의 손상과 지방세포 및 찌꺼기들의 축적으로 경화반(Plaque)이 형성/진행되어, 유의한 혈관 협착 또는 경화반의 파열을 초래하면서 허혈성 심질환, 뇌경색/뇌출혈, 말기 신질환 및 허혈성 사지질환 등을 유발시킨다. 동맥 죽상경화증 발생의 주요 위험인자를 5가지 이상 열거하시오. (5점)

답 ① 이상지질혈증 (＝고지혈증, 고콜레스테롤혈증)
② 고혈압
③ 당뇨병 (인슐린 저항과 대사증후군)
④ 흡연
⑤ 연령 (남성은 45세 이상, 여성은 55세 이상)
⑥ HDL 콜레스테롤 40mg/dl 미만
⑦ 부모, 형제가 조기 관상동맥질환 발병한 가족력
⑧ 폐경 후 여성
⑨ 비만
⑩ 생활습관 : 신체활동 부족, 죽상경화증을 유발하는 음식의 섭취

08. 대사증후군(Metabolic syndrome)은 단일 질병이 아닌 유전적 소인과 환경적 인자가 결합하여 발생하는 포괄적 질병으로 정의된다. 현재 우리나라에서 사용되는 대사증후군 진단의 (1) 구성요소 5가지 및 (2) 각 구성요소별 진단 기준을 서술하시오. (각 5점. 총 10점)

답 (1) 대사증후군의 구성요소

① 복부비만, ② 고중성지방혈증, ③ 높은 혈압, ④ 혈당장애, ⑤ 낮은 HDL콜레스테롤로 구성되어 있으며, 이 중 3가지 이상에 해당하는 경우 대사증후군으로 진단한다.

(2) 각 구성요소별 진단기준

① 복부비만 : 허리둘레 남자 90㎝, 여자 85㎝ 이상

② 고 중성지방혈증 : 150㎎/㎗ 이상

③ 높은 혈압 : 130/85mmHg 이상 또는 고혈압약 복용

④ 혈당 장애 : 공복혈당 100㎎/㎗ 이상 또는 당뇨병 과거력, 당뇨약 복용

⑤ 낮은 HDL콜레스테롤 : 남자 40㎎/㎗, 여자 50㎎/㎗ 미만

09. 수정체의 혼탁으로 시력이상이 발생하는 질환인 백내장은 크게 선천성과 후천성으로 나눌 수 있다. 1) 후천성(후발성)으로 발생하는 백내장의 종류를 열거하고 2) 안과에서의 가장 기본적인 검사이기도 하며 백내장 진단 - 수정체 혼탁의 정도 및 위치 파악 등 - 에 필요한 대표적인 검사 방법을 쓰시오.(5점)

답 1) 후천성 백내장의 종류

① 노인성 백내장 (= 노년 백내장) : 시력감소, 서서히 진행하며 안개 낀 것처럼 뿌옇게 보임. 눈부심 증상 발생

② 외상성 백내장 : 열, 방사선 등으로 수정체가 파열되거나 외력(타박상 등)으로 수정체가 혼탁해짐. 타부위(망막 등)의 손상을 동반하기도 함

③ 당뇨병성 백내장 : 당뇨로 인한 고혈당으로 수정체에 침전물이 쌓이고 혈내 글루코오스 농도가 상승해 수정체가 혼탁해짐

④ 합병성 백내장 : 만성 각막염, 망막박리, 녹내장, 포도막염, 유리체 변성과 출혈 등 눈의 질환과 합병되어 발생되는 백내장

⑤ 중독성 백내장 : 약물이나 화학 약품 때문에 발생되는 백내장, 주로 장기간 부신피질호르몬제 사용으로 발생

⑥ 후발성 백내장 : '백내장이 재발'하는 것

백내장 수술 시 혼탁이 생긴 수정체를 제거하는데 이 때 후낭은 남겨두고, 이 후낭 앞에 인공 수정체를 넣어 고정시킨다. 이때 후낭에 다시 혼탁이 생기는 것을 후발성 백내장이라고 한다. 대개 백내장 수술 몇 개월 후 발생되며 백내장 수술을 받은 사람의 90%이상에서 발생하며 주 로 후낭하 백내장이 발생된다.

2) 산동검사를 통해 동공을 확대시킨 수 세극 등 현미경 검사로 수정체 혼탁의 정도와 위치를 확인한다.

10. 만성 기관지염, 폐기종, 만성 천식 등의 기도 폐쇄로 인한 질환인 1) 만성 폐쇄성 폐질환 (COPD)의 3대 주요 증상을 쓰고 폐기능검사(PFT) 중 가장 핵심적인 검사인 2) FEV1에 대해 설명하시오. (각 5점, 총 10점)

답 1) 만성 폐쇄성 폐질환의 3대 주요증상
　　① 만성 호흡곤란, ② 만성 기침, ③ 만성 가래
　　2) FEV1
　　'1초간 노력성 호기량'으로 숨을 최대로 들이쉰 다음, 자기의 노력을 다해 내쉴 때 처음 1초간 내쉰 양을 말한다. 얼마나 빨리 숨을 쉴 수 있는지 확인하는 지표이다. COPD의 경우 FEV1이 정상 예측치의 80% 미만, FEV1/FVC가 정상 예측치의 70% 미만 인 상태가 수개월동안 지속되는 경우 진단할 수 있다.

11. 갑상선암과 함께 여성암 발생률 1, 2위를 다투는 질환인 '유방암의 고위험군'에 해당하는 경우를 5가지 이상 열거하시오. (10점)

답 ① 가족력 : 어머니나 자매 중 유방암 병력이 있는 경우
　② 유전자 BRCA1, BRCA2를 가진 경우
　③ 에스트로겐 장기간 노출 : 빠른 초경, 느린 폐경, 폐경 후 호르몬 요법을 시행하는 경우
　④ 출산 경험이 없거나 초산이 늦거나, 저출산인 경우
　⑤ 모유수유를 하지 않은 경우
　⑥ 비만인 경우 : 비만세포에서 에스트로겐이 나옴
　⑦ 방사선에 노출된 경우 (가슴 부위)
　⑧ 과도한 음주, 동물성 지방 과잉 섭취
　⑨ 이전 유방조직검사에서 비정형세포들이 발견되었던 경우
　⑩ 자궁내막암, 난소암, 대장암 병력이 있는 여성 등

제45회 손해사정사 제2차 시험문제
(2022년도 시행)

📝 | 의학이론

---

01. 당뇨병의 합병증은 급성 합병증과 만성 합병증으로 구분하고 만성 합병증은 다시 미세혈관 합병증과 대혈관 합병증으로 구분한다. 미세혈관 합병증에는 크게 3가지 질환이 있으며, 그 중 한 개가 당뇨병성 망막병증이다. 나머지 2개의 질환은 어떤 질환인지 쓰시오. (4점)

답 미세혈관 합병증 : 당뇨병성 신경병증, 당뇨병성 신증

당뇨병성 망막병증은 다시 2가지로 구분이 되는데, 이 2가지 질환에 대하여 쓰고, 그 2가지 질환의 차이점에 대해서 쓰시오. (6점)

답 ① 비증식성 망막병증 : 망막의 작은 혈관들이 약해져서 혈청이 새거나 혈관이 막혀서 영양 공급이 중단되는 상태이다.
② 증식성 망막병증 : 혈액순환이 나쁜 곳에 신생 혈관이 생겨나타나 신생 혈관의 출혈로 발생

02. 국제 종양 분류에서는 신생물의 부위와 형태(Morphology)를 포함하고 있으며 형태는 5자리 분류 번호로 구성되어 있다. 이중 처음 4자리 수는 신생물의 조직학적 형태를 표시하고 사선 뒤의 5째 자리수는 행동양식을 표시하는 행태코드(biologic behavior code)로 6가지 숫자(0,/1, /2, /3, /6, /9)를 사용하고 있다. 6가지 숫자와 그 숫자가 의미하는 행태를 쓰시오. (10점)

답 ① /0 : 양성 신생물
　　② /1 : 경계성 종양, 불확실한 또는 알려지지 않은 성격의 신생물
　　③ /2 : 제자리 신생물, 상피내암
　　④ /3 : 일차성으로 기재 또는 추정되는 악성 신생물
　　⑤ /6 : 이차성으로 기재 또는 추정되는 악성 신생물 (전이된 악성 신생물)
　　⑥ /9 : 일차성, 이차성 여부가 불확실한 악성 신생물

03. 가와사키병은 일반적으로 5일 이상 지속되는 발영과 5가지 주요 임상기준 중 4개 이상을 만족하면 진단할 수 있다. 또한 심장 관련 합병증은 가와사키병의 장기예후에 중요한 변수 가 된다. 가와사키병에서 발열 외 5가지 임상기준을 쓰고(8점), 가와사키병의 심장 관련 합병증에 대하여 쓰시오. (2점)

답 [8점]
　　① 5일 이상 지속적인 고열
　　② 안구의 충혈
　　③ 입 안이 빨개지고 딸기혀
　　④ 붉은 발진
　　⑤ 손과 발이 빨개지고, 회복기에는 표피 벗겨짐
　　⑥ 비화농성 목림프절 종창
　　[2점]
　　관상동맥류 또는 심근경색증

04. 치매보험에서 보장하는 경도치매, 중등도 치매, 중증치매의 경우 CDR척도 검사를 통해서 진단을 받은 경우에 통상적으로 인정해주고 있다. CDR 검사는 환자 및 보호자와 자세한 면담을 통해 6가지 세부 영역의 기능을 평가해 점수를 결정한다. 6가지 세부 영역을 쓰시오. (10점)

답 CDR 척도(치매임상평가척도, 중증도 평가)
① 기억력
② 지남력
③ 판단력과 문제해결능력
④ 사회활동
⑤ 집안생활과 취미
⑥ 위생과 몸치장

05. 다음은 골반에 대한 기술 및 골반을 정면과 측면에서 그린 그림이다. 아래의 질문에 답하 시오. (10점 / 영문 및 국문의 의학용어 모두 작성가능하나 정확한 용어를 사용할 것) 골반골은 두 개의 무명골, 천골과 미골로 이루어 졌으며, 후방에는 두개의 무명골이 천골과 (①)을 형성하고, 전방에는 양측의 무명골이(②)을 형성한다. 무명골은 (③), (④), (⑤) 총 세 개의 뼈가 융합하여 이루어 진다.

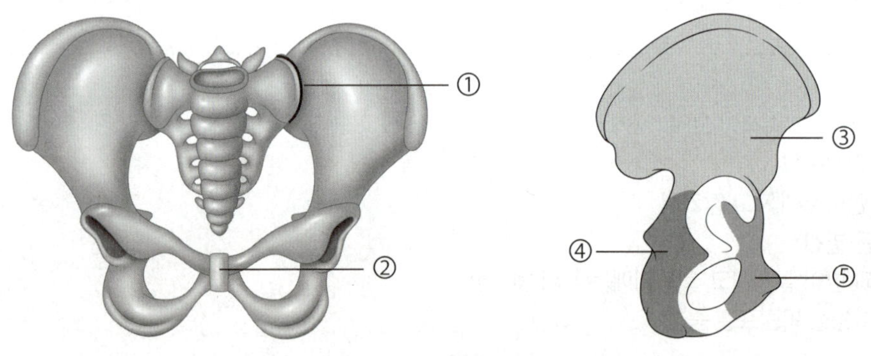

답 ① 천장 관절 (sacroiliac joint), ② 치골 결합(symphysis pubis), ③ 장골 (ilium), ④ 좌골 (ischium), ⑤ 치골 (pubis)

06. 60세 여성이 낙상 후 악화된 양측 무릎의 통증으로 병원에 방문하였다. 자세한 병력 청취 결과, 무릎통증은 약 10년 전부터 별다른 이유없이 발생하였고, 초기에는 휴식 후에는 호전되는 경향을 보였으나 근래에는 쉬어도 잘 호전되지 않았으며, 낙상 후 악화 되었다고 하였다. 양측 무릎 관절의 내반 변형이 관찰되었고 단순방사선 검사에서 양측내측 및 슬개 대퇴구획의 관절 간격의 협소가 나타나며, 연골하골의 경화, 관절면 가장자리의 골극이 관찰되었다. 아래의 질문에 답하시오. (10점)

(1) 병력과 신체소견, 방사선소견을 종합하였을 때 가장 가능성이 높은 기저질환은 무엇인가? (2점)

답 퇴행성 관절염

(2) 위 (1)의 질환의 위험인자를 두 가지를 쓰시오. (각 2점)

답 나이, 성과 호르몬, 유전요인,영양요인 등

(3) 보존적 치료에 잘 듣지 않고 심한 통증이 지속되거나 관절의 불안정성 및 변형이 지속되면 수술 적응이 된다. 수술적 치료방법 두 가지를 쓰시오. (각 2점)

답 인공관절 치환술
관절성형술

07. 42세 남성이 2m 난간에서 발을 헛디뎌 발꿈치로 착지한 후 양측 발꿈치의 심한 부종과 통증이 발생하여 병원에 방문하였다. 단순방사선검사에서 양측 종골의 관절내 분쇄 골절이 의심되었다. 아래의 질문에 답하시오. (10점)

  (1) 종골 골절에서 관절면의 전위와 손상 정도, 종골 체부의 방출된 정도등 골절의 형태를 명확하게 파악하기 위해서 필요한 추가적 영상 검사는 무엇인가? (2점)

답 CT 또는 MRI

  (2) 종골 골절 후 발생할 수 있는 급성합병증을 한 가지만 쓰시오. (2점)

답 비복신경손상

  (3) 종골 골절은 정확하게 관절면을 정복하더라도 관절내 분쇄 골절이 심한 경우 종골과 (　①　)이 이루는 관절인 (　②　)에 외상성 관절염이 남게 되는 경우가 많다. ①에 적합한 뼈의 이름과 ②에 적합한 관절의 이름을 쓰시오. (각 2점)

답 ① 거골, ② 거골하 관절

  (4) 수상 후 6개월 내지 1년 정도 경과 후 발생한 외상성 관절염으로 증상이 심한 경우 시행해 볼 수 있는 수술 방법은? (2점)

답 거골하 관절 유합술(고정술) 시행

08. 51세 여성이 발을 헛디뎌 낙상 후 발생한 우측 발목의 심한 통증과 부종으로 병원에 방문하였다. 단순방사선검사 및 전산화단층촬영에서 우측 발목의 삼과 골절 (trimalleolar fracture)이 확인되었다. 아래의 질문에 답하시오. (10점)

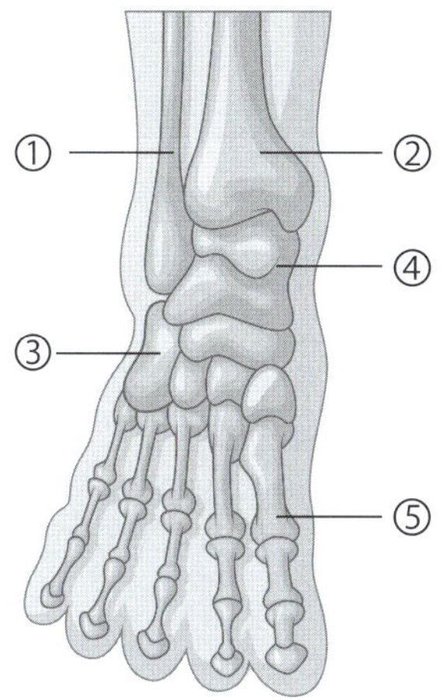

(1) 다음은 발목관절을 그린 그림이다. '삼과 골절'에서 골절이 발생한 뼈의 번호 두 개를 그림에서 찾아 적고 그 이름을 함께 적으시오. (번호, 이름 각각 2점, 총 8점)

답 ① 비골(fibula), ② 경골(tibia)

(2) 위 여성에서 발생한 삼과 골절에 가장 적합한 치료방법을 간단히 쓰시오.

답 금속판을 사용하여 내고정술을 시행

09. 다음은 경추의 해부학 및 구조에 대한 설명이다. 다음 빈칸을 순서에 맞게 채우시오. (각 2점, 총 10점)

> • 경추는 굴곡, (①   ), 외측굴곡 그리고 (②   ) 운동이 가능한 총 (③   )개의 경추골과 이들을 연결시키는 근육, 인대 및 추간판으로 구성된다. 이중 상부 2개의 경추는 하부의 경추와 형태 및 운동의 양상이 서로 사뭇 다르다.
> • 제1경추인 (④   )는 추체와 극돌기가 없는 환상구조로 짧은 전궁과 긴 후궁에 의해 연결된 두 개의 외측과로 구성된다.
> • 제2경추인 (⑤   )는 경추골 중 가장 큰 체부를 갖고 체부의 상부에는 발생학적으로 제1경추의 추체에 해당하는 치돌기가 존재한다.

답 ① 신전, ② 회전 (rotation), ③ 7개, ④ 환추 (atlas), ⑤ 축추 (axis)

10. 50세 남자가 공사현장에서 머리 및 얼굴부위를 기계에 수상하여 응급실에 이송되었다, 아래의 질문에 답하시오. (10점)

(1) 외상성 뇌손상이 의심되어 응급실에서 평가와 예후판정을 위해 눈뜨기, 가장 좋은 운동 반응, 가장 좋은 언어반응의 3가지 항목을 합산하여 평가하였다. 이 평가방법이 무엇인지 쓰시오. (2점)

답 GCS (Glasgow Coma Scale. 글라스고우 혼수척도)

(2) 다음은 시행한 뇌 전산화단층촬영 결과지이다. 결과지에서 출혈과 관계된 두 개강내 국소 손상을 두 가지만 찾아서 한글로 쓰시오.(각 2점)

> Traumatic SAH in suprapatellar cistern, both CPA cistern, prepontine cistern, and cisterna magna.
> Acute EDH in cerebellar region.
> Acute IVH in both lat. 3rd, 4th ventricles Pneumocephalus in suprasellar area.

답 ① SAH (Subarachnoid hemorrhage) : 지주막하출혈
② EDH (Epidural Hemorrhage) : 경막외(상) 출혈
③ IVH (intraventricular hemorrhage) : 뇌실질내출혈

> **📁 참고**
>
> traumatic : 정신적외상을 초래할 정도의, suprapatellar : 슬개골상의
> CISTERN : 물탱크, prepontine : 예비뇌교의, suprasellar : 시상하부
> pneumocenphalus : 두개골 골절로 외부공기가 뇌내로 들어온 것

(3) 다음은 시행한 안면골 전산화단층촬영 결과지이다. 결과지에서 골절된 두개골을 이루는 뼈의 이름을 두 가지만 찾아서 한글로 쓰시오.(각 2점)

> Fracture of Lt. occipital bone, Rt. zygomatic bone, both nasal bones, both maxillary bones.

🗒 ① occipital bone : 후두골 → 두개골
　② Zygomatic bone : 관골(협골) → 안면 두개골
　③ Nasal bone : 비골 → 안면 두개골
　④ Maxillary bone : 상악골 → 안면 두개골

MEMO

PART 4

기출문제

📝 | 의학이론

01. 피로 골절(fatigue fracture)에 대하여 설명하고(2점), 호발하는 대표적 부위 4곳을 기술하시오.(8점)

02. 35세 남자 환자가 우측 경골(tibia) 간부 골절로 ○○병원을 방문하여 부목 고정을 실시하고 입원하여 병실에서 안정을 취하던 중 부목을 시행했던 우측 하퇴부에 극심한 통증과 우측 발가락의 감각 저하 및 발가락의 움직임이 되지 않는다고 호소하였다. 붕대 속으로 발등의 맥박을 촉지해보니 촉지되지 않았다.(10점)

(1) 상기 환자에서 가장 가능성이 높은 진단은?(3점)

(2) 상기 진단의 발생 기전에 대하여 설명하시오.(4점)

(3) 상기 환자에게 취해야 할 조치에 대하여 기술하시오.(3점)

03. 45세 남자 환자가 작업 중 좌측 하퇴부에 약 10cm 정도의 열상(laceration)을 당하여 ○○병원에서 창상에 대하여 봉합술을 시행받고 입원하게 되었다. 수술 후 약 2일 정도가 지난 후에 창상 부위에 극심한 통증을 호소하였고 창상의 부종 및 피부 변색이 발생하였고 창상의 배출액이 증가하였으며 쥐가 부패하는 것 같은 악취가 났다.(10점)

   (1) 상기 환자에서 가장 가능성 높은 진단은?(3점)

   (2) 상기 합병증을 예방하기 위한 조치에 대하여 설명하시오.(3점)

   (3) 상기 환자의 치료에 대하여 설명하시오.(4점)

04. 올림픽 대로에서 3중 추돌 사고가 발생하여 가운데 차량에 탑승한 운전자가 좌측 하지에 부상을 당하였다. 부상 부위를 관찰하니 부종과 변형이 관찰되었으나 개방창은 없었다. 운전자는 심한 통증을 호소하고 있었다. 의식은 분명하였으며 사고 정황상 타부위의 손상은 없는 것으로 판단되었다.(10점)

   (1) 상기 운전자에 대한 응급조치 중 가장 중요하고 먼저 시행해야 할 것은 무엇인가?(2점)

   (2) 상기 응급조치가 필요한 이유에 대하여 설명하시오.(8점)

05. 운동 마비의 정도를 평가하기 위한 근력 등급에 대하여 설명하시오.(10점)

06. 전방 십자 인대의 손상은 대표적인 스포츠 손상으로 젊은 남자에서 호발한다고 한다. 이러한 전방 십자 인대 손상을 진단하기 위한 대표적인 신체 검진 소견에 대하여 기술하고(8점), 가장 대표적인 영상 진단 방법에 대해 쓰시오.(2점)

07. 암은 우리나라 국민의 사망원인 1위를 차지하는 질환으로 평균적으로 우리나라 국민 3명 중 1명은 암을 경험하게 된다고 한다. 전 세계적으로 암을 치료하기 위한 노력을 계속하고 있으나 전반적인 발생 및 암사망률은 줄어들지 않고 있어, 현실적으로 관리에 가장 효율적인 방법으로 암 조기진단을 시행하고 있다. 이상적인 암 선별검사의 조건에 대하여 5가지 이상 약술하시오.(10점)

08. 당뇨병은 만성진행성질환으로 현대인의 식생활 습관의 변화와 비만의 증가에 따라 급증하고 있다. 최근 2형 당뇨병에 대한 많은 연구 결과에 따라 새로운 진료지침과 새로운 약제들이 개발되어 치료에 적용하고 있으나 아직까지도 당뇨병의 유병률은 줄어들지 않고 있어, 당뇨병은 현대인의 건강을 위협하는 중요한 질환 중 하나이다. 이러한 당뇨병의 진단기준을 모두 쓰시오.(10점)

09. 두통은 머리 또는 목에 발생하는 통증을 의미하는 것으로 병원을 방문하게 하는 매우 흔한 증상 가운데 하나이다. 이렇게 흔하게 접하는 두통이라 하더라도 위험신호(red flag)들이 발견될 경우에는 위험한 결과를 야기할 수 있는 이차성 두통의 가능성이 높아지게 된다. 이러한 두통의 위험신호(red flag)에 대하여 5가지 이상 약술하시오.(10점)

10. 고혈압은 세계적으로 높은 유병률을 보이는 만성 질환으로 관상동맥질환, 심부전증, 뇌졸중, 신부전 등을 일으키는 심혈관계 질환의 위험인자이다. 우리나라에서도 27~28% 정도의 유병률을 보이고 있으며 남자 30~40대에서 인지, 치료, 조절율이 낮아 문제가 되고 있다. 이러한 고혈압의 치료에는 여러 가지 방법을 사용하고 있는데, 약물치료 이외의 생활 습관 개선에 대하여 4가지 이상 약술하시오.(10점)

제38회 손해사정사 제2차 시험문제
(2015년도 시행)

📝 | **의학이론**

01. 활막 관절에 대하여 설명하시오. (10점)

02. 40세 남자 환자로 자동차에 우측 무릎이 부딪친 후 무릎에 부종이 생겼다. 일반 방사선 촬영상 골절의 소견을 보이지 않아 슬관절 무릎내 장애(슬내장)로 진단되었다. 손상이 의심되는 조직을 모두 쓰시오. (10점)

03. 관절 강직의 원인은? (10점)

04. 부정유합의 정의(5점)와 원인(5점)은? (10점)

05. 40세 남자 환자로 5m 높이에서 떨어지면서 우측 족근관절에 골절이 있었다. 수술 후 3주가 지나서 발바닥 및 발가락 끝 부위에 약물치료에도 반응이 없는 통증과 저림을 호소하였고 족근관 부위에 압통이 나타났다. (10점)

    (1) 진단명은? (2점)

    (2) 압박되는 신경은? (3점)

    (3) 진단법을 모두 쓰시오. (3점)

    (4) 치료방법은? (2점)

06. 75세 남자 환자로 자동차에 충돌 후 우측 대퇴경부 골절이 생겼으나 전신상태가 좋지 않아 수술이 늦어지고 심한 골다공증이 있는 상태이다. 예상되는 국소적 합병증(4가지)과 합당한 수술적 방법은? (10점)

07. 골다공증은 폐경 또는 노화에 의해 발생하는 흔한 대사성 질환으로 뼈를 구성하는 미세구조가 약해지고 손상되어 쉽게 골절이 생기는 질환이다. (10점)

    (1) 주(major) 위험인자 3가지 약술하시오. (6점)

    (2) 예방을 위해서는 '이 시기'에 형성되는 최대 골량을 최고로 만드는 것이 중요하므로 '이 시기'의 영양이 매우 중요하다. '이 시기'는? (2점)

    (3) 고령자에서는 골절을 유발하는 가장 큰 요인이 '이것'이며 이를 예방하기 위해서는 근력강화와 유연성, 균형능력을 키우는 것이 중요하다. '이것'은? (2점)

08. 65세 여자가 최근 식사량이 줄고 스트레스로 인하여 잠을 설치는 등 3~4일전부터 평소보다 힘들게 지내면서 몸통 왼쪽 가슴에서 등쪽에 걸쳐 가려움과 통증이 발생하였고, 금일 같은 부위에 수포가 관찰되었다. (10점)

(1) 진단은? (4점)

(2) 동반 가능한 합병증을 2가지 쓰시오. (6점)

09. 우리나라의 유방암은 여성에서 2번째로 호발하는 암이다. 유방암의 경우 여러 가지 위험요인에 의해 복합적으로 영향을 받는데 이러한 고위험군에 해당하는 경우를 3가지 약술하시오. (10점)

10. 자궁경부암의 발생에는 (①) 감염이 중요한 요인이다. (①)은(는) 자궁경부의 편평세포암 환자의 99%에서 발견되며, 과정은 다를 것으로 보이지만 편평세포암과 선암 모두의 원인으로 밝혀져 있다. (10점)

(1) ①에 들어갈 내용을 쓰시오. (4점)

(2) 자궁경부암의 발생 위험요인을 3가지 쓰시오. (6점)

제39회 손해사정사 제2차 시험문제
(2016년도 시행)

✎ | 의학이론

01. 병적 골절의 원인이 되는 전신적 병변 및 국소적 병변 5개 이상을 기술하시오.(10점)

02. 골다공증성 골절이 많이 발생하는 곳 3곳 이상을 기술하시오. (10점)

03. 29세 환자로 교통사고 후 우측 전완부의 요골 및 척골에 분쇄 골절이 발생하였다. 예상되는 합병증은? (5개 이상) (10점)

04. 50세 환자로 교통사고 후 우측 고관절 비구부 골절 및 탈구가 발생하여 수술적 치료를 받았다. 예상되는 합병증은? (5개이상) (10점)

05. 발에서 중족부에 해당되는 골구조물을 쓰시오.(5개) (10점)

06. 교통사고로 대퇴골 원위부 관절내 골절이 발생하였다. 관절내 골절편을 견고하게 고정시켜야 하는 이유를 설명하시오. (10점)

07. 대표적인 우리나라 가을철 고열성 질환으로 제3군 법정전염병으로 지정되어 있어, 공중보건학적으로 지속적 감시가 필요한 질환 3가지를 쓰시오. (10점)

08. 우리나라는 과거에 비하여 결핵 환자수가 많이 감소하였으나, 여전히 가장 중요한 전염병이다. 일반적으로 결핵의 진단에 사용할 수 있는 검사를 3가지 쓰시오. (10점)

09. 간암은 우리나라에서 갑상선암을 제외하고 5번째로 호발하는 암이며, 사망률로는 폐암다음으로 두 번째에 해당하는 질환이다. 이러한 간암의 대표적인 위험요인을 3가지 쓰시오. (10점)

10. 간경변증은 만성 간 손상에 대한 회복과정에서 발생하는 섬유화가 진행되어 불규칙한 재생결절이 생긴 상태이다. 대상성 간경변증 환자의 50%는 진단 후 10년 이내 합병증이 발생한다. 간경변증의 대표적인 합병증 3가지를 쓰시오. (10점)

제40회 손해사정사 제2차 시험문제
(2017년도 시행)

✎ | 의학이론

01. 골절의 국소 합병증 중 하나인 구획 증후군(compartment syndrome)의 증상에 대하여 기술하고 (5점), 진단 방법에 대하여 기술하시오. (5점)

02. 45세 남자 환자가 요통 및 우측 하지로의 방사통(radiating pain)을 호소하며 OO병원 응급실을 방문하였다. 요통은 3년 전부터 있었고 3주 전부터는 우측 종아리 외측으로의 통증이 있어 인근 병원에서 추간판 탈출증이 의심된다고 들었다고 한다. 약물 치료 등의 보존적 치료를 시행하였으나 1일 전 부터는 보행 시 하지의 위약감을 호소하였고, 금일 아침부터는 소변을 보기가 어렵다고 한다. 신체 검진 상 좌측 하지의 위약이 관찰되었고 항문 주위의 감각이 저하되었다.

(1) 상기 환자에서 가장 타당한 진단은? (5점)

(2) 상기 환자의 가장 적절한 치료 방법은? (5점)

03. 25세 남자 환자가 축구하다가 회내전 상태로 손을 뻗힌 상태에서 땅을 짚고 넘어지면서 발생한 극심한 수근부 통증 및 부종을 주 증상으로 내원하였다. X-ray 상 요골 원위부의 골절과 원위 요척 관절의 탈구가 동반된 소견을 보였다.

(1) 상기 환자에서 가장 가능성 높은 진단은? (5점)

(2) 상기 환자의 가장 적절한 치료 방법은? (5점)

04. 수근부를 이루는 8가지의 뼈를 기술하시오. (각 1점, 총 8점) 이 중 가장 흔하게 골절되는 뼈를 기술하시오. (2점)

05. 견관절 탈구는 가능한 빨리 정복을 시행하여야 한다. 견관절 탈구에서 흔히 사용되는 정복술을 4가지 기술하고 (명칭만 기술할 것, 각 2점, 총 8점), 가장 안전하고 널리 사용되는 방법에 대해 기술하시오. (명칭만 기술 할 것, 2점)

06. 슬관절 후방 십자 인대 손상은 슬관절의 과신전이나 경골의 후방 전위로 인하여 발생한다. 이러한 후방 십자 인대 손상을 진단하기 위한 신체 검진법에서 대표적인 방법 2가지만 기술하시오. (각 4점, 총 8점) 또한 가장 민감도가 높다고 알려진 영상 검사 방법에 대하여 기술하시오. (2점)

07. 만성콩팥병의 정의는 KDIGO 2012 가이드라인에 따르면 사구체 여과율(GFR) 60 ml/min/1.73m2 미만의 콩팥기능의 장애가 3개월 이상 있거나 콩팥기능의 장애가 없더라도 '콩팥 손상의 증거'가 3개월 이상 있는 경우 진단을 내릴 수 있다고 알려져 있다. 여기에서 '콩팥 손상의 증거'에 해당하는 소견을 4개 쓰시오. (10점)

08. 중증재생불량성빈혈의 일반적인 정의를 보면 골수검사에서 세포충실도가 통상 (①)% 미만으로 저하되어 있고, 이와 함께 '말초혈액검사에서 이상소견들'이 있는 경우이다. (10점)

(1) ①에 들어갈 적절한 내용을 쓰시오. (5점)

(2) '말초혈액검사에서 이상소견들'에 해당하는 3개의 기준 중 호중구 감소와 혈소판감소에 대한 기준을 쓰시오. (5점)

| ① 호중구 (　　　)/ ml 이하 |
| ② 혈소판 (　　　)/ ml 이하 |

09. 일반적으로 베체트병은 International Study Group(ISG) 진단기준에 따라 재발성구강궤양이 존재하고 '4가지 항목'중 2가지 이상을 만족시킬 때 진단내릴 수 있다. 이 '4가지 항목'에 해당하는 기준들을 3가지 이상 쓰시오. (10점)

10. 원발성심근병증(primary cardiomyopathy)은 일반적으로 심장근육 자체의 질환을 말하는 것으로 다른 구조적인 심장질환(예를 들면 관상동맥질환, 판막질환)으로부터 이차적으로 유발된 심근의 기능부전은 제외한다고 알려져 있다. 이 원발성심근병증의 대표적인 3가지 질환을 모두 쓰시오. (10점)

제41회 손해사정사 제2차 시험문제
(2018년도 시행)

📝 | **의학이론**

---

01. 다음 골절 또는 탈구 시 동반되는 신경 손상은?(10점)

> 1) 상완골두 탈구
> 2) 상완골 간부 골절
> 3) 비골 근위부 골절
> 4) 고관절 탈구

02. 관절 내 골절에 의한 부정유합으로 진행되는 질환(5점)과 치료방법(5점)은?

03. 무혈성 괴사의 정의(4점) 및 골절 후 무혈성 괴사가 흔히 발생하는 부위(3개이상, 6점)는?

04. 개방성 골절에 대한 치료 원칙에 대해 기술하시오.(10점)

05. 골절에 대한 부목고정의 장점은?(10점)

06. 대부분의 쇄골골절은 보존적 치료로 골유합을 얻을 수 있다. 그러나 수술이 필요한 경우는?(10점)

07. 유아 및 소아에서 발생하는 고관절(Hip Joint)의 이상은 일시적인 경우도 있으나 질병에 따라 후유증을 남기게 되는 경우도 있어 그 원인 파악이 중요하다. 유아 및 소아에서 발생하는 고관절 이상의 질병적 원인에 대하여 기술하시오.(10점)

08. 허혈성 심질환은 사망과 장애를 초래하며 상당한 경제적 손실을 초래한다. 심근의 허혈은 심근으로 산소 전달이 원활하지 못하여 발생하는 것으로 심장의 관상동맥과 관련이 깊다.

   (1) 허혈성 심질환인 '협심증'의 종류를 쓰시오.(5점)

   (2) 허혈성 심질환인 심근경색증의 진단방법에 대해 기술하시오.(5점)

09. 42세의 여성이 양측 유방에서 젖이 나와서 내원하였다.

   (1) 유방 검사에서 특별한 이상을 발견할 수 없는 경우 생각할 수 있는 유즙분비의 원인을 약술하시오.(6점)

   (2) 만약 이 환자가 유즙분비와 더불어 시야 장애 및 두통을 호소한다면 생각할 수 있는 질병을 쓰시오.(4점)

10. 치매는 후천적으로 발생한 인지기능 손상에 의해 성공적인 일상생활 수행이 불가능해진 상태로 정의할 수 있으며 인구노령화와 관련하여 그 중요도가 크다. 치매의 원인 및 감별질환에 대해 약술하시오.(10점)

01. 골관절계의 정상적인 관절에서는 능동적 운동 범위가 수동적 운동 범위와 일치하나 수동적 운동 범위가 능동적 운동 범위 보다 큰 경우는?(10점)

02. 6세 남아가 우측 경골 간부에 골절 후 부정 유합으로 7도 정도의 전방 각 변형이 형성되었다. 향후 치료(5점)와 그 이유(5점)는?

03. 외상성 관절염이 있을 때 관절의 기능 유지를 위한 수술법에 대해 열거 하시오.(10점)

04. 말초신경의 손상 후 회복이 잘 되는 경우를 열거 하시오.(10점)

05. 불안정성 골절이란 무엇인가?(10점)

06. 75세의 여자환자가 자동차 사고로 인해 우측 상완골 근위부에 사분 골절 및 탈구가 생겼다. 치료방법(5점)과 그 이유(5점)는?

07. 아프가점수(APGAR score)는 출생직후에 소생술이 필요한 신생아를 계통적으로 알아내는 실제적인 방법이라고 할 수 있다. 즉 1분 아프가점수(APGAR score)는 출생 직후 소생술의 필요성을 의미하며, 이후의 아프가점수(APGAR score)의 호전은 신생아가 성공적으로 소생될 가능성과 연관이 깊다. 아프가점수(APGAR score)를 구성하는 구성요소 5가지에 대해 기술하시오.(10점)

08. 대부분의 암에서 병의 범위는 다양한 침습적 및 비침습적 진단 검사와 시술에 의해 평가되며 이러한 과정을 시기결정 혹은 병기 결정(staging)이라고 한다. 이러한 병기의 결정은 암환자의 예후와 밀접한 관련이 있으며 치료 방법을 결정하는 데 중요한 역할을 한다.

  (1) 시기(병기) 결정에는 임상적 시기결정과 병리학적 시기결정의 두 가지가 있다. 임상적 시기와 병리학적 시기는 어떻게 결정되는지 기술하시오.(4점)

  (2) 가장 널리 사용되는 시기(병기)분류 체계 중 하나는 TNM체계에 따른 시기(병기)이다. T, N, M은 각각 어떤 의미가 있는지 기술하시오.(6점)

09. 현훈(vertigo)은 사물이나 공간 혹은 자신이 빙빙 도는 증상을 뜻하며 다양한 원인에 의해 발생할 수 있다. 현훈의 원인을 찾을 때는 특히 내이(속귀)질환에 의한 말초성인지, 뇌졸중과 같은 중추성인지 감별이 매우 중요하다.

  (1) 귀의 구조는 크게 외이, 중이, 내이로 나뉘어지며 이 중 현훈은 내이와 관련이 깊다. 내이(속귀, inner ear)를 이루는 구조물을 쓰시오.(4점)

  (2) 내이와 관련된 말초신경성 현훈을 일으키는 질병(원인)을 쓰시오.(6점)

10. 환자가 급성 흉통 혹은 흉부 불쾌감을 호소할 때 감별해야 할 질환 중 심근 경색증은 급격한 사망 및 합병증을 초래할 수 있어 반드시 감별해야 할 중요한 질환이다. 그러나 급성 흉통 혹은 흉부 불쾌감을 일으키는 질환은 심근경색증 외에도 다양하다. 급성 흉통 혹은 흉부 불쾌감을 일으킬 수 있는 질환 중 심근경색을 제외한 다른 원인들에 대하여 기술하시오.(10점)

제43회 손해사정사 제2차 시험문제
(2020년도 시행)

📝 | 의학이론

01. 체간골은 흉곽과 척추체로 이루어져 있다. 흉곽과 척추체를 구성하는 뼈의 이름을 서술하고(7점) 체간골의 기능을 서술하시오.(3점)

02. 어깨 손상의 주요 부위인 회전근개 파열에 대해 아래의 물음에 답하시오.

(1) 회전근개를 이루는 근육은? (각 1점, 총 4점)

(2) 이 중 가장 손상이 많이 발생하는 근육은? (1점)

(3) 회전근개 파열의 진단시 가장 많이 사용하는 영상검사 2가지는? (각 1점, 총 2점)

(4) 회전근개 파열의 주요 치료 3가지는? (각 1점, 총 3점)

03. 사지의 근력 평가는 마비환자와 신경 손상 환자에서 중요하다. 사지근력 평가와 관련하여 아래의 물음에 답하시오.

(1) 근력을 평가하는 도수근력평가의 단계를 각각 작성하시오. (6점)(숫자, 영어단어, 영어기호 모두 표시할 것)

(2) 이 중, 중력의 제거 유무로 구분되는 두 개의 단계를 작성하시오. (4점)

04. 외상 후 발생할 수 있는 가동범위 감소나 근력약화와 관련된 아래의 물음에 답하시오.

(1) 외상 후 운동장해(장애)가 발생할 수 있는 원인을 나열하시오. (6점)

(2) 외상 후 관절염과 가장 관련이 높은 주요 손상을 나열하시오. (4점)

05. 압박골절과 관련된 아래의 물음에 답하시오.

(1) 압박골절이 발생했을 때 일차적으로 가장 많이 진단에 사용하는 영상검사 2가지(각 1점, 총 2점)

(2) 급성골절과 만성(진구성) 골절을 구분하는데 가장 유용한 영상검사 2가지(각 1점, 총 2점)

(3) 압박골절이 가장 호발하는 부위 (3점)

(4) (3)이외 압박골절이 많이 발생하는 부위 (3점)

06. 25세 남자가 축구경기를 하던 중 점프 후 착지하며 '뚝'하는 파열음과 함께 슬관절의 통증이 발생하였다.

   (1) 손상 가능성이 가장 높은 부위의 이름은? (2점)

   (2) 상기 경우에서 가장 우선적으로 선택하는 치료 방법은? (2점)

   (3) 상기 손상을 진단(치료후 장애 평가시에도 활용)하기 위한 신체 검사방법 2가지의 이름과 내용을 서술하시오. (6점)

07. 당뇨병은 췌장에서 분비되는 인슐린의 기능에 문제가 발생해서 혈당이 비정상적으로 상승해 우리 몸에 많은 문제를 일으키는 대표적인 만성 질환이다. 정상 혈당은 최소 8시간 이상 금식한 상태에서 공복 혈장 혈당이 100mg/dL 미만, 75g 경구 당부하 후 2시간 혈장 혈당이 140mg/dL 미만이다. 당뇨병 진단과 관련된 다음 빈칸을 채우시오. (각 1점, 총 10점)

---

1) 당뇨병 진단기준
  (1) 당화혈색소 (　①　)% 이상 또는
  (2) 8시간 이상 공복 혈장 혈당 (　②　)mg/dL 이상 또는
  (3) 75g 경구 당부하 후 2시간 혈장 혈당 (　③　) mg/dL 이상 또는
  (4) 당뇨병의 전형적인 증상 [(　④　), (　⑤　), (　⑥　)] 이 있으면서 무작위 혈장 혈당 검사에서
    (　⑦　) mg/dL 이상
2) 당뇨병 전단계(당뇨병 고위험군)
  (1) 당화혈색소 (　⑧　 ~ 　⑧　)% 해당하는 경우 당뇨병 전단계로 정의한다.
  (2) 8시간 이상 금식후 공복 혈장 혈당 (　⑨　 ~ 　⑨　)mg/dL 인 경우 공복 혈당 장애로 정의한다.
  (3) 75g 경구 당부하 후 2시간 혈장 혈당 (　⑩　 ~ 　⑩　) mg/dL 인 경우 내당능 장애로 정의한다.

08. 자살은 2018년 기준 우리나라 사망원인 5위를 차지할 정도로 심각하고 중요한 문제이며, 10~30 대 사망원인 1위이다. 최근 청소년 자살률도 지속적으로 증가하고 있으며, OECD 평균 10만 명 당 11.5명인 것에 비해 우리나라는 24.7명으로 매우 높은 편이라 자살 예방을 위해서 많은 노력을 하고 있다. 자살의 고위험군에 대해서 10개 이상 서술하시오. (10점)

09. 종양이란 우리 몸속에 새롭게 비정상적으로 자라난 덩어리라 볼 수 있다. 종양은 크게 양성 종양과 악성 종양으로 구분할 수 있다. 종양이 가지는 특성별로 양성 종양과 악성 종양의 차이점에 대해서 5가지 이상 서술하시오. (10점)

10. 우리나라 사망원인 1위인 암을 조기에 발견해서 암 치료율을 높이고 암 사망률을 감소시키기 위해서 국가 암 검진 사업을 하고 있다. 국가 암 검진에는 총 6개 항목이 제공되고 있는데 이들의 이름(최고 5점)과 검진 방법(최고 5점)에 대해서 서술하시오. (10점)

제44회 손해사정사 제2차 시험문제
(2021년도 시행)

✎ | 의학이론

01. 다음은 상지의 구조를 표시한 그림이다. 아래의 질문에 답하시오. (10점)(영문 및 국문의 의학용어 모두 작성 가능, 단 정확한 명칭을 작성해야 함)

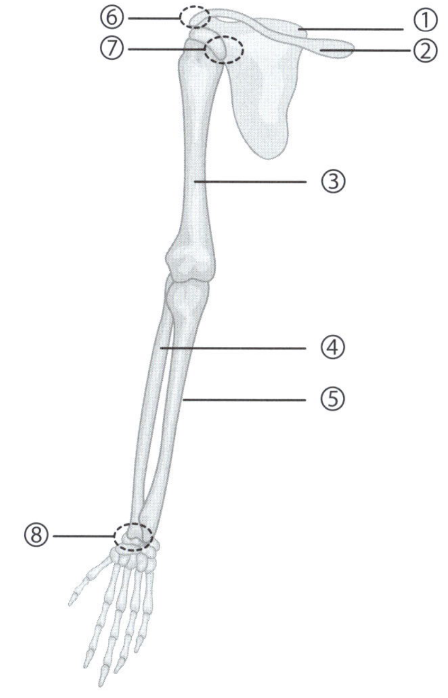

(1) ①, ②, ③, ④, ⑤ 각 숫자에 해당하는 뼈의 이름을 작성하시오. (5점)

(2) 점선으로 표시 된 각 숫자 ⑥, ⑦, ⑧에 해당하는 관절의 이름을 작성하시오.(견관절, 완관절이 아닌 구체적인 명칭을 쓰시오) (3점)

(3) 상지의 주요 관절 중, 삼각 섬유연골 복합체 병변(TFCC, triangular fibrocartilage complex lesions)이 발생하는 관절은 어느 관절인가? (2점)

 다음은 발목의 그림이다. 각 표시된 부분의 명칭을 작성하고 질문에 답하시오. (영문 및 국문의 의학
용어 모두 작성 가능, 단 정확한 명칭을작성해야 함) (10점)

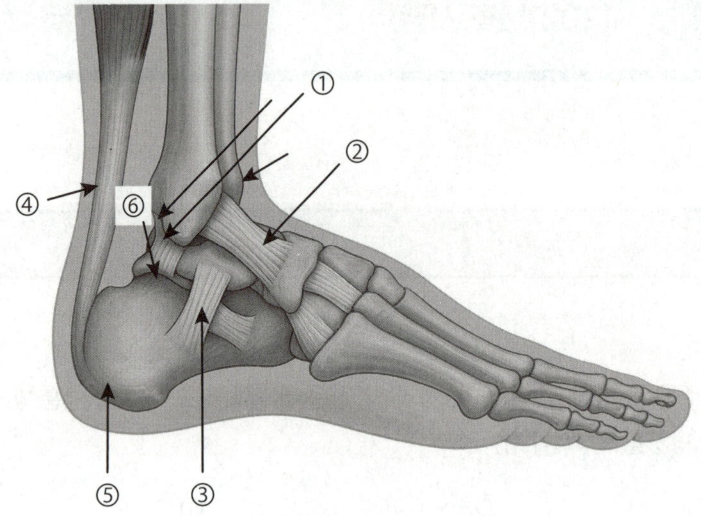

(1) 외측 발목의 안정성과 관련이 높은 주요 인대 ①, ②, ③을 작성하시오. (3점)

(2) ④의 명칭을 작성하시오. (1점)

(3) ⑤, ⑥에 해당하는 뼈의 이름을 작성하시오. (2점)

(4) 발목의 외상 발생 시 가장 많이 손상되는 동작(2점) 및 가장 많이 손상되는 인대의 이름(2점)을 쓰시오.

03. 뇌실질내출혈에서 출혈의 외상성과 자발성을 감별하기 위한 고려사항들을 서술하시오. (10점)

04. 관절운동의 제한 원인을 크게 두 가지로 나누어 서술하시오. (10점)

05. 척추전방전위증(spondylolisthesis)에 관하여 아래의 질문에 답하시오. (10점)

(1) 척추전방전위증의 정의 (3점)

(2) 척추전방전위증의 가장 흔한 원인 두 가지 (2점)

(3) 척추전방전위증이 주로 발생하는 부위 (2점)

(4) 척추전방전위증에서 수술을 고려하는 경우 (3점)

06. 척추의 변형각을 측정하는 방법은 크게 두 가지가 있다. 이 두 가지 방법에 대해 설명하시오. (10점)

    (1) Cobb's angle(콥스각)을 측정하는 경우 및 임상적 의의를 서술하시오. (2점)

    (2) 아래 그림에서 선을 그어 Cobb's angle(콥스각)을 측정하는 방법을 표시하시오.(아래 그림을 답안지
       에 그린 후 선을 그을 것) (3점)

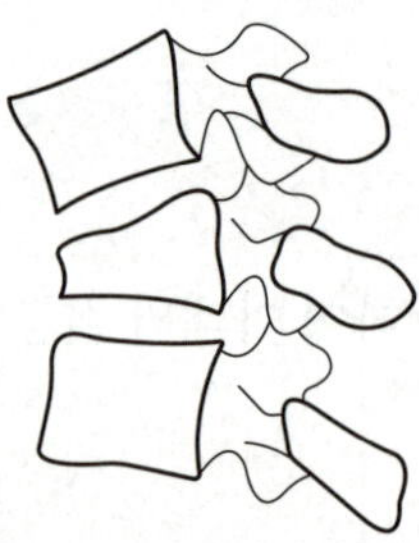

    (3) 국소 후만각(local kyphotic angle)의 임상적 의의를 서술하시오. (2점)

    (4) 아래 그림에서 선을 그어 국소 후만각(local kyphotic angle)을 측정하는 방법을 표시하시오.(아래 그
       림을 답안지에 그린 후 선을 그을 것) (3점)

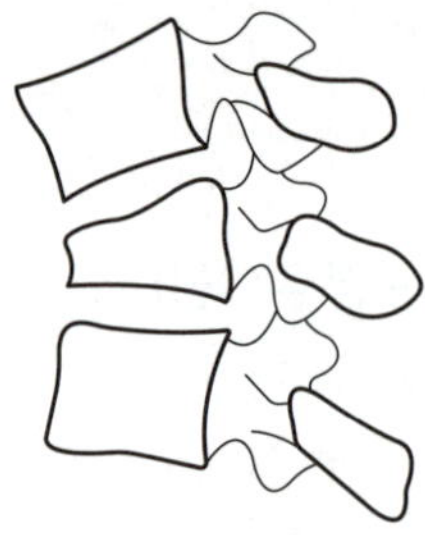

07. 결장 직장의 용종에는 선종성 용종, 과형성 용종, 유년기 용종 등이 있다. 이중 선종성 용종의 경우
    악성화 가능성을 가지고 있다. 선종성 용종(adenomatous polyp)에 있어 악성화 가능성이 높은 위험
    인자 5개를 쓰시오.(10점)

08. 수면 무호흡증은 수면 중에 호흡의 멈춤 또는 호흡이 얕아지는 문제가 발생해 수면에 지장이 발생하는 질환이다. 수면 무호흡증의 세 가지 유형과 밤 동안의 수면 기록을 분석하여 진단하는 검사 방법의 의료 행위명에 대해서 쓰시오. (10점)

  (1) 수면 무호흡증의 세 가지 유형 (6점)

  ①

  ②

  ③

  (2) 수면 무호흡증 진단을 위한 검사 의료 행위명 (4점)

09. 종양 표지자(tumor marker) 는 암의 성장에 반응해서 체내에서 또는 암조직 자체에서 생성되며 혈액, 소변, 조직검체에서 검출된다. 하지만 꼭 특정 암에서만 증가하는 것은 아니고 양성 질환 등 비특이적인 상황에서도 상승 할 수 있기 때문에 상승했다고 암을 진단할 수 있는 것은 아니다. 하지만 암 진단에 보조적 역할, 암치료 반응 정도 확인, 암 재발여부 확인, 암의 크기 반영 등에 이용 할 수 있어 임상에서 흔히 사용하고 있다. 다음 제시된 암의 진단에 도움이 되는 가장 중요한 종양 표지자를 한 개씩만 쓰시오. (10점)

  (1) 간세포암 :

  (2) 갑상선 수질암 :

  (3) 대장암, 폐암 :

  (4) 전립선암 :

  (5) 난소암 :

10. 만성 간질환의 중증도 판정에 사용하는 평가 방법으로 Child-Pugh 분류법을 사용하고 있다. 중증도 판정, 예후 판단, 치료법 결정에 사용되고 있는 Child-Pugh 분류법에는 5가지 항목에 대하여 점수를 평가하여 합산하여 A, B, C 등급을 산정한다. 5가지 평가 항목에 대해서 쓰시오. (10점)

2026 박손사의 신체손해사정사 2차 의학이론 + 기출예상문제 100% 무료강의

초판 1쇄 발행일	2026년 1월 2일
발행처	직업상점
발행인	박유진
편저자	박관양
디자인	김지원

※ 낙장이나 파본은 교환해 드립니다.

※ 이 책의 무단 전재 또는 복제행위는 저작권법 제136조에 의거하여 처벌을 받게 됩니다.

정가   33,000원   **ISBN**   979-11-94695-28-8